Caminhos da geografia eleitoral:
o comportamento geográfico do voto

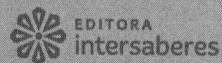

O selo DIALÓGICA da Editora InterSaberes faz referência às publicações que privilegiam uma linguagem na qual o autor dialoga com o leitor por meio de recursos textuais e visuais, o que torna o conteúdo muito mais dinâmico. São livros que criam um ambiente de interação com o leitor - seu universo cultural, social e de elaboração de conhecimentos -, possibilitando um real processo de interlocução para que a comunicação se efetive.

Caminhos da geografia eleitoral:
o comportamento geográfico do voto

Daniel Cirilo Augusto

Rua Clara Vendramin, 58 . Mossunguê . CEP 81200-170 . Curitiba . PR . Brasil
Fone: (41) 2106-4170 . www.intersaberes.com . editora@editorantersaberes.com.br

Conselho editorial
Dr. Ivo José Both (presidente)
Drª Elena Godoy
Dr. Neri dos Santos
Dr. Ulf Gregor Baranow

Editora-chefe
Lindsay Azambuja

Gerente editorial
Ariadne Nunes Wenger

Assistente editorial
Daniela Viroli Pereira Pinto

Preparação de originais
Bárbara Eloá de Mendonça Ferreira

Edição de texto
Mycaelle A. Sales
Mille Foglie Soluções Editoriais

Capa
Débora Gipiela (*design*)
Rainer Lesniewski, one AND only e chyworks/Shutterstock (imagens)

Projeto gráfico
Mayra Yoshizawa

Diagramação
Andreia Rasmussen

Equipe de *design*
Débora Gipiela

Iconografia
Sandra Lopis da Silveira
Regina Claudia Cruz Prestes

Dados Internacionais de Catalogação na Publicação (CIP)
(Câmara Brasileira do Livro, SP, Brasil)

1ª edição, 2020.

Foi feito o depósito legal.

Informamos que é de inteira responsabilidade do autor a emissão de conceitos.

Nenhuma parte desta publicação poderá ser reproduzida por qualquer meio ou forma sem a prévia autorização da Editora InterSaberes.

A violação dos direitos autorais é crime estabelecido na Lei n. 9.610/1998 e punido pelo art. 184 do Código Penal.

Augusto, Daniel Cirilo
  Caminhos da geografia eleitoral: o comportamento geográfico do voto/Daniel Cirilo Augusto. Curitiba: InterSaberes, 2020.

  Bibliografia.
  ISBN 978-65-5517-719-0

  1. Eleições – História – Brasil 2. Eleições – História – Portugal 3. Partidos políticos – História – Brasil 4. Partidos políticos – História – Portugal I. Título.

20-39599   CDD-324.9

Índices para catálogo sistemático:
1. Geografia eleitoral: Ciências políticas 324.9

Cibele Maria Dias – Bibliotecária – CRB-8/9427

Sumário

Prefácio | 9
Apresentação | 11
Como aproveitar ao máximo este livro | 15
Introdução | 19

1. **Uma construção metodológica para a geografia eleitoral: teoria e prática** | 23
   1.1 Reflexões sobre o estudo da geografia eleitoral | 26
   1.2 A geografia eleitoral como campo do saber | 38
   1.3 Estudos da geografia eleitoral em língua portuguesa: Portugal e Brasil | 43
   1.4 Procedimentos metodológicos para a construção da geografia eleitoral do voto | 51
   1.5 Geografia e sistema democrático | 56

2. **Teorias sobre a escolha eleitoral** | 73
   2.1 Modelos de explicação do voto | 76
   2.2 Elementos para a formação da decisão do voto: identificação pessoal | 105
   2.3 Elementos para a formação da decisão do voto: identificação partidária | 113

3. **Geografia e democracia: um encontro na geografia eleitoral** | 127
   3.1 Estão os eleitores satisfeitos com o sistema democrático? | 129
   3.2 Sistema eleitoral partidário e geografia eleitoral | 134
   3.3 Sistemas democráticos de governo e representação | 140
   3.4 Sistemas eleitorais comparados: diferenças territoriais, diferentes votações | 150

4. Temas e conceitos balizadores da geografia eleitoral | 175
   4.1 Poder e Estado | 177
   4.2 Escala e efeito vizinhança | 184
   4.3 Partido político | 194

5. Geometria partidária espacial: Portugal e Brasil | 225
   5.1 Equilíbrio partidário e sucessos eleitorais no território português | 228
   5.2 Equilíbrio partidário e sucessos eleitorais no território brasileiro | 252

6. Formação do comportamento geográfico do voto | 289
   6.1 Território e voto: decisão do voto em Portugal e no Brasil | 291

Considerações finais | *317*
Referências | *321*
Bibliografia comentada | *337*
Respostas | *341*
Sobre o autor | *343*

> Todo sistema de educação é uma maneira política de manter ou de modificar a apropriação dos discursos, com os saberes e os poderes que eles trazem consigo.
>
> Michel Foucault

Prefácio

A obra *Caminhos da geografia eleitoral: o comportamento geográfico do voto*, escrita pelo professor doutor e geógrafo Daniel Cirilo Augusto, é uma produção que agrega duas realidades de sistemas eleitorais diferentes: a do Brasil e a de Portugal. Esse fato, no entanto, não impede que o texto, rico em conteúdo científico e aprimorado por estudos de caso, tenha linhas mestras que conduzam ao entendimento das espacialidades investigadas sob a ótica da geografia eleitoral, com base em seu elemento fundante: o voto. Além disso, o texto nos coloca diante de leituras escalares duplamente importantes – com vieses mais amplos e com vieses locais –, o que garante a dialética própria da dinâmica política em sua relação com o espaço.

Nesse aspecto, ainda, o autor suplanta a mera descrição dos fixos e dos fluxos no território e se permite falar da dinâmica, do entrelace, do emaranhado de relações que constituem a análise do hoje (mesmo que tendo em vista o ontem), do reverso (do abstrato a partir do concreto), da lógica a partir da não lógica das relações de poder (ou da lógica das relações de poder!).

O livro é composto por seis capítulos. Destes, quatro contemplam temas de suporte teórico e metodológico da relação entre a espacialização da geografia eleitoral em seus alicerces conceituais e as principais ciências e paradigmas que a fundamentam; e dois ampliam, por meio de estudos de caso, a discussão inscrevendo no debate duas realidades diferentes em termos de concepções do ato de votar, mas não excludentes quando se pensa em democracia, participação política, formas de votar, comportamento eleitoral, vinculação com identidades partidárias ou pessoais, quais sejam, os sistemas eleitorais de Brasil e de Portugal.

Esta obra, como proposta didático-pedagógica, oferece conteúdo profundo, resultado de uma análise acadêmico-científica do autor, apresentada como tese de doutorado e laureada pela banca de defesa. Nesse sentido, permito-me reforçar, como orientadora dessa tese, o desafio de **pensar a geografia como resultante de dinâmicas políticas que possibilitam ou impedem a produção de determinadas formas espaciais**, singularizadas pelos temas aqui trabalhados (e outros tantos), e não como resultante apenas das formas propriamente ditas.

Podemos constatar aí a grande contribuição deste livro, que também se exulta pelo rigoroso aporte teórico-metodológico, de valorização das funções e dos processos políticos tão em alta nos últimos anos no Brasil, mas carentes de geografização, de geoexplicação, de espacialização; enfim, carentes do conteúdo deste livro. Com o seu lançamento, surge a possibilidade de entender a espacialização da política, além dela própria.

A leitura e o estudo são um convite. Aproveite!

Profa. Dra. Márcia da Silva

Apresentação

Com as recentes transformações do cenário político-partidário brasileiro, eclodem desafios para a compreensão dos fenômenos mudancistas. Por meio da geografia eleitoral, é possível conhecer as condições em que ocorrem essas transformações, as quais se mostram relacionadas, principalmente, aos contextos territoriais e às diferentes estruturas que balizam a decisão do voto.

As eleições são consolidadas como palco das ações que envolvem as temáticas afins à geografia eleitoral. Para entender o resultado das votações, é necessário analisar os atributos intrínsecos ao voto. Por isso, nesta obra, propomos a você, leitor, refletir sobre as identificações pessoal e partidária na decisão do voto de eleitores portugueses e brasileiros, particularmente no período das décadas de 2000 e 2010. Fazemos, ainda, um convite para reconhecer a importância dos partidos políticos e de outros elementos que contribuem para a decisão do voto.

Por que razão selecionamos nesta abordagem esses dois países – Portugal e Brasil? A justificativa é a oportunidade de realizar aproximações e comparativos entre duas realidades que mantêm sistemas eleitorais e de governo diferentes, como o voto obrigatório no Brasil e o não obrigatório em Portugal.

A distribuição dos capítulos deste livro tem o intuito de traçar caminhos da geografia eleitoral por meio da análise do comportamento geográfico do voto e de vinculações (aproximações e distanciamentos) entre as realidades portuguesa e brasileira.

No Capítulo 1, apresentamos uma proposta metodológica para a geografia eleitoral do voto, perpassando da teoria à prática do geógrafo e incluindo as principais pautas das abordagens da área, além de exemplos de estudos em geografia eleitoral na língua portuguesa (Portugal e Brasil).

No Capítulo 2, abordamos as teorias sobre as escolhas eleitorais com base nos modelos de explicação do voto e nos elementos para a formação da decisão do voto, quais sejam, a identificação pessoal e a identificação partidária.

No Capítulo 3, promovemos um vasto e aprofundado debate sobre geografia e democracia, o qual denominamos *um encontro na geografia eleitoral*. Com base nisso, questionamos se os eleitores estão satisfeitos com o sistema democrático. Apresentamos o conceito de democracia pelo viés do sistema eleitoral-partidário e sua influência na geografia eleitoral, bem como discorremos sobre os sistemas democráticos de governo e representação. Por fim, comparamos os sistemas eleitorais: diferenças territoriais, diferentes votações.

O Capítulo 4 serve de introdução aos estudos de caso sobre Brasil e Portugal. Nele versamos sobre temas e conceitos balizadores da geografia eleitoral: poder e Estado, escala e efeito vizinhança e partido político; este desdobrando-se em verticalidades sobre os partidos políticos em Portugal e no Brasil e como estes adquirem (ou perdem) confiança e simpatia do eleitorado.

No Capítulo 5, expomos efetivamente os exemplos de Brasil e Portugal, a começar pela geometria partidária espacial, que se ramifica nos estudos de caso do equilíbrio partidário e sucesso eleitoral no território português e do equilíbrio partidário e sucesso eleitoral no território brasileiro.

Por fim, no Capitulo 6, articulamos com leveza e profundidade o tema da geografia eleitoral levando em consideração a formação do comportamento geográfico do voto. Para isso, relacionamos território e voto: diferenças e semelhanças na decisão do voto, a decisão do voto em eleições de escala local, tendo como modelos as Câmaras e seu presidente em Portugal e as prefeituras e prefeitos no Brasil. Finalizamos o livro com o perfil da decisão do voto em eleições de escala nacional: Assembleia da República em Portugal e Presidente da República no Brasil.

Vale lembrar que cada capítulo é autônomo em sua abordagem, porém a soma dos seis capítulos sustenta as discussões da geometria partidária espacial e do voto em diferentes territórios (Portugal e Brasil).

Destacamos que a leitura deste livro é de grande proveito, em especial, para aqueles que desejam conhecer a geografia eleitoral e aprender mais sobre essa subárea do conhecimento que, além de instigante, é repleta de resultados que explicam os caminhos eleitorais dos países.

Por fim, esperamos que o conjunto de conhecimentos aqui sistematizados contribua para além do intuito didático-pedagógico deste livro, estimulando em você, leitor, um pensamento que extrapole posições ideológicas ou interesses individuais da política partidária, tornando-o mais crítico acerca de seu contexto e formando-o como um cidadão mais consciente e sofisticado politicamente.

Bom estudo!

Como aproveitar ao máximo este livro

Empregamos, nesta obra, recursos que visam enriquecer o seu aprendizado, facilitar a compreensão dos conteúdos e tornar a leitura mais dinâmica. Conheça, a seguir, cada uma dessas ferramentas e saiba como elas estão distribuídas no decorrer deste livro para bem aproveitá-las.

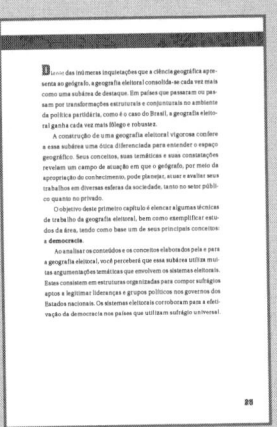

Introdução do capítulo

Logo na abertura do capítulo, informamos os temas de estudo e os objetivos de aprendizagem que serão nele abrangidos, fazendo considerações preliminares sobre as temáticas em foco.

Síntese

Ao final de cada capítulo, relacionamos as principais informações nele abordadas a fim de que você avalie as conclusões a que chegou, confirmando-as ou redefinindo-as.

Indicações culturais

Para ampliar seu repertório, indicamos conteúdos de diferentes naturezas que ensejam a reflexão sobre os assuntos estudados e contribuem para o seu processo de aprendizagem.

Atividades de autoavaliação

Apresentamos estas questões objetivas para que você verifique o grau de assimilação dos conceitos examinados, motivando-se a progredir em seus estudos.

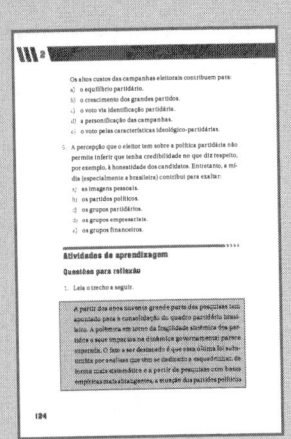

Atividades de aprendizagem

Aqui apresentamos questões que aproximam conhecimentos teóricos e práticos a fim de que você analise criticamente determinado assunto.

Bibliografia comentada

Nesta seção, comentamos algumas obras de referência para o estudo dos temas examinados ao longo do livro.

Introdução

Um dos intuitos da ciência geográfica é entender as relações entre o homem e a natureza. Vários caminhos são possíveis para a compreensão dos fenômenos imbricados em tais relações. Neste livro, recorreremos à geografia eleitoral para buscar explicações consistentes acerca das inúmeras ligações existentes entre o eleitor e o território.

Objetivamos possibilitar a compreensão dos fenômenos políticos que contribuem para a organização da sociedade na qualidade de território – ou seja, a sociedade consolidando-se pelas territorializações de grupos políticos, partidos e afins. Os resultados dessa análise organizarão nossas discussões sobre diferentes temas e conteúdos, tais como teoria e prática para o geógrafo, teorias para a escolha eleitoral, geografia e democracia, geometria partidária espacial e formação do voto.

Os conteúdos trabalhados neste livro seguirão, basicamente, duas vertentes de construção: 1) os dados teóricos e 2) os dados via questionários. A primeira vertente se utiliza de um construto de análise da autoria de teóricos dedicados à temática e de dados secundários provenientes de diversos meios de pesquisa, como jornais, revistas e órgãos de pesquisa quantitativa. A segunda resulta da pesquisa e da sistematização por nós realizadas, as quais originaram nossa tese de doutorado em geografia, *Comportamento geográfico do voto: a identificação pessoal e a identificação partidária em Portugal e no Brasil*, defendida na Universidade Estadual de Maringá (UEM) em 2017 (Augusto, 2017). A pesquisa dessa tese, em particular, envolveu um trabalho de campo em dois grandes recortes territoriais – Portugal e Brasil –, nos quais foram aplicados questionários para 768 eleitores (384 portugueses e 384 brasileiros).

O presente livro, além de disseminar temas e conteúdos da geografia eleitoral, tem o propósito de examinar a formação geográfica do voto por meio do comportamento do eleitor português e do eleitor brasileiro, em um recorte temporal correspondente às eleições transcorridas de 2011 a 2013 (Portugal) e de 2012 a 2014 (Brasil); observando como aqueles votam em pleitos eleitorais de escala local e de escala nacional, se através da identificação pessoal (com o candidato) ou da identificação partidária (com o partido).

As eleições e seus resultados configuram uma das principais fontes de análise da geografia eleitoral. Diante disso, nos nortearemos pela hipótese de que, em eleições de escala nacional, os eleitores decidem seu voto com base na identificação partidária e, em eleições locais, decidem com base na proximidade com o candidato – isto é, a identificação pessoal torna-se superior à identificação partidária.

Apresentaremos também, mediante vinculações entre os contextos português e brasileiro, a existência do voto híbrido, especialmente neste último. Você, caro leitor, poderá, assim, perceber que a geometria partidária espacial evidencia o palco para a volatilidade eleitoral e, logo, para um menor grau de identificação partidária dos eleitores, por exemplo.

As diversas teorizações e as abordagens teórico-conceitual e analítica (resultantes dos dados empíricos) consolidam, portanto, a geografia eleitoral como subárea importante para a geografia, uma vez que possibilita a compreensão do território por meio dos fenômenos eleitorais e de sua organização.

Os diferentes momentos de desenvolvimento deste livro permitirão interpretar distintas tipologias de decisão do voto, avaliar que o comportamento geográfico do voto se distingue em cada contexto territorial, efetivando-se no voto híbrido, ou seja, um voto de fácil mudança. Por isso, os Capítulos 2 e 6 elucidarão a identificação pessoal e a identificação partidária como basilares para o comportamento geográfico do voto e, portanto, para a geografia eleitoral, subsidiados pelas discussões paralelas que constroem uma geografia eleitoral do voto, especificadas nos Capítulos 1, 3, 4 e 5, respectivamente.

I

Uma construção metodológica para a geografia eleitoral: teoria e prática

Diante das inúmeras inquietações que a ciência geográfica apresenta ao geógrafo, a geografia eleitoral consolida-se cada vez mais como uma subárea de destaque. Em países que passaram ou passam por transformações estruturais e conjunturais no ambiente da política partidária, como é o caso do Brasil, a geografia eleitoral ganha cada vez mais fôlego e robustez.

A construção de uma geografia eleitoral vigorosa confere a essa subárea uma ótica diferenciada para entender o espaço geográfico. Seus conceitos, suas temáticas e suas constatações revelam um campo de atuação em que o geógrafo, por meio da apropriação do conhecimento, pode planejar, atuar e avaliar seus trabalhos em diversas esferas da sociedade, tanto no setor público quanto no privado.

O objetivo deste primeiro capítulo é elencar algumas técnicas de trabalho da geografia eleitoral, bem como exemplificar estudos da área, tendo como base um de seus principais conceitos: a **democracia**.

Ao analisar os conteúdos e os conceitos elaborados pela e para a geografia eleitoral, você perceberá que essa subárea utiliza muitas argumentações temáticas que envolvem os sistemas eleitorais. Estes consistem em estruturas organizadas para compor sufrágios aptos a legitimar lideranças e grupos políticos nos governos dos Estados nacionais. Os sistemas eleitorais corroboram para a efetivação da democracia nos países que utilizam sufrágio universal.

1.1 Reflexões sobre o estudo da geografia eleitoral

A geografia eleitoral, como subárea da geografia, abrange um contexto de formação e consolidação. Neste primeiro momento, apresentaremos um panorama de sua história e de seu surgimento, além de seus principais objetivos; em acréscimo, examinaremos como estão estruturados seus trabalhos.

Não é novidade que a geografia tem diversas subdivisões que a tornam uma ciência rica na multiplicidade de ideias, temáticas e conceitos. Nessa vasta subdivisão de disciplinas que se estende pelo interior da ciência geográfica, existem algumas subáreas que, apesar de contemplarem importantes conhecimentos (como é o caso da geografia eleitoral), ainda não são investigadas por um grande número de geógrafos.

> A geografia eleitoral é a subárea da geografia política que discorre sobre problemáticas que perpassam o território, o espaço e o comportamento humano e social.

Mas, afinal, que motivações consolidaram (e consolidam) a existência da geografia eleitoral? Para chegarmos à resposta a essa pergunta, precisamos retornar às primeiras discussões da geografia eleitoral.

Em 1913, o francês André Siegfried publicou a obra *Tableau politique de la France de l'Ouest sous la Troisième République*, em que sugeriu uma relação causal entre o tipo de solo e a orientação do voto no norte da França. Esse trabalho é considerado o marco inaugural da geografia eleitoral. A obra de Siegfried influenciou os trabalhos de inúmeros geógrafos, que, posteriormente, deram continuidade ao estudo da geografia eleitoral. Além disso, a compreensão dos fenômenos referentes à política partidária tornou-se essencial para a investigação dos fenômenos políticos em qualquer realidade.

Os vários fenômenos eleitorais concretizados em países democráticos, bem como suas implicações nos territórios, tornam instigante a investigação de temáticas integrantes da geografia eleitoral. As pesquisas nessa subárea iniciadas por Siegfried deram origem ao estudo dos chamados *padrões de votação*, determinados prioritariamente pelas características geológicas das regiões. Siegfried (1949) diferenciou os votos dos eleitores que viviam sobre o granito daqueles dos eleitores que viviam sobre o calcário. As análises do autor evidenciaram que havia uma estreita ligação entre as tipologias do voto e os respectivos solos habitados pelos eleitores, mas, convém esclarecer, essa relação decorria de uma característica social (de trabalho, por exemplo), esta sim associada diretamente ao tipo de solo.

De acordo com Augusto (2017, p. 57),

> A Geografia Eleitoral centrada, prioritariamente, na análise dos padrões espaciais de votação, manteve-se até 1970, ano que adentrou à agenda da disciplina outras preocupações, com destaque ao chamado Efeito Vizinhança[1] e as dinâmicas espaciais da vida política. A partir de então, a Geografia Eleitoral pautou-se na análise do contexto social do eleitor. O fato levou a um enriquecimento [tanto] conceitual e temático como metodológico, completado pelo misto do quantitativo (padrões espaciais de votação) e do

---

1. Efeito vizinhança é a influência do contexto no qual o eleitorado está inserido sobre o comportamento eleitoral.

qualitativo (análise das motivações via contexto social do eleitorado).

A abertura ao viés qualitativo possibilitou ao geógrafo eleitoral ampliar seus horizontes de análise. As perspectivas de estudos passaram, então, a permear áreas como a psicologia social, a comunicação social e o direito.

Na **psicologia social**, estuda-se o aspecto cognitivo do eleitor como elemento base para suas escolhas eleitorais e, logo, para as mudanças nos quadros eleitorais em diferentes escalas (Warf; Leib, 2016). Na **comunicação social**, a abordagem concentra-se nas imagens pessoais e/ou partidárias evidenciadas nos períodos eleitorais e na influência destas sobre o comportamento eleitoral. A mídia, como instrumento de exaltação das imagens, é um importante objeto de análise para o geógrafo eleitoral, pois essa análise dá subsídios para compreender a articulação entre poder político-econômico e eleitorado. Por fim, o **direito** focaliza, principalmente, a organização das leis e das demais jurisdições que interferem na organização político-eleitoral. O Código Eleitoral e a obrigatoriedade do voto são exemplos da relação entre direito e geografia eleitoral.

Warf e Leib (2016) evidenciam que a geografia eleitoral e seus estudos sobre padrões espaciais de votação têm uma longa história, marcada por um *status* distinto na disciplina de geografia. Entre as décadas de 1960 e 1980, os geógrafos eleitorais eram muito importantes para a aplicação de técnicas quantitativas e cartografia eleitoral para obtenção de dados em escala local e nacional. No entanto, esses trabalhos, em grande parte empíricos, fomentaram uma literatura substancial que revelou uma natureza essencialmente espacial das eleições, incluindo elementos como redistritamento eleitoral, fatores econômicos e demográficos e estratégias de campanha dos partidos e candidatos.

Apesar das perspectivas criadas a partir da década 1970 e desenvolvidas ao longo das três décadas seguintes (de 1980 a 2000), a geografia eleitoral envelheceu, caindo em desuso. Segundo Warf e Leib (2016, p. 3, tradução nossa),

> Nas últimas três décadas [...], a geografia eleitoral caiu em senescência. Enquanto a geografia humana tornou-se cada vez mais preocupada com questões conceituais abordadas nas diversas formas de teorias sociais e economia política, a obsessão dos geógrafos eleitorais por técnicas e dados reflete um positivismo teimoso ou uma perspectiva empirista ingênua, e seus estudos negligenciam questões de teoria e contexto social, deixando a subdisciplina incapaz de contribuir substancialmente para debates contemporâneos conceituais.[2]

Warf e Leib (2016) apontam que um dos fatores que contribuíram para o desuso da geografia eleitoral pelos geógrafos foi o fato de estes negligenciarem aspectos concernentes ao contexto social. Esse fato confirma a necessidade de a geografia eleitoral impulsionar discussões qualitativas para evoluir em uma explicação profícua dos fatores geográficos como elementos de interferência

---

2. No original, "Over the last three decades, however, electoral geography has fallen into senescence. As human geography became increasingly preoccupied with conceptual matters approached through various forms of social theory and political economy, electoral geographers' obsession with techniques and data, reflecting an unrepentant positivist or naïve empiricist outlook, and their studied neglect of issues of theory and social context, left the subdiscipline unable to contribute substantially to contemporary conceptual debates" (Warf; Leib, 2016, p. 3).

dos processos eleitorais, bem como da organização do território por aqueles que detêm o poder: os eleitos.

Raffestin (1993) defende a vinculação da geografia política com o Estado: todo e qualquer tipo de poder ou ação que do Estado provenha deve ser determinado, prioritariamente, por ele. Para o autor, a geografia eleitoral é uma especialidade da geografia política que foi desamparada justamente pelas características que dão ao estudo dessa subárea apenas o enfoque na questão do Estado. No julgamento de Raffestin (1993), essa geografia política não pode ser considerada a verdadeira geografia política, mas uma geografia do Estado, discussão que não se pretende aprofundar aqui. Para melhor compreensão:

a população é tomada como um recurso. Esses signos servem para identificar e caracterizar a população na condição de fator da potência. Na geografia do Estado, a população perde seu significado próprio, isto é: é concebida, e não vivenciada. Ela só tem significado pela ação do Estado. Seu significado deriva da ação do Estado. De fato, se notará que os signos utilizados permitem muito mais definir e exprimir um potencial do que uma identificação diferenciada. (Raffestin, 1993, p. 26)

Nesse contexto, a geografia eleitoral tornou-se refém do esquecimento no âmbito da geografia política, pois abordava, em seu cerne, as relações de poder concernentes às eleições e ao eleitorado. Raffestin (1993, p. 58) explica que, para a geografia do Estado, a população é um recurso a ser utilizado para a consolidação dessa estrutura como fonte de poder, "porque ela está na origem de todo o poder. Nela residem as capacidades virtuais de transformação; ela constitui o elemento dinâmico de onde procede a ação". Ainda segundo Raffestin (1993, p. 46), "O poder, nome comum, se esconde atrás do Poder, nome próprio. Esconde-se tanto melhor quanto maior for a sua presença em todos os lugares. Presente em cada relação na curva de cada ação: insidioso, ele se aproveita de todas as fissuras sociais para infiltrar-se até o coração do homem".

No Brasil, os estudos eleitorais são empreendidos, em sua maioria, pela **ciência política** e pela **sociologia**, sendo a geografia eleitoral trabalhada marginalmente por essas ciências com foco no âmbito da quantitatividade. Como exemplo, podemos citar os estudos de Codato e Santos (2006, p. 17), os quais se voltam ao questionamento: "Geografia Eleitoral ou Cartografia do voto?". Essa indagação suscita a reflexão acerca do histórico de contribuição da Geografia naquilo que atina aos estudos eleitorais, que, aparentemente, resume-se em quantificar e mapear a distribuição dos votos nas diferentes escalas (municipal, estadual e nacional). Jacob et al. (2000, p. 102) afirmam que

> Além de seu aspecto mais imediato, o da cartografia dos resultados das eleições, apresenta-se como um instrumento de análise das estruturas dinâmicas territoriais. Assim, as relações entre a continuidade e a mudança de determinados padrões de comportamento eleitoral podem ser reveladoras de transformações, muitas vezes difíceis de serem apreendidas sem o mapeamento sistemático dos dados eleitorais.

É possível identificar a razão para Codato e Santos (2006) retratarem a geografia eleitoral como uma cartografia eleitoral, restrita à quantificação dos votos nos mapas eleitorais. A não consolidação da geografia eleitoral qualitativa no Brasil obsta que esta explique as motivações de determinada distribuição dos votos; com isso, ela apenas propõe um mapeamento deles, diferentemente do que ocorre em alguns países europeus, como a Espanha (Codato; Santos, 2006). Os trabalhos realizados pela geografia eleitoral brasileira guardam um caráter imediatista, como explicam Jacob et al. (1997). A análise prioritariamente descritiva leva em consideração a distribuição dos votos através das diferentes escalas territoriais do país. Ainda segundo Jacob et al. (2000), há a necessidade de se atrelar a utilização do mapeamento às reflexões acerca dos padrões de comportamento eleitoral, como tais autores enfatizaram em seus trabalhos sobre a geografia eleitoral. Nesse sentido,

> A análise das eleições presidenciais no Brasil do ponto de vista geográfico não tem se constituído numa tradição de pesquisa em ciências sociais. A interrupção da realização de eleições diretas para a Presidência da República, por um período de vinte e nove anos, apresenta-se como um fator de desestímulo aos estudos de geografia eleitoral no País. Desse modo, ao contrário do que se observa em outros países, a geografia eleitoral, no Brasil, encontra-se ainda embrionária. (Jacob et al., 1997, p. 17)

Castro (2005) menciona que a geografia eleitoral confere visibilidade aos fenômenos que ocorrem no espaço, tanto nos sistemas eleitorais quanto nos resultados das eleições, por meio de padrões espaciais. Para a autora, estes são as condições que cercam a existência humana no território, tais como localização, vizinhança, densidade demográfica, instituições, equipamentos à disposição dos cidadãos, entre outros.

Trigal e Del Pozo (1999) definem a geografia eleitoral como uma parte da geografia política que promove a análise das relações entre espaço e resultados das consultas populares (o voto, por exemplo). De acordo com os autores,

> Os manuais e dicionários de geografia [que estão] em uso definem a geografia eleitoral como uma análise das relações entre espaços e resultados de consultas populares, e singularizam este tipo de estudos como um ramo específico da Geografia, incluído em alguns casos como parte da Geografia Política ou simplesmente como um elemento da Geografia Humana.[3]
> (Trigal; Del Pozo, 1999, p. 196, tradução nossa)

Segundo Trigal e Del Pozo (1999), os estudos da geografia eleitoral no mundo se estabeleceram a partir da década de 1970 e, desde então, aparecem centrados em dois temas básicos: 1) a análise dos sistemas eleitorais, em particular dos marcos espaciais que produzem as consultas eleitorais; e 2) a análise dos resultados eleitorais em relação aos elementos espaciais que podem condicionar o voto. Neste livro, priorizamos este segundo tema, pois ele considera os resultados eleitorais advindos do comportamento eleitoral, o elemento espacial relevante para a análise.

3. No original, "Los manuales y diccionarios geográficos al uso definen la Geografía electoral como el análisis de las relaciones entre el espacio y los resultados de las consultas populares, y singularizan este tipo de estudios como una rama específica de la Geografía, incluida en unos casos como parte del cuerpo disciplinar de la Geografía Política o simplemente como un elemento más de la Geografía Humana" (Trigal; Del Pozo, 1999, p. 196).

A perspectiva eleitoral nos trabalhos geográficos requer um cuidado especial para verificar as diferenças entre as metodologias utilizadas. Os objetivos que perpassam os estudos eleitorais vão desde a análise da distribuição dos votos em um território até o microestudo da decisão do voto. Os estudos eleitorais explicam cientificamente fenômenos empíricos, pois estes são construídos pelos eleitores.

Castro (2005), ao elucidar o comportamento eleitoral, esclarece que é plausível a ideia de que o espaço influencia o comportamento eleitoral; isso ocorre pela ação de amigos e vizinhos, o que faz o candidato obter mais votos em seu local de nascimento ou de residência. De acordo com Castro (2005), esse fenômeno tem maior implicação nos sistemas majoritários com distritos muito pequenos.

> No caso dos amigos, não necessariamente vizinhos, outra possibilidade desse efeito é aquela de identidades religiosas ou étnicas [...]. No segundo, [...] [decorre a influência do] efeito de proteção local quando há um tema na eleição que é mais claramente sensível a uma determinada área ou região do que em outras. [...] No terceiro, [...] [há a influência da] campanha eleitoral, que pode ser mais sensível em uma área do que em outras. Na realidade, trata-se aqui das estratégias dos partidos [políticos] e dos candidatos de selecionar temas e plataformas dirigidas a eleitores de redutos [...] específicos. (Castro, 2005, p. 161)

Em outra perspectiva,

> Os estudos referentes à Geografia Eleitoral remontam aos anos de 1913, com os pioneiros André Siegfried, na França, e Carl Sauer, nos Estados Unidos. O primeiro elaborou uma detalhada cartografia eleitoral aplicada ao seu país. Já o segundo, centrou seus estudos na delimitação de distritos eleitorais. (Augusto; Silva, 2014, p. 1133)

Trigal e Del Pozo (1999) relatam que a geografia eleitoral quantitativa esteve fundamentada em três aspectos, tendo cada um deles originado um estudo diferente, como expõe o trecho a seguir:

> a) A explicação dos mapas que estudam as tendências dos votos em áreas específicas denomina-se geografia do voto e atualmente foca principalmente a análise estatística comparada. [...]
>
> b) O papel dos fatores espaciais no comportamento eleitoral. As análises estatísticas dos resultados eleitorais são substituídas aqui por modelos de localização que enfatizam o contexto espacial no qual ocorre a votação [...].
>
> c) A delimitação dos distritos e circunscrições eleitorais origina uma geografia da representação com resultados notáveis nos países que utilizam um sistema

eleitoral majoritário [...].[4] (Trigal; Del Pozo, 1999, p. 197, tradução nossa)

Ainda a respeito do enfoque quantitativo da geografia eleitoral, podemos perceber que suas abordagens são enriquecidas e modificadas de acordo com as correntes ou lógicas de pensamento que cada momento histórico e científico apresenta.

Nos últimos 20 anos, a Geografia Eleitoral não está preocupada somente com o momento inicial e final dos processos eleitorais, mas também com o eleitorado e as fases intermediárias a estes dois planos (inicial e final). Isso leva a Geografia Eleitoral a colocar em primeiro plano os estudos que relacionam poder e espaço em diferentes escalas e, ainda, as consequências territoriais que os processos eleitorais podem ocasionar nas diferentes democracias do mundo. (Augusto; Silva, 2014, p. 1113)

É também nessa perspectiva que Castro (2005) afirma que a interpretação dos sistemas e processos eleitorais e da distribuição territorial da decisão do voto constitui um elemento a mais para explicar diferentes tensões e conflitos os quais afetam as formas de organização do espaço.

4. No original, "a) La explicación de mapas que estudian las tendencias de voto en áreas concretas, lo que se denomina Geografía del voto y que en la actualidad se centra, sobre todo, en el análisis estadístico comparado. [...] b) El papel de los factores espaciales en el comportamiento electoral. Los análisis estadísticos de los resultados electorales se sustituyen aquí por modelos de localización que hacen hincapié en el contexto espacial en el que se produce la votación [...]. c) La delimitación de los distritos o circunscripciones electorales, que da origen a una Geografía de la representación con resultados notables en los países que utilizan un sistema electoral mayoritario [...]." (Trigal; Del Pozo, 1999, p. 197).

Com base nas questões expostas, apresentaremos, a seguir, as teorias referentes ao comportamento do indivíduo como eleitor que decide seu voto.

De acordo com Warf e Leib (2016), trabalhos relacionados à geografia eleitoral entre os séculos XX e XXI focavam o Estado, as relações sociais e o contexto socioespacial. As análises eram feitas pela ótica de que as eleições consistiriam em arenas nas quais os sujeitos, sob certas limitações estruturais, expressam suas preferências. Mais além da escala local, essas arenas se estenderiam ao sistema mundial, não se limitando às esferas específicas dos pleitos eleitorais.

O que se verifica, então, segundo os referidos autores, é que, ao longo das décadas de 1980, 1990 e 2000, a geografia eleitoral dedicou-se cada vez mais a investigar questões conceituais abordadas com diferentes enfoques pela teoria social e político-econômica.

No conjunto dos trabalhos relativos à geografia eleitoral, constata-se um considerável número de referências provenientes dos Estados Unidos e da Europa. Essa literatura tem oferecido um retrato rico e detalhado da espacialidade das eleições em níveis nacional e local das diversas nações pesquisadas. Os resultados mostram caracterizações do redistritamento e *gerrymandering*, bem como diferentes preferências de acordo com a mudança dos turnos dos pleitos, as taxas de participação e as correlações com diversas variáveis socioeconômicas. Tais publicações indicam também os efeitos de vizinhança sobre o comportamento político-
-eleitoral (Martins, 2010).

Para esclarecer a concepção dos estudos e das temáticas da geografia eleitoral na atualidade, analisaremos a produção científica desenvolvida nessa subárea desde o ano 2000, considerando que tal bibliografia é substancialmente mais discorrida e publicada em periódicos científicos de língua inglesa. Os trabalhos realizados nesse período permitem identificar temáticas, conceitos e interdisciplinaridades característicos da subárea.

1.2 A geografia eleitoral como campo do saber

Temáticas que perpassam distintas áreas do conhecimento evidenciam singularidades no que tange a sua produção. No caso da geografia eleitoral, é perceptível que ela, muitas vezes, é alicerçada sobre pesquisas de autores não geógrafos, figurando como campo de estudo de áreas como a sociologia política e, principalmente, a ciência política.

Nas décadas de 1970 e 1980, a geografia política reemergiu do período de "descanso". Essa ascensão, segundo Johnston (2002), culminou em uma conferência realizada no ano de 1988 em Los Angeles, Estados Unidos, com uma subsequente publicação de trabalhos compilados em livro em 1990. Denominada *Developments in Electoral Geography*, a obra foi editada por três importantes geógrafos políticos de língua inglesa: Ron Johnston, Fred M. Shelley e Peter Taylor. Apesar da significativa importância do livro para os estudos de geografia eleitoral, este sofreu algumas críticas em virtude de seu caráter empirista. Já Quinton (2011), outro pesquisador, desenvolveu uma pesquisa na qual visualizou a evolução da construção dos números da geografia eleitoral nos países de língua inglesa.

De acordo com Warf e Leib (2016), entre os anos de 1990 e 2007, o quantitativo de trabalhos nessa área, via de regra, não seguiu o exponencial crescimento da geografia, totalizando apenas 224 artigos publicados (uma média de 12 por ano). Entre os anos de 1995 e 2002, entretanto, houve um aumento nessas produções graças à necessidade de discutir os acontecimentos políticos que sucederam a Guerra Fria e a institucionalização das democracias que se fortaleceram com o fim dela. Esses números constam no Gráfico 1.1.

Gráfico 1.1 - Número de trabalhos de geografia eleitoral publicados em língua inglesa (1990-2007)

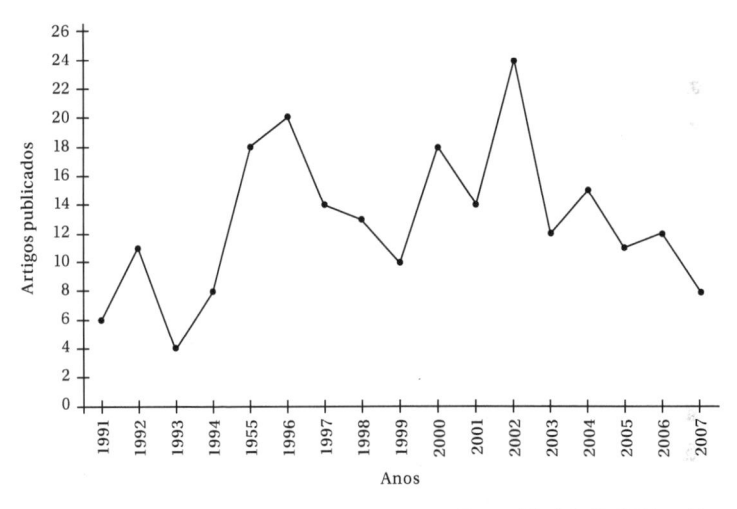

Fonte: Warf; Leib, 2016, p. 11.

O Gráfico 1.1 mostra dois grandes picos de publicações na área de geografia eleitoral: em 1996 e em 2002. Ambos foram consequência principalmente da tendência de analisar os efeitos do fim da ordem bipolar em diversos países, inclusive nas eleições e na política partidária (Warf; Leib, 2016).

No que tange aos países da língua inglesa, o levantamento elaborado por esses mesmos autores (Warf; Leib, 2016) evidenciou que Estados Unidos e Reino Unido registraram os maiores números de publicações da geografia eleitoral: respectivamente 39% e 20% do total. A Rússia alcançou o terceiro lugar, reflexo do interesse em seu processo eleitoral após a dissolução da União das Repúblicas Socialistas Soviéticas. Nos demais países do globo, o que se observou foi um percentual inexpressivo. A respeito disso, os autores demonstram que surpreende a falta de cobertura nesses locais. Segundo eles,

> Foram contados apenas oito artigos desde 1990 que abordavam as eleições na Ásia (três deles tratavam das eleições israelenses), e apenas quatro artigos sobre a América Latina (três destes sobre o México). Ao longo desse período, apenas três artigos sobre eleições na África foram encontrados. Certamente, há muito espaço para pesquisas eleitorais em língua inglesa no mundo não americano e europeu.[5] (Warf; Leib, 2016, p. 12, tradução nossa)

Metade dos artigos citados foi publicada em revistas de geografia política; e o percentual de geógrafos e cientistas políticos que publicaram artigos de geografia eleitoral e geografia política se aproxima do percentual de artigos publicados em revistas como um todo (Warf; Leib, 2016).

Observa-se que mais e mais cientistas políticos têm se utilizado da geografia eleitoral para elaborar suas pesquisas, principalmente em razão do tratamento dos dados geográficos nelas analisados. Além disso, esses estudiosos trabalham aspectos relativos

---

5. No original: "We counted only eight articles since 1990 dealing with elections in Asia (three of these were about Israeli elections), and only four articles on Latin America (with three of these on Mexico). Over this time period, we can only find three articles about elections in Africa. Certainly there is much room for English-language electoral geography research on the non-North American and European world" (Warf; Leib, 2016, p. 12).

às eleições nos países, o que, como vimos, perpassa a geografia eleitoral.

Perante essa conjuntura, que envolve não somente geógrafos eleitorais, mas também cientistas políticos, a distribuição dos trabalhos em geografia eleitoral se aloca conforme mostra o Gráfico 1.2.

Gráfico 1.2 – Trabalhos de geografia eleitoral em revistas de língua inglesa (1990-2010)

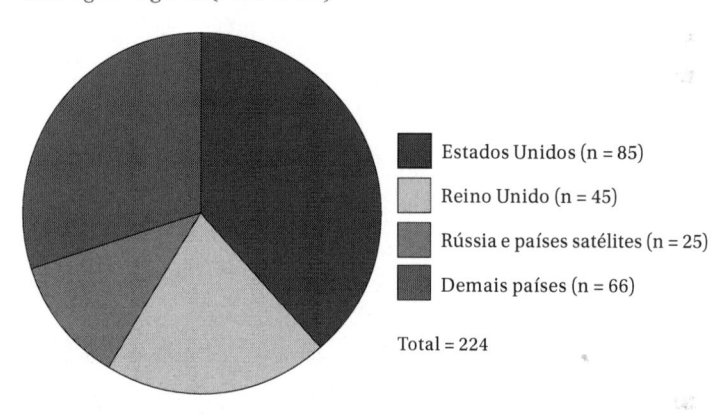

Estados Unidos (n = 85)
Reino Unido (n = 45)
Rússia e países satélites (n = 25)
Demais países (n = 66)
Total = 224

Fonte: Warf; Leib, 2016, p. 45, tradução nossa.

Observa-se que a maioria dos trabalhos foram produzidos nos Estados Unidos, totalizando 85 artigos. O Reino Unido alcançou a quantia de 45 estudos, um número considerável. Isso demonstra o elevado volume de trabalhos publicados em países da língua inglesa.

Em um segundo patamar, encontra-se a produção da Rússia e dos países-satélite, totalizando 25 trabalhos publicados. Os demais países do mundo somam 66 artigos, o que representa uma pequena produção na geografia eleitoral.

Esse pequeno número de trabalhos, comparado ao das demais áreas do conhecimento, não desmerece a qualidade e a diversidade de conteúdos estudados nessa subárea, que não se restringem às eleições, evidenciando também discussões a respeito do voto, fazendo comparações entre sistemas eleitorais e críticas sobre eles, promovendo debates e exames do (re)processo de distritamento, além de discussões de métodos para levar os estudos eleitorais até as salas de aula (Warf; Leib, 2016).

A análise em geografia eleitoral contempla não somente uma grande variedade de temas, mas também diversas escalas, incluindo a supranacional (interferências externas ao país) e a interna (escala nacional e escala local). Entre os temas de estudo destacam-se o *gerrymandering*[6] e a *malapportionment*[7], especialmente entre os autores que investigam a realidade dos Estados Unidos (Warf; Leib, 2016).

De acordo com Taylor (2003), poucos governos ou líderes políticos são eleitos somente com base no número de votos expressos. Na maioria dos sistemas eleitorais, o voto é efetivamente filtrado – ou pela eleição de representantes dos círculos geográfico-eleitorais para uma legislatura, ou pela abertura de novos colégios eleitorais.

Em sistemas eleitorais como aqueles utilizados na Grã-Bretanha, no Canadá e nos Estados Unidos, o candidato vencedor leva toda a votação. Isso significa que os votos para o candidato derrotado são efetivamente "desperdiçados" em qualquer eleitorado.

---

6. O termo *gerrymandering* foi cunhado nos Estados Unidos com o intuito de explicar os círculos eleitorais, cuja forma assemelha-se a de uma salamandra. Pode-se dizer que *gerrymandering* é um método para organizar e definir os círculos eleitorais em um dado território; capaz de oferecer vantagens quanto ao número de representantes políticos em locais que utilizam o voto distrital (Martins, 2010).

7. O conceito de *malapportionment*, que ilustra a distribuição (muitas vezes desigual) da representação de um parlamento, é percebido, principalmente, ao se atentar para o Poder Legislativo. No caso brasileiro, por exemplo, identifica-se o *malapportionment* na representação que cada estado tem no Senado Federal. No Brasil, os estados de população pequena são favorecidos, pois têm direito ao mesmo número de senadores que os estados populosos, como São Paulo e Minas Gerais.

Um partido que perde em cada círculo eleitoral por um voto não será representado no Legislativo, ao passo que um partido que ganha em cada círculo eleitoral por apenas um voto será representado em todos os lugares.

1.3 Estudos da geografia eleitoral em língua portuguesa: Portugal e Brasil

O sistema eleitoral e os fenômenos eleitorais que se desenvolvem em um país afloram em um espaço geográfico, o que justifica a importância de a geografia eleitoral analisar a produção de trabalhos na ciência geográfica.

De acordo com Monzón (2009), cada sociedade se estabelece sobre um espaço geográfico em particular e adquire um marco ideológico e cultural que se traduz em cada uma de suas atividades, incluindo a política e o comportamento eleitoral. Isso gera vínculos entre os elementos mencionados e, desse modo, reproduz um sistema sociopolítico que mantém uma estreita relação com seu espaço geográfico.

Cada sociedade tem características próprias, como cultura, educação, história, níveis de desenvolvimento etc. Para Monzón (2009), essas dimensões sociais se inter-relacionam, e o modo como isso acontece, sua frequência e seus resultados levam cada Estado a adotar determinado sistema político-eleitoral. Para compreender melhor essa ideia, observe a Figura 1.1.

Figura 1.1 – Inter-relações entre sistema político e sociedade

```
                    EDUCAÇÃO
      Usos e costumes        História

         Tecnologia  ⇄  Cultura

              INTER-RELAÇÕES

     SOCIEDADE              SISTEMA
                            POLÍTICO

   USO              FISCALIZAÇÃO        GESTÃO
CONSERVAÇÃO         PARTICIPAÇÃO     ORDENAMENTO
                                      LEGISLAÇÃO

              ESPAÇO GEOGRÁFICO
```

Fonte: Monzón, 2009, p. 67.

A Figura 1.1 evidencia que as atividades atreladas ao desenvolvimento de uma sociedade se realizam em um dado espaço geográfico, gerido e ordenado por um sistema político através das legislações. Para a efetiva organização da sociedade e de todo o equipamento que faz dela relacional, é preciso conceber elementos intrínsecos, que, de acordo com Monzón (2009), são:

» educação;
» usos e costumes;

» história;
» tecnologia;
» cultura.

Esses elementos concretizam as decisões dos eleitores e, logo, as decisões eleitorais. É nestas possibilidades de decisões que ocorre a inter-relação entre sociedade e sistema político, concomitantemente à fiscalização e à participação.

Nesse sistema, segundo Monzón (2009), a sociedade civil tem as funções de fiscalizar e participar de ações do sistema político, ressaltando, dessa maneira, seus direitos e deveres cívicos na democracia participativa. O voto é entendido como parte dessa atuação cidadã e, portanto, como elemento pertencente ao contexto relacional entre sociedade e sistema político. Para a decisão do voto, empregam-se diversos elementos, entre eles os destacados no esquema interpretativo de Monzón (2009) que mencionamos anteriormente: educação, cultura, história etc. Todo esse processo se consolida no espaço geográfico e se efetiva como pano de fundo para a organização da sociedade.

Para a análise dos estudos eleitorais de Portugal e do Brasil, precisamos compreender esses países como "palcos" ordenados por sociedades em construção. Tais sociedades possibilitam, por suas ações organizativas, a formação de territórios amparados por meios que ensejam o estabelecimento de sistemas político-eleitorais, cujo estudo pode ser realizado pelo viés da geografia eleitoral.

A geografia eleitoral, tanto em Portugal quanto no Brasil, não se posiciona efetivamente como campo do conhecimento de considerável importância nas ciências humanas. Na atualidade, essa subárea é pouco trabalhada; os estudos relacionados a ela são oriundos, em especial, da sociologia e da ciência política (Codato; Santos, 2006).

Apesar das possibilidades de investigação, esse ramo científico não tem grande tradição no Brasil, principalmente no que concerne a abordagens qualitativas. Atualmente, tais estudos no país se destacam pelas investigações de Iná Elias de Castro. A autora consolida uma discussão pertinente sobre espaço e democracia sob a ótica da geografia política e da geografia eleitoral. Para ela, democracia e geografia se entrelaçam. A primeira, considerada um modelo político-institucional com intensas implicações para o espaço, é objeto privilegiado da segunda (Castro; Rodrigues; Ribeiro, 2013).

Quais motivações apontam a democracia como elemento central em discussões na geografia eleitoral brasileira? De acordo com Castro, Rodrigues e Ribeiro (2013), o espaço é o ambiente de excelência da política, e a democracia é a política em sua forma mais pura ou natural. É nela que se encontram os indivíduos livres e diferentes, ainda que iguais por lei. E, nesse contexto, a geografia correlaciona espaço e democracia, pois é a ciência geográfica que permite analisar a ordem espacial e os fenômenos oriundos desse encontro, bem como as formas resultantes desse processo. Diante disso, podemos considerar que

> A democracia supõe processos decisórios que requerem engenharias institucionais que necessariamente se adaptam às condições particulares do território como: distâncias, infraestrutura, número de habitantes, densidades populacionais etc. O desafio de organizar eleições gerais, plebiscitos, referendos ou quaisquer outras formas de consulta à sociedade supõe considerar a dimensão territorial do universo [em questão] [...]. (Castro; Rodrigues; Ribeiro, 2013, p. 12)

A democracia e sua forma organizacional de influenciar o ordenamento do território possibilitam contribuições para a geografia eleitoral, pois é essa subárea que julga serem primordiais para seus debates os fenômenos políticos e eleitorais.

A geografia eleitoral constitui um campo instigante para a compreensão do território, com base, por exemplo, nos padrões espaciais, nas votações para os diversos cargos em eleições ou, ainda, no enquadramento dos partidos políticos nas diferentes unidades federativas ou nos municípios. Esses padrões espaciais podem evidenciar fatores qualitativos intrínsecos ao pano de fundo dos números das votações, o que possibilita compreender as características das populações e as motivações de seu voto.

Analisando o conjunto das diferentes bibliografias portuguesas na área da geografia eleitoral, é possível constatar que estas passaram a ter mais publicações após a Revolução de 25 de abril de 1974[8], a qual possibilitou a todos os portugueses o direito de votar democraticamente e escolher seus representantes com sufrágio universal. Assim, observamos que o início do período democrático em Portugal elevou a capacidade de se trabalhar com a geografia eleitoral.

Conforme Jalali (2003), o regime ditatorial de António de Oliveira Salazar utilizava as eleições não para permitir mudanças no governo, mas para confirmar a permanência do ditador no poder. Portanto, enquanto o período ditatorial de Salazar perdurou, as eleições ocorreram inúmeras vezes sem possibilitar mudança alguma. Dessa forma, os estudos eleitorais se preocuparam em entender, a partir de então, os elementos que subjazem o comportamento eleitoral.

---

8. Essa revolução é vista como um importante marco em Portugal, pois deu fim ao regime ditatorial vigente desde 1933. O *25 de Abril*, como é conhecido, possibilitou a instauração da democracia no país em 1974.

Estudos sistematizados sobre o comportamento eleitoral foram possíveis graças à utilização de dados de nível agregado. Segundo Jalali (2003), entre as questões específicas vitais desses estudos encontram-se a influência da identificação partidária ou do posicionamento ideológico sobre o comportamento eleitoral, o impacto das campanhas e da postura dos candidatos e o efeito dos temas em debate e das posições políticas dos partidos.

Além dos estudos sobre o comportamento eleitoral, observam-se discussões sobre a geografia eleitoral em um âmbito mais quantitativo, em que pesquisadores exploraram dados eleitorais para explicar os padrões espaciais do voto em diferentes partes do território.

Autores como Jorge Manuel Barbosa Gaspar[9], Isabel Margarida André e Fernando Honório organizaram os primeiros manuscritos que explicaram fenômenos inerentes à geografia eleitoral portuguesa. Quando se examinam os trabalhos desses autores, nota-se que as eleições locais têm características próprias e um tal número de diferenciações no espaço geográfico que, por vezes, torna difícil realizar enfoques globais e comparativos.

---

9. Gaspar é um renomado geógrafo português que estuda e trabalha com temas vinculados ao planejamento e ao ordenamento do território; iniciou, entretanto, sua vida acadêmica com pesquisas de geografia eleitoral.

Em Portugal, o voto, sobretudo para a Câmara Municipal[10] e a Junta de Freguesia[11], é frequentemente estabelecido com base nas ações concretas das equipes de gestão, constituídas por indivíduos conhecidos dos eleitores, muitas vezes a ponto de haver contato direto entre eles.

Qual é a participação dos partidos políticos[12] investigada pela geografia eleitoral? De acordo com Gaspar, André e Honório (1990), a participação maior ou menor dos diversos partidos nas eleições para as autarquias locais tem explicações de várias ordens, tanto para o conjunto das forças partidárias quanto para cada uma dessas forças especificamente. Segundo esses autores e com base na comparação com outros países, podemos afirmar que, em geral, a participação dos principais partidos portugueses nas eleições locais era muito elevada. Esses autores afirmam:

> verificamos que as três principais forças representativas dos três grandes quadrantes políticos nacionais cobrem praticamente todo o país ao nível das eleições

---

10. "A Câmara Municipal [é o] órgão executivo do município diretamente eleito pelos cidadãos recenseados na respectiva área. [...] A Câmara Municipal é constituída por um presidente, que é necessariamente o primeiro candidato da lista mais votada [,] [...] e vereadores, com um mandato de quatro anos. O número de vereadores varia consoante a amplitude do conjunto de cidadãos inscritos no recenseamento eleitoral. [...] [Entre] os vereadores, o presidente designará o vice-presidente a quem, para além de outras funções que lhe são atribuídas, cabe substituir o presidente nas suas faltas e impedimentos" (Gaspar, 2013, p. 1-2).

11. "A Junta de Freguesia é o órgão executivo da freguesia – menor divisão administrativa do território português. O município de Lisboa, por exemplo, possui atualmente 24 freguesias. O presidente da Junta de Freguesia é o cidadão que mais votado para a Assembleia de Freguesia" (Gaspar; André; Honório, 1990).

12. Utilizaremos a expressão *partido político* constantemente neste livro, pois consideramos esse conceito como central para a abordagem da geografia eleitoral do voto. Entretanto, as discussões presentes nesta seção não esgotam o todo do aporte teórico e conceitual em torno dele. Em outros momentos, ampliaremos os debates sobre os partidos políticos, principalmente nos capítulos que propõem estudos por realidades territoriais: Portugal e Brasil (respectivamente, Capítulo 2 e Capítulo 3).

para os órgãos de gestão municipal, apresentando listas ainda num número muito elevado de eleições para as assembleias de freguesia. Esta situação, que constitui um dos fatos mais característicos das eleições portuguesas, é, à primeira vista, consequência da legislação relativa às eleições para as autarquias locais, em combinação com a legislação que regula a constituição dos partidos. Sem negar a importância desses fatores, cremos, todavia, que a explicação é mais complexa, não podemos esquecer, por um lado, as características do espaço e da sociedade portuguesa, nem por outro lado, o processo político e social que se desenvolveu antes e depois do 25 de abril de 1974. (Gaspar; André; Honório, 1990, p. 5)

Isso evidencia que os marcos políticos e sociais são importantes divisores de conjunturas, como foi o caso do 25 de abril. E, nos exemplos portugueses, a geografia eleitoral busca compreender os dados práticos de padrões de votação, por exemplo, de acordo com os demais fenômenos sociopolíticos a que se relacionam, consolidando determinada conjuntura.

Dessa forma, o estabelecimento de uma conjuntura política influencia a organização e a formação dos partidos políticos, que, posteriormente, empreenderão a gestão interna e a articulação de suas pautas por meio de todo esse processo político, que leva ao estabelecimento de determinada conjuntura – ambiente plausível de análise e trabalho do geógrafo.

1.4 Procedimentos metodológicos para a construção da geografia eleitoral do voto

Considere que os resultados e as discussões de suas futuras pesquisas na geografia eleitoral podem provir de diferentes fontes e estruturas metodológicas. Dentre algumas possibilidades, discorreremos adotando uma perspectiva que abarque tanto aspectos qualitativos quanto aspectos quantitativos, para permitir uma análise geral e diversa dos modos de construir resultados na referida área.

Os jornais impressos e digitais são recursos para análises de contextos políticos e eventuais cenários eleitorais. Reportagens e manchetes demonstram as escolhas que os proprietários dos jornais fazem por partidos ou grupos políticos, bem como as relações entre a imprensa e esses grupos. Portanto, de acordo com Silva (2007, p. 29),

> Para explorar a imprensa como fonte de pesquisa é preciso concebê-la, primeiramente como um meio que concentra uma grande capacidade de produzir significados hegemônicos; em segundo lugar, é preciso considerar que ela possui interesses próprios, fruto de sua posição como importante instrumento de poder, devido às fortes relações existentes entre os proprietários destes meios de comunicação e as elites políticas e econômicas.

Os jornais despontam, assim, como base para o estudo e a compreensão dos fatores que se desencadeiam no ambiente político-partidário.

A relevância de se trabalhar com jornais deve-se ao fato de estes que atuam como meios de divulgação das falas dos atores políticos e, ainda, evidenciam o cenário da política partidária em diversos períodos, não somente na eleição acompanhada.

Para a sistematização dos dados e das informações coletadas em jornais, o geógrafo busca relacionar teorias e conteúdos pertencentes à geografia, sem perder sua visão geral da análise territorial. É válido compreender as disputas eleitorais no território como palco de lutas de *marketing* e de simbolismos consolidados em imagens, partidos e demais lideranças ideológicas, que, por sua vez, condicionam a distribuição dos sucessos eleitorais no território.

Nessa perspectiva, Radmann (2001) afirma que, com a crescente personificação das campanhas, as disputas eleitorais concentram-se fundamentalmente em torno da imagem e dos atributos simbólicos dos candidatos. Paralelamente, a televisão, a internet e as demais mídias sociais, por sua natureza, desempenham um importante papel na formação e na constituição dessas imagens, caracterizando-se como instrumentos indispensáveis das "competições". Segundo a autora,

> Na **competição eleitoral midiática** das campanhas pela televisão, é de suma importância a produção visual dos candidatos, a construção de sua imagem pública e as reações eleitorais do candidato. [...]
>
> Nesta conjuntura de campanha eleitoral personificada através da televisão, onde a pessoa do candidato passa

a ser o principal elemento em disputa, deve-se considerar a atuação do marketing político. (Radmann, 2001, p. 220, grifo do original)

Assim sendo, o sistema informacional e o acesso aos meios de comunicação por grande parte da população levam as campanhas eleitorais midiatizadas a se configurarem como verdadeiras disputas de imagens e atributos pessoais. Esse arcabouço, no entanto, tem resultado no enfraquecimento das siglas partidárias e no fortalecimento das posições e das imagens individuais dos candidatos. Vale ressaltar que, recentemente, muitas campanhas eleitorais tiveram seus maiores ganhos nas redes sociais e demais meios informativos ligados à internet. A relação mais direta com o eleitorado viabiliza atingir com elevada facilidade o imaginário social, o que torna a internet indispensável ao se empreender uma análise conjuntural.

Portanto, o exame de jornais e outros meios midiáticos é uma ferramenta para a observação dos contextos e dos cenários eleitorais. Possibilita, também, estender as discussões da geografia eleitoral para uma análise profícua e qualitativa de partidos políticos, atores sociais e demais pessoas/instituições ligadas à política partidária.

Outro meio para o desenvolvimento da pesquisa em geografia eleitoral é a formulação/aplicação dos questionários, fundamental para o desenvolvimento de *surveys*. Por meio dos questionários, construiu-se e efetivou-se a discussão empírica e de dados sobre a decisão do voto dos eleitores.

É importante ressaltar que, para a aplicação de questionários, recorre-se à estatística para propor o tamanho da amostra. Segundo Levin (1987, p. 36),

O pesquisador social procura tirar conclusões a respeito de um grande número de sujeitos. Estes sujeitos são a população que, segundo ele, consiste em um conjunto de indivíduos que compartilham de pelo menos uma característica comum, seja ela cidadania, filiação a uma associação de voluntários, etnia etc. No caso aqui proposto, a população consiste em geral no chamado eleitorado.

Geógrafos e outros pesquisadores trabalham com tempo, energia e recursos econômicos limitados. São raras as vezes em que podem focalizar todos os elementos da população. Geralmente, o pesquisador estuda um pequeno grupo ou subconjuntos de indivíduos extraídos da população, os quais são chamados de *amostra* (Levin, 1987). O processo de escolha dos indivíduos que constituirão uma amostra é denominado *amostragem*. Procedimentos metodológicos bem-delimitados na geografia eleitoral permitem alcançar uma gama diversificada de resultados; por isso, o trabalho do geógrafo abrange desde a coleta de dados e informações iniciais até a formulação de considerações e novas inquietações.

Nos estudos práticos que apresentaremos neste livro, a amostragem equivale a 768 eleitores (portugueses e brasileiros), escolhidos nas cidades elencadas pelo critério de diferenças de comportamento político (esquerda e direita[13]).

---

13. O espectro direita ou esquerda é analisado pelo eleitorado principalmente quando se fala em partidos políticos e ideologia. "A ideologia seria uma variável de longo prazo. Assim, os partidos de direita podem atrair maiores fatias do eleitorado trabalhador quando os problemas conjunturais a resolver envolvem questões de 'política externa, moralidade, eficiência administrativa'. [...] estar à esquerda significa favorecer mudanças em direção à igualdade e estar à direita significa recusá-las em nome da ordem" (Singer, 2002, p. 24).

A análise dos resultados permite observar que os estudos da geografia eleitoral vêm ganhando força em diferentes países, inclusive no Brasil. Contudo, apesar dessa ascensão recente, a área ainda é incipiente na geografia, se comparada com a geografia urbana e a geografia agrária, por exemplo.

Precisamos esclarecer que, em determinados momentos, a ciência geográfica utiliza conceitos, teorias e ferramentas de outras ciências, o que a torna uma ciência interdisciplinar. A geografia eleitoral não se exime da tarefa relacional entre as ciências; pelo contrário, sua construção só é possível se fundamentada em uma análise conjuntural em que se aplicam diferentes óticas.

Para os geógrafos do meio acadêmico ou de órgãos governamentais, a geografia eleitoral possibilita explicar fenômenos concernentes à democracia. Portanto, conhecer a democracia do país em que se está inserido e comparar e aproximar outros contextos democráticos são estratégias de grande valia para o profissional geógrafo.

Outro nicho de atividade/trabalho no qual os geógrafos podem contribuir ativamente para a geografia eleitoral envolve os partidos políticos e os grupos de poder político. Nestes, as estratégias para barganhas e conquistas de sucessos eleitorais podem ser potencializadas sempre que um profissional com conhecimento da democracia[14], do espaço e do território torne-se atuante na atividade.

---

14. Nesse sentido, merece destaque o conceito de democracia, que, na geografia eleitoral, é instrumento de compreensão de estratégias e contextos relacionados à área.

1.5 Geografia e sistema democrático

Sistemas democráticos são meios de organizar e colocar em prática as "vontades" dos eleitores ao escolherem seus governantes.

Nesse sentido, a geografia e a democracia têm uma ligação: a compreensão e a reflexão sobre os diferentes territórios e as suas democracias. A discussão, nesse ponto, refere-se às democracias liberais avançadas, nas quais os cidadãos gozam de direitos sociais e políticos, até mesmo a capacidade de escolher (e de destituir) governos por meio de eleições livres.

Grande parte da população mundial, entretanto, não tem essas liberdades. Em mais de 70 Estados, o poder é exercido por regimes totalitários não eleitos ou por um sistema superficialmente democrático, restrito pela supressão de partidos de oposição, por fraudes eleitorais, pela intimidação de eleitores e pelo controle da liberdade de expressão.

Desde a década de 1980, entretanto, ocorrem diversos casos de alto perfil de "democratização", notadamente na Europa Central e Oriental, na África do Sul e em partes da Ásia. Esses casos, na visão de alguns comentaristas, são parte da terceira onda de democratização[15].

---

15. A **primeira onda de democratização** começou nos Estados Unidos no início do século XIX e se estendeu até 1922, e abrangeu o estabelecimento de democracias parlamentares e o voto universal na Europa, na América do Norte, na Austrália, na Nova Zelândia e em parte da América Latina (Johnston; Pattie, 2004). A **segunda onda** ocorreu ao final da Segunda Guerra Mundial e durou até 1962, período em que a democracia foi restabelecida em parte da Europa e confirmada em muitos Estados pós-coloniais recém-independentes, como a Índia. A **terceira onda** teve início com a derrubada da ditadura de Salazar em Portugal, em 1974, e continua até os dias atuais, com a efetivação da democracia na Europa Central e Oriental, no início da década de 1990.

Segundo Johnston e Pattie (2003), a **democratização dos Estados** é de interesse dos geógrafos políticos, porque ela é, com frequência, concebida não apenas como uma mudança histórica, mas também como um **processo geográfico de difusão de ideais e valores**. A tarefa de mapear o crescimento da democratização envolve agências governamentais, acadêmicos, entre outros agentes, e nesse caso o geógrafo encontra uma possibilidade de atuar por meio de trabalhos técnicos, com o emprego de suas ferramentas cartográficas e de seu arcabouço teórico-conceitual.

Para efetivar as discussões acerca da democratização, tomaremos como exemplo o caso português, que vivenciou um longo regime ditatorial no século XX.

Supõe-se que a democracia, em Portugal, reflete uma tendência mundial nascente na década de 1970; entretanto, ela se iniciou há muito mais tempo do que se considera usualmente. O país começou a ter governos eleitos ao fim da monarquia absolutista, em meados de 1820, mas, durante quase dois séculos, o regime democrático enfrentou vários períodos em que a liberdade de expressão foi limitada (Magalhães, 2009). Entre esses períodos, o regime mais conhecido foi o salazarista[16], que perdurou por quase 50 anos, sendo findado em 25 de abril de 1974 graças à Revolução dos Cravos, importante evento histórico e político do país.

Após 1974, realizaram-se as primeiras eleições livres e com sufrágio universal em Portugal, na qual todos os cidadãos maiores de idade tiveram a oportunidade de votar e escolher seus representantes de maneira democrática. Perceba que, nesse momento,

---

16. António de Oliveira Salazar foi um chefe de Estado português que governou o país em um regime ditatorial, o qual se estendeu de julho de 1932 a setembro de 1968. Posteriormente a ele, houve mais um chefe de Estado, Marcello Caetano, no regime salazarista, findado em 1974.

Portugal era uma das poucas democracias do mundo, o que demonstra um aparente amadurecimento quanto a tal sistema. O voto[17], elemento relevante que concerne à democracia, legitima um governo e/ou representantes escolhidos por uma maioria. No caso de Portugal, entretanto, fora instituído ainda no período ditatorial de Salazar.

É preciso compreender que, na atual conjuntura portuguesa, os partidos políticos são relevantes para os representantes, bem como para toda a organização do sistema político-eleitoral do país. De fato, qualquer cidadão consciente compreende que o sistema democrático tem uma considerável importância no que tange à representação.

Contudo, é válida a indagação de como os eleitores concebem a democracia e qual é seu sentimento a respeito desse sistema político. Há um contentamento sobre a atual organização do sistema eleitoral português? Ou, ainda: É satisfatória essa democracia?

Estudos que utilizam dados provenientes de pesquisas por questionário têm medido o grau de satisfação dos portugueses perante a democracia e o grau de legitimidade que conferem a ela.

> Entende-se, em geral, que desde os finais dos anos de 1980, uma porcentagem elevada e estável dos portugueses não contempla a existência de alternativas sérias à democracia enquanto sistema político. Entretanto, sabe-se, também, que, desde o início deste século, Portugal é um dos países da Europa Ocidental cujos cidadãos se sentem mais insatisfeitos

---

17. Atualmente, o voto não é obrigatório em Portugal. Vale ressaltar que, nesse país, o sistema eleitoral permite o ato de votar a todos os portugueses maiores de 18 anos e, nas eleições para o Parlamento Europeu, a todos os cidadãos da União Europeia residentes em Portugal.

com o funcionamento do seu regime democrático. (Magalhães, 2009, p. 8)

Inquéritos realizados em Portugal utilizam-se de três elementos para constituir um entendimento sobre a qualidade da democracia:

I. **Liberdade**, através da qual os cidadãos exercem um conjunto de direitos fundamentais sem interferência abusiva do Estado, mas onde o Estado assume também a responsabilidade de proteger esses direitos contra as interferências de outros agentes;

II. **Igualdade**, dando a todos os cidadãos iguais oportunidades para que as suas preferências sejam [...] [levadas] em conta no processo de tomada de decisões políticas;

III. E **Controlo**, seja aquele que é exercido pelos cidadãos sobre os agentes políticos através dos mecanismos eleitorais, seja aquele a que os órgãos do Estado estão sujeitos por parte de outras instituições, seja ainda o controlo que os agentes eleitos exercem de fato sobre as políticas públicas. (Magalhães, 2009, p. 9, grifo do original)

Deve estar claro, então, que a efetivação desses princípios pressupõe que o sistema político-democrático cumpra um conjunto básico de funções. Aquele que tem liberdade exerce direitos individuais protegidos da interferência do Estado, e a igualdade dá condições para que as preferências de cada cidadão tenham o mesmo peso na tomada de decisões políticas. De fato, o processo eleitoral coloca no poder agentes que representam interesses dos cidadãos e permite, assim, controlar o exercício do poder. Neste último, é relevante a compreensão das instituições democráticas em que se destacam os partidos políticos.

Sendo as instituições democráticas basilares para o debate da democracia, não podemos esquecer que esta se estabelece com o intuito de propor uma igualdade na escolha da representação, o que a torna uma relevante opção para a população que, por muitos anos, ficou às margens do direito de ser ouvida/atendida na gestão dos Estados.

Em Portugal, pesquisas realizadas com eleitores votantes confirmaram a tendência de considerar a democracia um sistema insatisfatório (Augusto, 2017). Esse descontentamento é ocasionado prioritariamente pela descrença em políticos e em suas agremiações partidárias.

Mas, afinal, essa baixa satisfação, citada há pouco, impacta as escolhas eleitorais também dos eleitores brasileiros? Quais são as teorias que melhor elucidam a decisão do voto? Para responder a tais dúvidas, dedicaremos o próximo capítulo à abordagem dos modelos de explicação do voto e ao reconhecimento das identificações existentes no eleitorado (identificação pessoal e/ou identificação partidária).

Síntese

Neste capítulo, apresentamos os principais conceitos da geografia eleitoral, suas abordagens, os procedimentos metodológicos e as principais inquietações, tendo como base a literatura da área, dados empíricos e outros conteúdos referentes à geografia e sua articulação com a democracia.

Além disso, expusemos situações em que o geógrafo pode atuar por meio da geografia eleitoral. A atuação técnica do geógrafo mediante dados qualitativos observados na geografia eleitoral torna possível definir e identificar algumas teorias eleitorais.

Indicação cultural

ANDRADE, A. R. de; SCHMIDT, L. P. **Metodologias de pesquisa em geografia**. Irati: Unicentro, [s.d.]. Disponível em: <http://repositorio.unicentro.br:8080/jspui/bitstream/123456789/929/5/Metodologias%20de%20pesquisa%20em%20 Geografia.pdf>. Acesso em: 21 ago. 2020.

Metodologias de pesquisa em geografia *é uma obra que especifica métodos de pesquisa na ciência geográfica, buscando abranger tanto a geografia humana quanto a geografia física. A leitura da obra contribui para levantar métodos e técnicas que possam ser aplicados, principalmente, a estudos de caso da área.* Segundo os autores afirmam, *"O material da disciplina Metodologia de Pesquisa tem como objetivo facilitar o pesquisador no processo de formação e atualização do conhecimento científico, por meio da apresentação de elementos teóricos e práticos, visando compreender questões sobre ensino-pesquisa na ciência geográfica" (Andrade; Schmidt, p. 7). Esse livro pode ser baixado gratuitamente na internet.*

Atividades de autoavaliação

1. Leia o trecho da notícia a seguir.

> [...]
> Em sua estreia na Assembleia Geral da Organização das Nações Unidas (ONU), o presidente Michel Temer afirmou nesta terça-feira (20) a chefes de Estado do mundo inteiro que o processo

de impeachment que culminou no afastamento de Dilma Rousseff da Presidência "transcorreu dentro do mais absoluto respeito à ordem constitucional".

O peemedebista comentou o impeachment de Dilma quase ao final de seu discurso de 20 minutos na tribuna da ONU. Tradicionalmente, é o presidente brasileiro que faz o primeiro pronunciamento entre os chefes de Estado na Assembleia Geral. [...]

Alvo de manifestações nas ruas do Brasil que pedem sua saída da Presidência, o presidente Michel Temer também foi pivô de um protesto diplomático silencioso no plenário da ONU na sessão de abertura da Assembleia Geral. [...]

No momento em que o presidente brasileiro subia à tribuna da ONU para discursar, os representantes da Venezuela e do Equador se levantaram e deixaram o plenário. A maioria dos integrantes da delegação da Costa Rica também abandonou a sala quando o novo presidente brasileiro se preparava para discursar. [...]

Fonte: Na ONU..., 2016.

No contexto da notícia, percebemos que os meios midiáticos possibilitam e auxiliam metodologicamente a construção de resultados relacionados à dinâmica territorial em diversas escalas, bem como na subárea da geografia eleitoral. Tendo como base tal consideração, é correto afirmar que:

a) os jornais oferecem possibilidades para análises de contextos políticos e possíveis cenários eleitorais, não subsidiando as pesquisas qualitativas.

b) os jornais servem de base para análise e compreensão dos fatores que se desencadeiam no ambiente político e natural.

c) as reportagens e as manchetes demonstram as escolhas que os proprietários dos jornais fazem pelos partidos e/ ou grupos políticos, bem como as relações existentes entre a imprensa e as diferentes classes sociais, especialmente as menos favorecidas.

d) a importância de se trabalhar com jornais reside no fato de estes serem meios de divulgação das falas dos atores políticos e, ainda, evidenciarem o cenário da política partidária em diversos períodos.

e) o geógrafo, ao realizar esta análise, busca relacionar as teorias e os conteúdos referentes à geografia, sem perder sua visão específica da análise natural.

2. Leia a afirmação a seguir.

> A geografia eleitoral e seus estudos sobre a análise dos padrões espaciais de votação têm uma longa história, marcada por um *status* distinto na disciplina de geografia. Entre as décadas de 1960 e 1980, os geógrafos eleitorais eram muito importantes para a aplicação de técnicas quantitativas e cartografia eleitoral para dados em escala local e nacional.

Sobre o tema, é possível considerar que os autores pioneiros da geografia eleitoral e seus respectivos trabalhos precursores são:

I. André Siegfried (França) – sugeriu uma relação causal entre o tipo de solo e a orientação do voto no norte da França; Carl Sauer (Estados Unidos) – centrou seus estudos na delimitação de distritos eleitorais.

II. Trigal e Del Pozo (Espanha) – discorreram sobre a geografia eleitoral na modernidade europeia.

III. Claude Raffestin (França) – analisou as relações de poder no campo da geografia política; André Siegfried (França) – sugeriu uma relação causal entre o tipo de solo e a orientação do voto na França.

É correto o que se afirma em:
a) I, apenas.
b) II, apenas.
c) I e III, apenas.
d) II e III, apenas.
e) I, II e III.

3. Leia o excerto a seguir:

> Ainda que pese a polissemia do termo, a interdisciplinaridade pode ser traduzida em tentativa do homem conhecer as interações entre mundo natural e a sociedade, criação humana e natureza, e em formas e maneiras de captura da totalidade social, incluindo a relação indivíduo/sociedade e a relação entre indivíduos. Consiste, portanto, em processos de interação entre conhecimento racional e conhecimento sensível, e de integração entre saberes tão diferentes, e, ao mesmo tempo, indissociáveis na produção de sentido da vida.

Fonte: Pereira, 2020.

Considere as afirmações a seguir.
I. A geografia eleitoral é uma subárea que contempla interdisciplinaridade interna com a ciência geográfica.
II. Na geografia eleitoral é perceptível uma interação com diferentes áreas do conhecimento, como direito, sociologia e ciência política.

III. Os estudos interdisciplinares relacionados à geografia eleitoral podem utilizar interações com o meio natural para identificar padrões de votações, por exemplo.

É correto o que se afirma em:

a) I, apenas.
b) II, apenas.
c) I e III, apenas.
d) II e III, apenas.
e) I, II e III.

4. Observe a Figura 1.1, reproduzida a seguir.

Inter-relações entre sistema político e sociedade

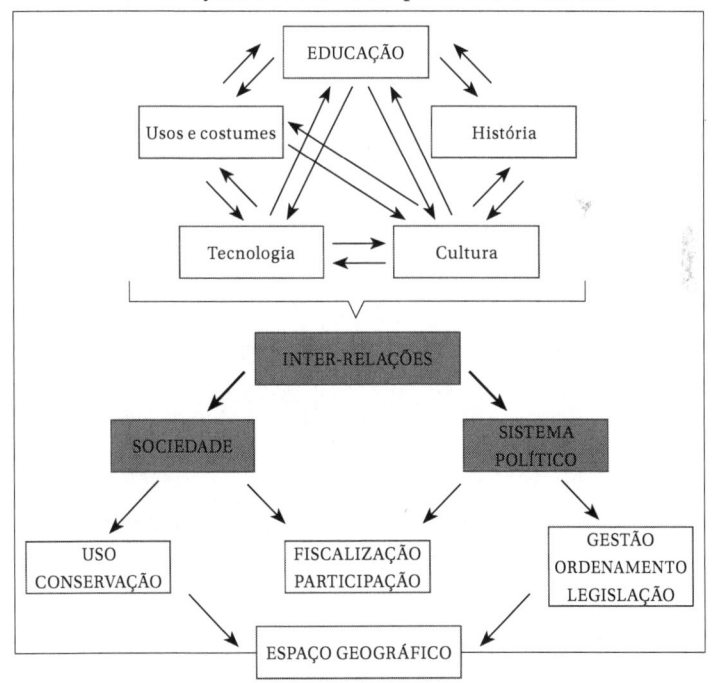

[Diagrama: EDUCAÇÃO, Usos e costumes, História, Tecnologia, Cultura → INTER-RELAÇÕES → SOCIEDADE, SISTEMA POLÍTICO → USO CONSERVAÇÃO, FISCALIZAÇÃO PARTICIPAÇÃO, GESTÃO ORDENAMENTO LEGISLAÇÃO → ESPAÇO GEOGRÁFICO]

Fonte: Monzón, 2009, p. 67.

Com relação à imagem, afirma-se que:
I. As atividades vinculadas ao desenvolvimento de uma sociedade sucedem em um espaço geográfico determinado.
II. É necessário compreender o espaço geográfico como um palco ordenado por uma sociedade em construção.
III. A sociedade é a base do espaço geográfico e é por meio dela que as diferentes participações políticas transformam exclusivamente o cotidiano do espaço geográfico de países democráticos.

É correto o que se afirma em:
a) I, apenas.
b) II, apenas.
c) I e II, apenas.
d) II e III, apenas.
e) I, II e III.

5. Leia o parágrafo a seguir.

> Esse pequeno número de trabalhos, comparado ao das demais áreas do conhecimento, não desmerece a qualidade e a diversidade de conteúdos estudados nessa subárea, que não se restringem às eleições, evidenciando também discussões a respeito do voto, fazendo comparações entre sistemas eleitorais e críticas sobre eles, promovendo debates e exames do (re)processo de distritamento, além de discussões de métodos para levar os estudos eleitorais até as salas de aula.

Sobre esse tema afirma-se:

I. *Malapportionment* é a distribuição muitas vezes desigual da representação que um parlamento pode ter.

II. No Brasil, analisa-se o *malapportionment* mediante a representação a que cada estado tem direito no Senado Federal.

III. Os estados de população pequena são favorecidos pelo *malapportionment*, pois têm direito ao mesmo número de senadores que estados populosos como São Paulo ou Minas Gerais.

É correto o que se afirma em:

a) I, apenas.
b) II, apenas.
c) I e II, apenas.
d) II e III, apenas.
e) I, II e III.

Atividades de aprendizagem

Questões para reflexão

1. Leia o trecho da notícia a seguir.

> Na contramão dos cortes orçamentários, o governo federal previu destinar R$ 2,5 bilhões para financiar campanhas de candidatos a prefeituras e câmaras municipais nas eleições do ano que vem. A previsão do fundo eleitoral de 2020 é 48% maior que o gasto no pleito do ano passado, quando os partidos receberam R$ 1,7 bilhão da União. As informações constam do projeto de lei orçamentária (PLOA) enviado ao Congresso na última sexta-feira. [...]

> O aumento de 48% do fundo eleitoral repercutiu mal nas redes sociais. A equipe do jurídico da Presidência passou o último sábado em busca de justificativa para o reajuste. A explicação foi parar no Twitter do presidente Jair Bolsonaro. O texto dizia que "o governo apenas cumpriu determinação (fundamentado em Lei), da presidente do TSE (Tribunal Superior Eleitoral), Min. Rosa Weber".

Fonte: Trindade; Portinari; Corrêa, 2019.

Com base no trecho da reportagem, elabore um texto argumentativo a respeito da relação entre democracia e eleitor, discorrendo sobre o Estado e os impostos cobrados da população.

2. Leia o trecho a seguir.

> De acordo com Castro, Rodrigues e Ribeiro (2013), o espaço é o ambiente de excelência da política, e a democracia é a política em sua forma mais pura ou natural. É nela que se encontram os indivíduos livres e diferentes, ainda que iguais por lei. E, nesse contexto, a geografia correlaciona espaço e democracia, pois é a ciência geográfica que possibilita analisar a ordem espacial e os fenômenos oriundos desse encontro, bem como as formas resultantes desse processo.

Considerando a temática exposta, discorra sobre a relação entre espaço geográfico e democracia. Apresente exemplos para justificar sua resposta.

Atividade aplicada: prática

1. Observe a seguir uma tabela retirada de uma reportagem.

Abstenção de voto é grande mesmo com voto obrigatório
Voto facultativo nem sempre é sinônimo de baixas taxas de comparecimento

Voto obrigatório

País	Eleição	Abstenção
Nauru	2013	3,09%
Cingapura	2011	5,35%
Austrália	2013	6,77%
Bolívia	2013	8,14%
Luxemburgo	2013	8,85%
Bélgica	2014	10,63%
Uruguai	2014	11,43%
Peru	2011	17,46%
Equador	2013	18,92%
Brasil	2014	19,39%
Argentina	2013	20,61%
Panamá	2014	23,24%
R. Dominicana	2010	29,77%
Paraguai	2013	31,98%
México	2012	36,86%
Grécia	2012	37,53%
Honduras	2013	40,86%
R.D. Congo	2011	40,95%
Costa Rica	2014	44,36%
Líbano	2009	46,02 %
Egito	2012	52,50%
Tailândia	2014	53,21%

Voto facultativo

País	Eleição	Abstenção
França	2012	19,65%
Venezuela	2013	20,36%
Itália	2013	24,81%
Holanda	2012	25,44%
África do Sul	2014	26,52%
Alemanha	2013	28,45%
Espanha	2011	31,06%
EUA	2012	33,35%
Índia	2014	33,60%
Reino Unido	2010	34,23%
Rússia	2012	34,73%
Canadá	2011	38,89%
Colômbia	2014	52,10%
Portugal	2011	53,48%
Chile	2013	58,02%

Média de abstenção
Voto obrigatório   25,8%
Voto facultativo   34,3%

Fonte: CIA World Factbook; Idea, citados por Brasil, 2020.

Sabemos que, no Brasil, o voto é obrigatório, ao contrário do caso português. Com base nisso, elabore um texto em que apresente argumentos favoráveis e contrários a ambos os sistemas de votação. Em acréscimo, trace um paralelo com as abstenções eleitorais.

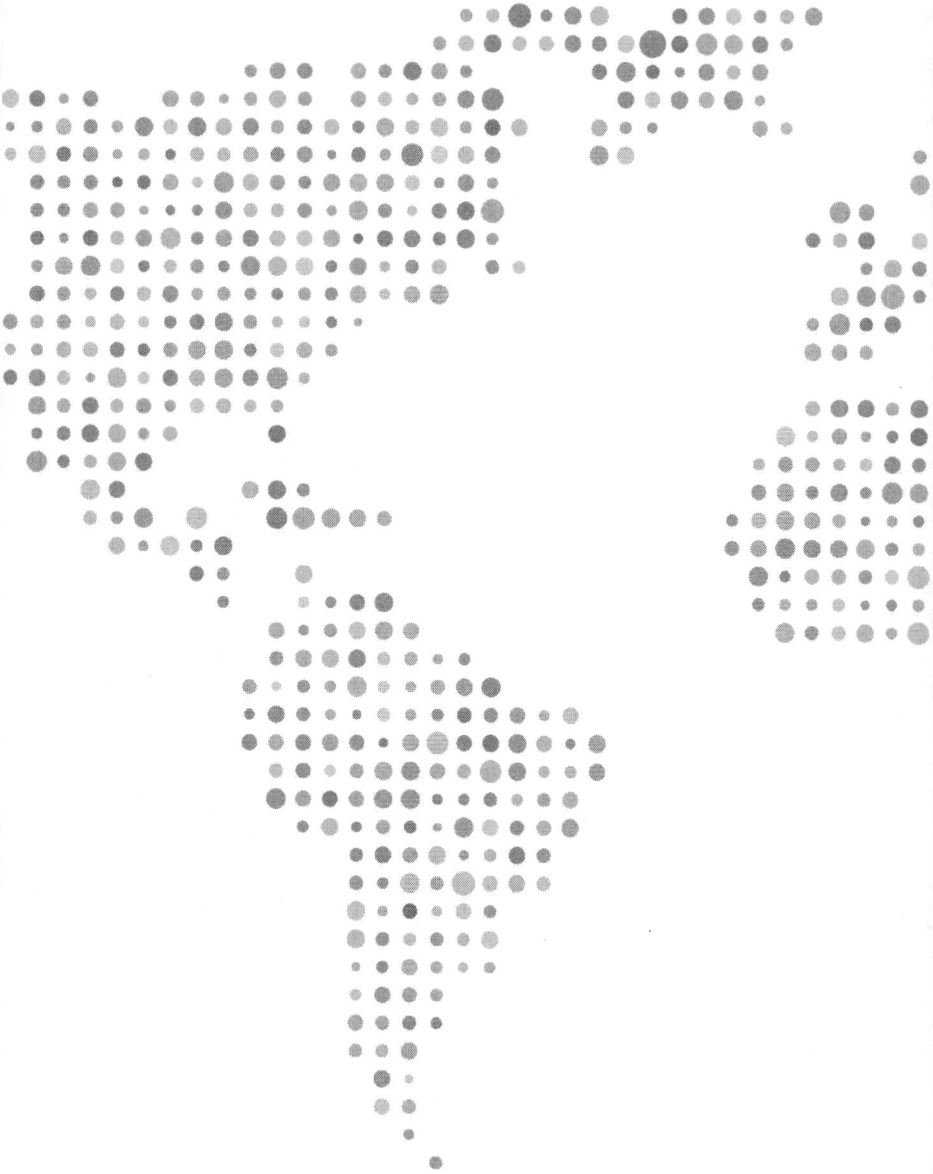

2
Teorias sobre a escolha eleitoral

Neste capítulo, interessa-nos apresentar a você, leitor, as teorias sobre a escolha eleitoral, evidenciando modelos explicativos do voto com exemplos de casos de diferentes tipos de eleitores.

Dentre os variados modelos explicativos sobre a decisão do voto, destacamos o efeito vizinhança: a interferência do contexto no qual o eleitor está inserido. Conhecidos, grupos sociais, redes sociais, família etc. fazem parte de uma gama de elementos que oferecem ao eleitor um *menu* de escolha baseado nesse contexto social.

A respeito das escolhas eleitorais, explicitaremos que o eleitorado se vale de duas práticas corriqueiras: a identificação pessoal e a identificação partidária. A atuação na política partidária, a escolaridade, o nível de renda, o círculo de amizade e família, a personificação das campanhas eleitorais e as escalas de eleições são alguns dos inúmeros fatores que direcionam o voto ora para a identificação pessoal, ora para a identificação partidária.

Neste capítulo, exporemos conceitos e conteúdos que subsidiam todas essas considerações. Vale ressaltar que os resultados dos dados sobre Brasil e Portugal, apresentados neste e nos próximos capítulos, foram todos obtidos por meio de questionários seguindo critérios estatísticos rigorosos extraídos de Augusto (2017). Entretanto, tais dados são relativos aos questionários aplicados, isto é, não necessariamente representam o comportamento geral do eleitorado em questão.

2.1 Modelos de explicação do voto

Para que você, leitor, alcance um bom entendimento sobre a explicação do voto (ou decisão do voto), discorremos sobre as três principais teorias explicativas do voto:

1. teoria sociológica;
2. teoria psicológica ou psicossociológica;
3. teoria da escolha racional.

Evidenciaremos, então, as especificidades do comportamento eleitoral e os fatores influenciadores do voto. Vale ressaltar que as teorias do comportamento eleitoral explicam algo que é construído ou territorializado no ambiente; portanto, é fundamental tomar o território como categoria geográfica para a análise da geografia eleitoral do lugar.

Por meio da teoria sociológica, por exemplo, analisa-se o contexto social do eleitor e sua influência na decisão do voto. Perceba que, nesse caso, o lugar como ambiente único carrega consigo particularidades que influenciam no comportamento eleitoral.

O Quadro 2.1 sintetiza as principais características das teorias explicativas do comportamento eleitoral.

Quadro 2.1 – Teorias do comportamento eleitoral

		Teorias		
		Sociológica	Psicossociológica	Escolha racional
Enfoque		Contexto social	Cognitivo	Racionalidade do eleitor
Autores utilizados		Lago (2005), Radmann (2001), e Antunes (2008)	Antunes (2008)	Carreirão (2007) e Kinzo (2005)
Característica		Entende que a decisão do eleitor é influenciada pelo entorno. Apresenta dois vieses de análise: marxista e não marxista.	Toma o eleitor como unidade de análise. Baseia-se nas motivações e nas percepções que levam ao comportamento eleitoral.	Está centrada na capacidade do eleitor de pensar racionalmente o voto. Apresenta dois grandes pressupostos: a aptidão do eleitor de decidir seu voto tendo em conta aspectos da economia (voto retrospectivo) ou com base nos benefícios que venha a obter futuramente (voto prospectivo).

Focalizando as singularidades dessas três perspectivas, buscaremos, agora, efetivar uma análise mais detalhada de suas abordagens.

2.1.1 Teoria sociológica

A teoria sociológica construiu-se em torno do interesse de entender o contexto social no qual o eleitor está inserido. Portanto, as discussões nesse âmbito partem do princípio de que o eleitor, no ato de votar, comporta-se de acordo com seu contexto social. Uma característica importante da teoria sociológica reside na diversidade de variáveis abarcadas na análise, entre elas os valores associados à tradição e à identidade religiosa, variáveis estas reconhecidas como uma espécie de contrato capaz de estabelecer vínculos de representação. Por conseguinte, o "lugar" é o ambiente determinante para essa teoria.

Essa teoria originou-se na Escola de Columbia com a publicação do livro *The People's Choice: How the Voter Makes Up His Mind in a Presidential Campaign*[1]. De acordo com Antunes (2008), três são as obras principais para referir-se aos fundadores dessa teoria:

1. *The People's Choice: How the Voter Makes Up His Mind in a Presidential Campaign*, de P. F. Lazarsfeld, B. Berelson e H. Gaudet (1944);
2. *Voting: A Study of Opinion Formation in a Presidential Campaign*, de B. R. Berelson, P. F. Lazarsfeld e W. N. McPhee (1954);
3. *Personal Influence: The Part Played by People in the Flow of Mass Communications*, de E. L. Katz, P. F. Lazarsfeld e E. Roper (1955).

Os estudos da Universidade de Columbia indicaram que a relação entre o comportamento eleitoral e os grupos sociais a que pertenciam os eleitores é tal que as escolhas eleitorais podem ser explicadas por apenas três fatores: estado socioeconômico, religião e área de residência (Antunes, 2008).

---

1. Os primeiros estudos acerca desta temática centraram-se na análise dos dados para a presidência da república dos Estados Unidos em 1940.

Nesse sentido, os **determinantes socioeconômicos e culturais** são elementos fortemente enfatizados na teoria sociológica. O pressuposto é que eleitores em situação social semelhante desenvolvem condutas e atitudes político-eleitorais também similares. Essa teoria pode ser aplicada por geógrafos que trabalham em instituições que visam a analisar os diversos contextos eleitorais, pois, assim, podem comparar áreas com características socioeconômicas distintas (populações com maior e menor poder aquisitivo, por exemplo).

Na visão de Lago (2005), é o **coletivo social** que exprime a dinâmica política, não o eleitor isoladamente. O ato individual – voto – não é socialmente isolado, visto que está vinculado à noção de **interação social**. É por meio das interações sociais que se formam as opiniões individuais, as quais, por sua vez, permitem as tomadas de decisão de forma isolada. Nesse sentido,

> a corrente sociológica preocupa-se em compreender os mecanismos através dos quais são construídas as identidades entre determinados grupos socialmente definidos e partidos e/ou ideologias políticas específicas. Os partidos, através de seus discursos, procuram angariar votos. Buscam uma forma de criar e manter identidade com grupos sociais, comunidades, segmentos, classes sociais. Ou ainda com grupos mais genéricos como "pobres", "povo", negros, mulheres, católicos, evangélicos, aposentados, etc. Essa identidade partidária, segundo a perspectiva sociológica, se dá sob a forma de um contrato entre eleitores e partidos/candidatos, em que aqueles são representados por estes. (Lago, 2005, p. 15)

Radmann (2001) sustenta que os contextos sociais podem ser compreendidos também como contextos políticos, e a distinção entre eles está na teoria usada para a identificação da estrutura social e dos diversos grupos ou classes sociais que a compõem. Assim, argumenta que a interpretação do contexto social, nesta teoria, se distingue entre os que seguem a influência marxista e os demais.

> Na tradição marxista a fonte da identidade política está na posição de classe dos indivíduos e, neste âmbito, teoricamente, os indivíduos de uma mesma classe se comportariam política e eleitoralmente conforme o preceito da consciência de classe. [...]
>
> A corrente marxista buscou mostrar as relações entre classe trabalhadora e partido político. Esta corrente alicerçava-se no conceito de consciência de classe para explicar a identificação da classe trabalhadora com partidos políticos de esquerda. Além da consciência de classe, esta corrente tinha, na participação política, o pressuposto da identificação com os partidos políticos. (Radmann, 2001, p. 18-19)

Nessa perspectiva, o comportamento eleitoral individual é um efeito das atividades dos partidos políticos e pode ser atribuído às estratégias adotadas por estes. Com isso, observa-se que a **identidade política** (ou seja, a identificação com os fenômenos políticos) tende a convergir para a identificação partidária e que o comportamento eleitoral individual é um efeito das atividades de partidos políticos (difundidas pela mídia televisiva, por exemplo). Assim, os partidos políticos seriam relativamente autônomos em relação à estrutura social, e não apenas reflexos da estrutura de classe.

Segundo Lago (2005), para existir uma **identidade partidária** com conseguinte identificação partidária, faz-se necessário, primeiramente, que os grupos sociais específicos se reconheçam como tais, ou seja, que tomem consciência de sua condição de grupo – o que o autor chama de *identidade interna*. É necessário, também, que percebam a condição desse grupo no contexto mais amplo da sociedade à qual pertencem – a chamada *identidade externa*. Em segundo lugar, é preciso que haja partidos compatíveis com aqueles grupos/eleitores específicos, especialmente quanto aos interesses políticos, e que se afirmem e se apresentem como afins a eles. Por fim, é preciso que esses grupos sociais identifiquem esses partidos e neles tenham seus representantes, criando, dessa forma, um "contrato" que estabeleça esse vínculo de representação.

Nesse sentido, Radmann (2001, p. 22) explica que, na versão não marxista da teoria sociológica,

> Indivíduos em uma situação semelhante têm mais probabilidade de interagir entre si. Indivíduos que pertencem aos mesmos grupos: familiar, religioso, profissional, de amizade ou vizinhança tendem a ter valores sociais semelhantes ao grupo ao qual pertencem, consequentemente, percebem a atividade política de uma forma similar e tendem a manifestar seu comportamento eleitoral de uma forma semelhante, já que estes eleitores também vivenciaram/vivenciam contextos semelhantes.
>
> [...] os partidos políticos formulam discursos específicos em busca de eleitores, e os candidatos se

apresentam valorizando suas propostas ou suas características pessoais.

Radmann (2001) afirma que a ligação contratual entre eleitores e partidos políticos é fundamental para representar os interesses. Com base nessa premissa, podemos obter o delineamento, por exemplo, da identidade política, como se observa nas palavras da autora:

> a identificação partidária na sociologia política expressa um "contrato" de representação de interesses entre eleitores e partidos/candidatos. Desta forma, a formação da identidade partidária decorre da "conversação" social entre os partidos e a população em geral. [...]
>
> Segundo o autor [Figueiredo, 1991], a identidade política não é sinônimo de identificação partidária, mas ele reconhece essa relação como probabilística e aponta a vasta literatura que demonstra "que as identidades políticas observadas convergem para identificações partidárias".

Em síntese, para a teoria sociológica, o contexto social no qual o eleitor está inserido possivelmente influencia seu comportamento como eleitor e, portanto, o ato de votar.

No entanto, de acordo com Antunes (2008), a teoria sociológica apresenta algumas limitações, sobretudo quando são consideradas as especificidades de cada eleição. As singularidades na decisão do voto podem explicar a estabilidade do comportamento eleitoral, mas não abrangem as variações no comportamento dos eleitores entre diferentes atos eleitorais e, ainda, não apontam a razão por que alguns eleitores votam de acordo com contextos sociais diferentes.

Diante disso, o que se constata na literatura concernente a essa teoria é que elementos de cunho social têm-se constituído como importantes categorias analíticas para a compreensão do comportamento do eleitorado brasileiro. Destacam-se entre tais aspectos os índices de escolaridade, a identidade religiosa e os valores associados à tradição; todas estas são importantes variáveis, embora não suficientes e únicas. Aspectos como esses têm apontado para a necessidade crescente de os cientistas sociais considerarem um maior número possível de variáveis na análise do comportamento humano coletivo do qual faz parte o comportamento eleitoral (Lago, 2005).

2.1.2 Teoria psicológica ou psicossociológica

A teoria psicossociológica é a segunda teoria fundamental para explicar os modelos de escolhas eleitorais. Sobre ela, sabemos que

> surgiu dos estudos de um grupo de pesquisadores da Universidade de Michigan nos Estados Unidos. Nesta teoria, o eleitor é o centro da análise, ou seja, suas motivações ao nível psicológico constituem unidade de análise. Basicamente, o pressuposto desta teoria é que o comportamento eleitoral é atribuído em função das crenças do eleitor e também da estrutura de personalidade. (Augusto, 2012, p. 34)

Conforme apontado nesse excerto, a teoria psicossociológica surgiu em Michigan, nos Estados Unidos. Os estudos sobre as eleições presidenciais americanas de 1948, intitulados *The People Elect a President* (1952), tiveram seus resultados analisados e explicados por A. Campbell e R. L. Kahn no ano de 1952. Posteriormente, esses estudos culminaram na publicação do livro *The American Voter* (1960), de A. Campbell, P. Converse, W. Miller e D. Stokes, que se tornou a maior expressão do modelo de Michigan. Podemos verificar que

> o conceito central da teoria do comportamento eleitoral é o de identificação partidária [...] concebida como afinidade psicológica, estável e duradoura em relação a um partido político, porém, não se apoia necessariamente numa ligação concreta, ou seja, numa verdadeira militância junto ao partido político. (Augusto; Alves, 2014, p. 123)

Segundo Antunes (2008), a explicação da noção de identificação partidária foi introduzida no estudo do comportamento eleitoral por A. Campbell, em 1960. Este foi influenciado pelo conceito de **grupo de referência**, que vincula ao eleitor uma **socialização antecipatória**, ou seja, tal sujeito define e escolhe um grupo e acaba agindo de forma semelhante a este.

O propósito da inicialmente chamada *teoria psicológica* é compreender como o eleitor concebe sua existência por meio de opiniões expressas no contexto social e, ainda, como ocorre a estruturação dessas opiniões, que possivelmente originam diferentes decisões. Essa teoria busca, ainda, identificar como os eleitores assimilam a organização da sociedade em que vivem e suas relações sociais.

De acordo com Lago (2005, p. 17),

Ao contrário do que acontece na abordagem sociológica, para a perspectiva psicossociológica, o indivíduo e suas motivações ao nível psicológico é que se constituem na unidade de análise. Seu pressuposto é de que o comportamento eleitoral baseia-se na estrutura de personalidade dos indivíduos e no seu sistema de crenças, os quais são relativamente independentes do contexto social em que o sujeito vive.

Segundo Radmann (2001, p. 25), "essas atitudes se consolidam pela socialização política, fornecendo base para a formação de opiniões". Em outras palavras, as atitudes são formadas pela compreensão da vida social e política adquirida por meio da socialização política.

Na teoria psicológica, a ideologia não é um elemento decisivo na determinação do voto; sendo assim, a identificação partidária não ocorre por conexões ideológicas ou pragmáticas, mas por crenças, sentimentos e laços afetivos.

É nesse sentido que se pode mencionar que o interesse pela política partidária varia conforme a pessoa e que pode se modificar de acordo com a importância e os estímulos políticos do grupo social do qual ela provém. Todavia, nessa perspectiva, as atitudes políticas e os estímulos não seriam atribuídos pelas origens sociais e econômicas ou pela classe social. Os estímulos políticos[2] teriam início no ambiente social do eleitor, desde o processo de formação no âmbito familiar. O grau de importância da política resultaria na socialização política, que se processaria no sistema de atitudes compartilhado por eleitores com características socioeconômicas e culturais semelhantes (Radmann, 2001).

Os avanços nos estudos da teoria psicológica no que concerne às crenças ideológicas e ao voto contribuíram para que ela passasse a ser chamada de *teoria psicossociológica* por grande parte dos estudiosos do comportamento eleitoral.

> A perspectiva psicossociológica se utiliza de alguns preceitos da sociologia, integrada à psicologia.[...]
>
> Essa corrente propõe uma abordagem baseada nas atitudes: deve-se procurar as motivações e percepções que levariam os indivíduos à escolha partidária e à manifestação de seu comportamento político. (Radmann, 2001, p. 26)

Essa teoria, em seus novos contornos, preocupa-se em saber: de que modo os sujeitos concebem sua própria existência social como eleitores; de que maneira essa existência é estruturada no nível individual; as opiniões possibilitam – e determinam – as diversas escolhas (decisões); e como tais indivíduos apreendem a sociedade na qualidade de estrutura organizada e as relações sociais que nela se processam.

---

2. Por *estímulos políticos* compreendem-se as motivações do indivíduo ao longo de sua formação. Conversas informais, noticiários a respeito da política partidária e ensinamentos repassados pela família são exemplos de estímulos que a pessoa recebe no decorrer da vida. Essas motivações contribuem para uma aproximação maior entre o indivíduo e a política partidária (Lago, 2005).

As atitudes ligadas ao mundo político integram a psicologia humana e consolidam-se pela socialização política (Figueiredo, 2008). São as crenças, os sentimentos e os laços afetivos, muito mais do que os laços ideológicos, que constituem as identificações partidárias. De acordo com Figueiredo (2008), esse fenômeno ocorre em países onde as preferências partidárias têm se mantido estáveis por longos períodos e, assim, efetiva-se o processo de socialização segundo tradições familiares e grupos de convivência (religião, amizades, trabalho etc.). Contudo, os estímulos políticos podem se diferenciar conforme o eleitor.

Diante disso, é possível inferir que as atitudes políticas não são determinadas pela situação (origem) econômica nem pela classe social, mas pela socialização do eleitor ao longo de sua vida. Desse modo, a importância conferida por cada eleitor à política partidária influencia e é influenciada por sua socialização política, a qual é processada no **sistema de atitudes** e compartilhada por eleitores com características sociais e culturais semelhantes (Lago, 2005).

Radmann (2001) adverte que, para compreender o comportamento eleitoral sob a ótica da teoria psicossociológica, é necessário "desvendar" as inter-relações entre as opiniões e as atitudes dos eleitores. Conhecendo as opiniões dos eleitores, pode-se prever as preferências deles por um partido político que defenda ideias afins às dele e, assim, presumir qual seria sua atitude no que se refere ao voto.

Por outro lado, existe "certa instabilidade de atitudes frente às questões políticas, prevalecendo opiniões divergentes e diversos graus de conceitualização do mundo político. [...] torna-se difícil prever a atitude dos eleitores em relação ao voto" (Radmann, 2001, p. 28). Nesse caso, o que se observa é uma possibilidade de análise por uma perspectiva também territorial, pois existem inter-relações que muitas vezes são previstas ou, ainda, que condicionam os eleitores a tomarem certas decisões, o que resulta em uma territorialização de grupos políticos a determinado estrato social. Ainda segundo Radmann (2001, p. 29), "No que tange à escolha partidária, a corrente psicossociológica acentua, de um lado, as lealdades partidárias e as imagens que se formam dos partidos e candidatos. De outro lado, dá ênfase à importância das avaliações e atitudes relativas aos partidos e aos candidatos."

É possível notar que um dos problemas constatados pela teoria psicossociológica é a ausência de um sistema de crenças estruturado,

> ou seja, os elementos que compõem o complexo de crenças, atitudes e valores dos eleitores dificilmente apresentam uma estrutura razoavelmente coerente e lógica, de modo que o que parece realmente prevalecer é a coexistência dessas categorias apresentando conteúdos frequentemente contraditórios ou pouco organizados.

Além disso, existe ainda um problema relacionado ao pressuposto da identificação partidária, sugerido a partir da identificação da personalidade construída pelo eleitor com um partido específico. [...] Ou seja, às identidades partidárias não correspondiam a opiniões coerentes sobre os diversos *issues*[3] que diferenciam as propostas dos partidos e candidatos,

---

3. De acordo com Silveira (1998, p. 56) *issues* são "questões a propósito das quais candidatos e eleitores assumem posições [...]. [...] podem referir-se a acontecimentos relevantes para a sociedade como guerras e catástrofes, escândalos políticos, morais e éticos, problemas sociais, problemas ambientais, conflitos raciais, questões conjunturalmente relevantes no debate político, projetos, planos e medidas governamentais, avaliações dos desempenhos dos candidatos e partidos no governo, avaliações das qualidades dos serviços públicos, entre outros".

mostrando baixo grau de estruturação ideológica entre os eleitores – especialmente aqueles de baixo *status* socioeconômico. (Lago, 2005, p. 21)

Desse modo, a corrente psicossociológica analisa o quanto o eleitor é cognitivamente motivado a respeito das questões ligadas à política partidária.

> Para tentar resolver esses problemas a corrente psicossociológica, além de propor a noção de centralidade [...], irá desenvolver a noção de "grau de motivação para a política". Não basta, pois, saber como supostamente o eleitor agiria em determinadas condições de escolha política a partir de sua estrutura cognitiva. É preciso saber o quanto ele está motivado para refletir, se envolver e, efetivamente, agir politicamente. Afinal, o indivíduo pode ter todas as condições, mas não estar motivado a buscar e "digerir" as informações disponíveis para, posteriormente, fazer suas escolhas. (Lago, 2005, p. 21-22)

Assim, a motivação do eleitor quanto ao contexto político contribuirá para sua atuação como ativo no processo político. Por essa razão, com frequência os eleitores brasileiros, por exemplo, se encontram desmotivados perante a política, já que são comuns escândalos de corrupção envolvendo políticos, partidos políticos e grupos empresariais.

As relações de convívio que o eleitor estabelece tornam-se primordiais para sua escolha, sendo a família o primeiro agente influenciador. Segundo Lago (2005), estudos demonstraram que as preferências partidárias decorrem do processo de socialização, mas especialmente das tradições familiares. Logo, o eleitor primeiro "escolhe" o partido de acordo com as indicações realizadas pelos demais eleitores de sua família para, posteriormente, buscar uma justificativa para tal escolha.

A identidade partidária parece ser menos definida por uma identificação de caráter político-ideológico do que por relações de amizade e parentesco (contexto social) que cada eleitor estabelece. Desse modo, é provável encontrar eleitores que se dizem afiliados a determinado partido, mas que, ao mesmo tempo, desconhecem questões básicas a ele referentes e não têm a capacidade de explicar nem mesmo o motivo de sua afiliação.

Recentemente, o que se tem observado com mais ênfase no eleitorado é a influência das redes sociais e dos círculos de amizades do trabalho, da universidade, da igreja, da escola etc. Nesses ambientes, os indivíduos encontram pessoas com características semelhantes, anseios e problemas parecidos, tornando comum a aproximação entre pensamentos.

É assim, por exemplo, que as redes sociais – com todo o seu aparato tecnológico – tornam-se um reflexo desses grupos, que, por sua vez, sentem-se confortáveis em "bolhas" de pensamentos. Ao confrontar ideias ou pessoas de diferentes "bolhas", inúmeras discussões e falácias ocorrem. E a polarização se materializa em disputas como: Quem é melhor, esquerda ou direita? Qual partido é mais corrupto? Você é Lula ou Bolsonaro? É coxinha ou pão com mortadela?

É notório que as campanhas eleitorais cada vez mais se valem das redes sociais para se manterem fortalecidas, principalmente no auge de suas atuações (nas semanas que antecedem o pleito). Candidatos e partidos lançam mão de estratégias para utilizar as redes sociais, traçando os rumos das campanhas e, por conseguinte, das eleições em diferentes níveis. Algumas dessas estratégias são:

1) **Disseminação de informação**: As campanhas eleitorais são os momentos em que os eleitores buscam informação política para decidir o voto. [...] da mesma forma que outros espaços, a internet e as redes sociais também são usadas para disseminar informação [...].

2) **Proposição de temas/políticas**: Embora a imagem tenha sido uma característica bastante relevante das campanhas modernas [...], o caráter temático e propositivo ainda tem destaque enquanto estratégia de discurso eleitoral [...].

3) **Campanha negativa**: Esta é uma característica também típica das campanhas modernas e que caracteriza o pleito americano [...], ainda que já seja marca de várias campanhas brasileiras. [...]

4) **Engajamento e mobilização**: [...] uma das funções das redes é o engajamento, envolvendo cidadãos na campanha e encorajando outros participantes. [...]

5) **Interação com os eleitores**: Ainda que a presença desta característica tenha relação com a situação do candidato na disputa, Assunção et al. (2015) perceberam o alto índice de uso de interação aberta e ousada por parte de Freixo, diferentemente do caso de Eduardo Paes (PMDB), candidato com maiores chances, que fez uma campanha menos interativa e bastante fechada nas redes sociais. [...] (Massuchin; Tavares, 2015, p. 81-83, grifo do original)

Observe que essas estratégias podem alterar-se de acordo com os objetivos, cada vez mais flexíveis, dos candidatos e partidos, pois a campanha eleitoral e o voto tornaram-se evidentemente mudancistas.

Ressaltamos que a grande conectividade em rede presente nos territórios graças à fluidez tecnológica converteu as redes sociais em instrumento de primeira ordem para as análises dos geógrafos eleitorais. Essas redes têm se consolidado como instrumentos disseminadores de ideais e valores culturais, políticos e econômicos, sendo essas conexões um meio para adquirir competências, como aquelas relacionadas à política partidária.

> Por um lado, a aquisição de competências para a participação não é feita apenas através da socialização primária, da escolarização ou do envolvimento formal em associações e organizações. A própria interação com outros indivíduos em contextos informais pode cumprir essa função. Se os eleitores estiverem frequentemente envolvidos em discussões políticas com os indivíduos que compõem as suas redes sociais, elas próprias podem tornar-se fontes de "recursos sociais" úteis para a participação [...], expondo os indivíduos a estímulos e mensagens políticas, fornecendo-lhes informação sobre os temas em debate numa campanha eleitoral, sobre que candidato ou partido apoiar e porquê [sic] ou sobre os meios disponíveis para influenciar, de diferentes formas, o desfecho de uma eleição. (Magalhães, 2008, p. 477)

Para analisar as questões ligadas às redes sociais, é primordial levar em consideração o perfil do eleitorado observado, uma vez que os eleitores definem a atuação das redes sociais e se tornam a fonte do conteúdo e da abordagem que veiculam. Assim, as redes sociais transformam-se em uma extensão do convívio social e do direcionamento das conversas e dos assuntos que se propagam no contexto do eleitor.

Observe, ainda, a qualidade do que é veiculado nas redes sociais e quão perigosos são certos temas propagados nelas; perigosos porque estas interferem nos destinos dos pleitos eleitorais, os quais são determinantes para os rumos da sociedade. Inúmeras são as falácias que se constroem nas redes sociais, um ambiente, por vezes, carregado de preconceito, alienação, subjetividades e analfabetismo político. O problema está nessas redes? Não. Elas apenas servem como uma ferramenta de exposição de ideias e valores, somente refletem como a sociedade é, tanto em seus aspectos positivos quanto nos negativos.

A teoria psicossociológica pode ser, dessa maneira, valiosa para a análise da decisão do voto, bem como da conjuntura que abarca as redes sociais, tendo em vista sua contribuição para o sujeito atuante na condição de grupo, principalmente, estando sujeito a influências de ordem coletiva no contexto social.

2.1.3 Teoria da escolha racional

A terceira teoria que exemplifica os modelos de explicação do voto é a teoria da escolha racional, cujos pressupostos foram estabelecidos por A. Downs em seu trabalho intitulado *An Economic Theory of Democracy*. Essa teoria é conhecida como *teoria da escolha racional*, porque tenta explicar o comportamento eleitoral com base nos parâmetros econômicos utilizados pelo eleitor para decidir seu voto (Antunes, 2008). Essa perspectiva leva em consideração a capacidade racional do eleitor de decidir seu voto.

> Entre todas as teorias citadas, esta é considerada a que mais individualiza o ato de votar: de acordo com ela, o eleitor decide seu voto com base nos aspectos que ele, diretamente, julga importantes.

A teoria da escolha racional se divide em três abordagens de estudos: 1) a corrente economicista, 2) o modelo prospectivo e 3) a teoria downsiana.

2.1.3.1 Corrente economicista

Nessa corrente, o eleitor, *a priori*, leva em consideração os aspectos da economia para decidir seu voto e rejeita os componentes psicológicos das motivações individuais. Segundo Radmann (2001), no enfoque do *homo economicus*, cada eleitor age e reage isolada e continuamente em resposta ao que percebe e experimenta no que tange à economia: responde positivamente aos partidos/candidatos da situação quando a economia vai bem e opta pelos partidos/candidatos de oposição quando a economia vai mal.

Para Antunes (2008), o pressuposto utilizado por A. Downs é relativamente simples: se as hipóteses de escolhas racionais são capazes de explicar o funcionamento do mercado, então podem explicar também como se processa a racionalidade do voto. Ainda de acordo com o autor, a teoria da escolha racional se alicerça em três premissas:

1. Todas as decisões (tanto de eleitores quanto de partidos políticos) são racionais.
2. O sistema político democrático tem implícitas as decisões tomadas por eleitores e partidos políticos.
3. O sistema democrático caracteriza-se por um nível de incerteza importante para permitir a diferenciação das opções de escolha.

Esse fenômeno é conhecido como *voto econômico* (Carreirão, 2002). É comum, quando se discorre sobre avaliação de desempenho dos candidatos em cargos públicos, debates sobre o "peso" da economia (ou desempenho econômico) na decisão do voto.

A linha argumentativa que norteia esse debate é a de que a avaliação que os eleitores fazem do governo é fortemente influenciada pelo estado da economia.

Carreirão (2002) explica que a avaliação a respeito do governo influencia o voto; logo, as condições econômicas do país também o fazem. Essa seria a forma retrospectiva[4] do voto econômico. Uma visão complementar, mais prospectiva, partiria da seguinte pergunta: Qual candidato ou partido promoveria uma situação econômica melhor para o país e, consequentemente, para o eleitor?

2.1.3.2 Modelo prospectivo

Segundo o modelo prospectivo, o eleitor analisa formas de economizar custos na decisão de votar.

Quando o indivíduo já conhece o desempenho passado dos candidatos, é mais fácil obter as informações que considera necessárias para avaliar as propostas futuras deles.

Nesse contexto, Carreirão (2002) afirma que diversos estudos realizados pela sociologia e pela ciência política tentaram explanar a influência do fator econômico na determinação do

---

4. Segundo Carreirão (2002), o eleitor, ao decidir seu voto pela avaliação de desempenho, estrutura sua decisão em duas formas. A primeira é o voto pela avaliação retrospectiva, em que o eleitor toma como referência o desempenho passado, ou seja, o que o governo ou o candidato realizaram como ocupantes de cargo público. A segunda é o voto pela avaliação prospectiva, uma espécie de expectativa de desempenho futuro, consolidado, geralmente, em candidatos que não têm significativa ligação com governos antecessores ou com aqueles candidatos considerados oposicionistas.

comportamento eleitoral. Esses estudos indicaram que a condição econômica pode influenciar o eleitorado e demonstraram que a crise econômica da década de 1980 no Brasil, por exemplo, corroeu o apoio aos governos em exercício, que foram, em sua grande maioria, derrotados pelas frentes oposicionistas.

A magnitude da mudança eleitoral esteve diretamente relacionada com a profundidade da crise econômica no período pré-eleitoral (variações nas taxas de câmbio, produto interno bruto e inflação tiveram altas correlações com vários indicadores de resultados eleitorais). [...] variáveis econômicas são importantes para entender as flutuações dos governantes na América Latina, mas, uma vez que o impacto dessas variáveis seja controlado por outras variáveis não econômicas, essa importância se reduz. Em tempos de prosperidade, por exemplo, a influência da economia declina e crescem os efeitos da liderança política, do partidarismo, do "desempenho democrático" e do apelo pessoal dos candidatos.

Nessa perspectiva do autor, identificam-se dois momentos que demonstram a relevância de se analisar a variável econômica para os estudos do comportamento eleitoral. O primeiro momento revela que as mudanças nos pleitos eleitorais levam à compreensão de que os insucessos das reeleições na América Latina são fruto da inexpressiva capacidade dos governos anteriores de investir fortemente em crescimento econômico. O segundo momento, por sua vez, revela que outras variáveis podem ofuscar o potencial do determinante econômico. É aí que ganham destaque as imagens pessoais nos contextos social e familiar na determinação prioritária da concepção do eleitor.

Podemos mencionar, ainda, as diferenciações que existem nos territórios, já que as relações sociais não se estabelecem com total paridade, havendo diversas possibilidades para distintos determinantes do voto. O contexto temporal das eleições, as singularidades territoriais e o tipo de eleição são exemplos disso.

2.1.3.3 Teoria downsiana

Essa teoria refere-se à escolha do eleitor decorrente de um cálculo de interesses individuais. Sobre isso, Lago (2005, p. 23-24, grifo do original), explica que

> A teoria "downsiana" do comportamento eleitoral concebe a decisão do voto como produto de uma ação racional individual orientada por cálculos de interesse que levam o eleitor a se comportar, em relação ao voto, como um consumidor de mercado. [...]
>
> Seu argumento central é o de que o comportamento político (e eleitoral) pode ser explicado tomando os eleitores como atores racionais que agem tendo como objetivo primeiro a maximização dos ganhos com a minimização dos custos, tal qual um consumidor no âmbito do mercado – noção do *homo economicus* da teoria econômica.
>
> Nessa teoria, a lógica do voto baseia-se na premissa de que diante de diversas alternativas, um ator racional sempre escolhe aquela que lhe traz a maior utilidade, ou seja, age em seu próprio benefício. Esses benefícios

esperados, que os eleitores consideram para tomar suas decisões, resultam da **utilidade** obtida através da atividade governamental. Pressupõe-se, portanto, que os cidadãos – eleitores – agem racionalmente nas questões de ordem política, cada um votando no partido/candidato que acredita ser o que lhe proporcionará mais benefícios do que qualquer outro.

Nesse sentido, entende-se que os eleitores *homo economicus* são atores sociais racionais que calculam as consequências do seu voto a seu próprio favor, ou seja, observam o quanto sua escolha pode acarretar benefícios individuais. Esse eleitor pode ser considerado racional por entender que o voto pode trazer benefícios positivos para sua vida e, também, por ser capaz de avaliar suas escolhas e decisões eleitorais mesmo que não se pautem em qualquer tipo de ideologia, como as partidárias.

Radmann (2001, p. 33) entende que "Como na teoria economicista, [...] os eleitores avaliam a atuação dos governantes na esfera econômica em detrimento da avaliação das políticas implementadas de uma forma geral, a figura do candidato acaba sendo privilegiada".

Observe que os eleitores, para definirem o voto, utilizam-se de avaliações individuais de seus governantes, cuja lógica está no bem-estar que cada político lhe proporcionou; uma avaliação individualista e até mesmo egoísta, já que tal pensamento volta-se para o aspecto pessoal. Segundo Radmann (2001, p. 33),

> Neste caso, o sucesso eleitoral dos candidatos e dos partidos depende de sua atuação na aplicação de políticas econômicas que agradem "aos bolsos dos eleitores". O atendimento de necessidades mais específicas

e a relação direta entre os candidatos e os eleitores podem proporcionar uma relação personalista.

Essa concepção assume a racionalidade individual no processo de escolha eleitoral, mas repousa somente na noção de satisfação de interesses e avalia apenas a relação custo-benefício.

Assim, a perspectiva economicista não aprofunda suas discussões a respeito de questões da participação eleitoral. Os teóricos dessa corrente não explicam por que alguns eleitores votam em partidos sem experiência no poder ou "sem chance" de chegar ao poder, mas também não aceitam a racionalidade plena do eleitor downsiano (Radmann, 2001).

Em contraposição, Lago (2005) informa que os primeiros estudos sobre a teoria racional, pautada nas ideias downsianas, sugerem que as preferências partidárias estão no cerne do comportamento eleitoral. Nessa perspectiva, portanto, essas preferências são um determinante que, via de regra, é **ideologicamente orientado**. Essa orientação pode ser entendida também como uma maneira de organizar territórios de determinados grupos políticos e econômicos que, por meio do comportamento eleitoral e do voto, alcançam o poder político ou perpetuam-se nele.

Perceba que eleitores, assim como partidos, distribuem-se em uma escala que demonstra, por exemplo, a posição entre direita e esquerda ou entre liberal e conservador. Empreendendo uma análise da distância entre a posição que atribuem a si mesmos e a posição que atribuem aos partidos e candidatos, esses eleitores votam naquele(s) que estiver(em) mais próximo(s) de sua própria posição.

Na teoria dowsiana, o eleitor tem em si uma estruturação ideológica não somente por considerar coerente e eficiente seu voto, mas também para conter os custos de sua escolha. Isso significa que os eleitores utilizam-se dos partidos políticos para diminuir seus custos/esforço no que toca à aquisição de informação: diferenciando os partidos políticos com base em sua ideologia, o eleitor não precisaria conhecer as propostas específicas. Os partidos teriam, dessa forma, o papel de facilitar a tomada de decisão dos eleitores e, por fim, permitir territorializar-se com mais facilidade.

Portanto, as ideologias se desenvolveriam, para os partidos, como um instrumento para angariar votos e um meio de chegar ao poder.

Diversos autores (como os já citados Radmann e Lago) definem a teoria da escolha racional como esclarecedora da decisão do voto com base na preferência partidária do eleitor. "A teoria sugere que a preferência político-partidária é ideologicamente [...] condicionada: o eleitor espera obter mais benefícios se o partido do qual mais se aproxima, em termos de propostas políticas e opiniões, ganhar a competição eleitoral" (Radmann, 2001, p. 36). Concomitantemente,

> A partir da importância dos partidos como instrumento de informação e de familiaridade com as ideologias, destaca-se a necessidade de que a ideologia de cada partido mantenha uma relação coerente com suas ações. Nos fundamentos da teoria da escolha racional, os partidos precisam manter ideologias coerentes ao longo do tempo e, paralelamente, devem ser confiáveis e honestos no cumprimento de suas promessas de campanha [...]. (Radmann, 2001, p. 37)

Caso esses partidos ou pessoas não demonstrem ter ideologias coerentes com suas atitudes (não cumprindo, por exemplo, as promessas de campanha), os mesmos eleitores não terão motivação para participar dos processos eleitorais[5].

Para aprofundarmos a abordagem da teoria da escolha racional, precisamos esclarecer algumas posições que apontam a incapacidade de essa teoria explicar certos anseios atinentes ao debate sobre o comportamento eleitoral.

Silveira (1998) é incisivo ao evidenciar a "irracionalidade" da teoria da escolha racional. De acordo com o autor, o nome dessa teoria deveria ser substituído por *nova escolha* não *racional*. Segundo ele,

> A escolha racional possui certas propriedades que a distinguem de outras formas de escolha que não podem ser caracterizadas propriamente como racionais. O termo razão origina-se da palavra latina *ratio* (raciocínio, pensamento, cálculo) e do termo grego *logos* (dizer, discursar, arte de raciocinar). Escolher racionalmente, segundo o sentido etimológico do termo, significa realizar um conjunto de operações lógicas, através das quais, conteúdos empíricos são selecionados, organizados e classificados logicamente e transformados abstratamente em conhecimento orientador da ação. O sujeito necessita dispor de um conjunto de informações e saberes específicos em relação à área de atuação (qualidade, quantidade, causalidade, finalidade, veracidade, generalidade), para

---

[5]. Isso é válido para países onde o voto não é obrigatório. No Brasil, o fenômeno pode ser uma possível explicação para votos nulos e brancos.

associar logicamente conteúdos e conceitos de modo a formar estruturas intelectuais consistentes e para saber utilizar apropriadamente as informações obtidas, tendo em vista suas referências valorativas e seus interesses no terreno político. (Silveira, 1998, p. 206)

Dessa forma, não basta enquadrar o eleitor na teoria da escolha racional, como se ele dispusesse de uma estruturação ideológica para constituir sua escolha só por entender as relações entre os candidatos e os partidos políticos. Silveira (1998) afirma que algumas definições recentes da escolha racional são utilizadas de forma muito abrangente e imprecisa e que

> é necessário, preliminarmente, diferenciar a racionalidade no sentido forte do termo, que supõe conhecimento político, capacidade de associar logicamente ideias políticas e de agir de forma estratégica, e a racionalidade no sentido fraco do termo, que refere-se [sic] à utilização de mecanismos racionais de forma pontual visando fins imediatos por eleitores desprovidos de saber político que apresentam pequena capacidade de estruturação ideológica. Se o conceito de racionalidade for utilizado de forma indiferenciada (considerando que "todos são racionais"), ele perde sua capacidade explicativa. (Silveira, 1998, p. 207)

Assim, tem-se que o conceito de racionalidade seria inespecífico, vago e pouco preciso. Silveira (1998) julga o eleitor como não racional por ser desprovido de saber político e ter características como: escasso conhecimento sobre o mundo político; dificuldade de compreender e utilizar os termos adequados da linguagem política; pequena capacidade de desenvolver raciocínios abstratos, relações lógicas e conceitos e de definir políticas logicamente estruturadas; dificuldade de reconhecer seus próprios interesses e os interesses relevantes no jogo político; e pequena capacidade de antecipar, planejar e orientar sua ação de forma adequada.

Uma decisão racional deveria ser lógica; nela, o processo de decisão se encontraria relacionado aos atos do grupo partidário e/ou candidato. O eleitor avaliaria de forma positiva as propostas próximas de seus interesses e o desempenho futuro por meio da *performance* que o candidato obteve no passado. Todo esse processo de análise pode ser visto como elemento de maximização da ação do eleito; já a escolha racional supõe a inter-relação lógica entre posições e ideias políticas dos eleitores. Para isso, espera-se que o eleitor se associe a posições condizentes com o escopo ideológico de determinado grupo partidário (por exemplo), que tenha uma posição política x sobre o assunto y.

Cada ato de decisão política racional é executado mediante consulta a esse quadro valorativo de referência que contém uma articulação entre o mundo social político e sua explicação (Silveira, 1998).

> A nova escolha não racional, diferentemente, não é lógica. O eleitor escolhe o candidato intuitivamente, sem relacionar logicamente opiniões e avaliações políticas, mas através do percurso de "ir dentro", de captar o significado de cada candidatura para estabelecer identidade com uma delas ou rejeitá-las, não participando das eleições (não comparecendo, votando em branco ou anulando o voto). O voto é definido através de uma identificação construída em função do gosto, a partir dos sentimentos e da

sensibilidade do eleitor. Ele identifica o candidato do seu gosto do mesmo modo que julga a beleza de um objeto ou como define o gosto pelas pessoas no cotidiano (gosto de uma pessoa pelo jeito de ser, pelo que ela passa). (Silveira, 1998, p. 209)

Silveira (1998) acrescenta que muitas vezes o que se imagina ser racional é apenas uma escolha intuitiva, pautada em julgamento por sensibilidade, como sugerimos anteriormente. O autor considera a estruturação ideológica do eleitor como fraca, pois este não pensa coerentemente a fim de estabelecer um elo entre eleitores e ideologia. O que se observa são eleitores com baixa capacidade de participação no mundo da política.

A teoria da escolha racional, bem como suas diversas contraposições, é muito relevante para o debate acerca do comportamento eleitoral. O entendimento de como ocorre a estruturação do pensamento por meio das correntes downsiana e economicista demonstra as particularidades de eleitores que podem pertencer a diferentes realidades. Contudo, para o estudo do comportamento eleitoral, é necessário ponderar algumas afirmações dessa dimensão, já que a escolha racional remete muito mais a elementos intuitivos e pessoais dos eleitores.

No tocante as três teorias do comportamento eleitoral, podemos concluir que é insuficiente o entendimento do comportamento eleitoral sob a visão específica de apenas uma abordagem. O mais apropriado seria a análise do comportamento eleitoral pautado nas três concepções em conjunto. Isso porque os elementos que compõem a temática são complexos.

A variação e o hibridismo nas escolhas eleitorais demandam analisar duas perspectivas de formação do voto: 1) a identificação pessoal e 2) a identificação partidária, exploradas na próxima seção.

2.2 Elementos para a formação da decisão do voto: identificação pessoal

Os eleitores, como sujeitos atuantes na dinâmica política, decidem seu voto com base em inúmeros pressupostos, entre eles a identificação pessoal, que corresponde a mais uma abordagem para explicar o comportamento eleitoral. Ela é entendida como pressuposto do eleitor para definir seu voto ou suas escolhas mediante imagens e atributos pessoais de cada candidato.

Pode-se considerar que, no caso do eleitor brasileiro, a escolha por determinado candidato ou partido resulta do **voto por imagem**[6]. Já no caso português, aproxima-se dessa definição, mas, em certa medida, dela se diferencia em razão de as campanhas eleitorais no país enfatizarem a capacidade administrativa do candidato, com pouco destaque para a imagem da pessoa, diferentemente do que acontece no Brasil.

Para o cargo da Presidência da República em Portugal, o eleitorado votante tende a considerar o carisma e a imagem pessoal nos pleitos eleitorais, mas esse não é único fator determinante. Em janeiro de 2016, Marcelo Rebelo de Sousa (PSD) foi eleito presidente da república em uma eleição com pouca exposição

---

6. O termo *voto por imagem* foi utilizado por Silveira (1998) para designar a decisão do eleitor tomada com base nas características pessoais do candidato.

de imagem na mídia; favoreceu-se, contudo, pelo fato de ser conhecido do público, uma vez que foi comentarista político (desde os anos 1960), na imprensa escrita, no rádio e na televisão (Portugal, 2020). O fato permite observar que a imagem pessoal de Marcelo Rebelo perante o eleitorado contribuiu para o sucesso de sua candidatura, tendo o partido político pouca participação nessa conquista.

Nesta conjuntura propícia à identificação pessoal, o eleitorado, ao não levar em consideração os aspectos partidários, procurou outros atributos que fundamentassem a decisão do voto. É nesta etapa que ganham força os aspectos pessoais, pois são o primeiro atributo em que o eleitor se apoia para fazer sua escolha. A identificação, assim, é entendida como uma característica do eleitor que se preocupa em decidir o voto por elementos referentes à imagem e à simpatia do candidato, por exemplo.

O conjunto das análises dos questionários aplicados por Augusto (2017), mencionados anteriormente, demonstrou que a insatisfação com a política partidária e os partidos políticos é significativa. O recente *impeachment* de Dilma Rousseff é considerado, no imaginário popular, um exemplo de que a política partidária é "suja", mesmo que ela esteja longe de ser o pivô dos problemas de corrupção no país.

Esse mesmo discurso é utilizado por parte dos políticos brasileiros para exaltar suas imagens e, principalmente, para se eximir dos casos de corrupção; dessa forma, a exaltação de suas figuras de "pessoas honestas" torna-se um trunfo, algo a ser ressaltado positivamente.

Percebemos, nesse contexto, que as estratégias de campanhas eleitorais nortearam e ainda norteiam o imaginário coletivo ao apresentarem, mediante menção à honestidade tanto de candidatos quanto de políticos já ocupantes de cargos públicos, soluções para os problemas da nação. Assim, as qualidades de honesto e correto possivelmente tendem a potencializar campanhas eleitorais, em resposta ao clamor da população brasileira por novos caminhos e perspectivas de melhora para o sistema político partidário nacional, a exemplo dos resultados das eleições de 2019 para Presidência da República.

Efetivamente, **a mídia e as redes sociais influenciam a dinâmica do poder**, sobretudo quando este fato transcorre preliminarmente às eleições, consolidando-se, assim, como elemento presente na política partidária. Além disso, o papel da mídia e das redes sociais não se resume aos períodos eleitorais. Tem, sim, maior visibilidade nessa fase; contudo, os noticiários, as manchetes, as reportagens estão imbricados no cotidiano da população e é nesse cotidiano que as informações veiculadas são assimiladas pela opinião pública, ora como imagens de bons candidatos, ora como imagens degradadas.

Ao analisarmos essa conjuntura, constatamos que o fortalecimento da mídia e das redes sociais pode acentuar o enfraquecimento dos partidos políticos. Isso se aplica principalmente àqueles que mantêm mais ligações com o espectro ideológico de suas raízes partidárias, bem como àqueles que não contam com apoio do poder econômico para comprar tempo e espaço na mídia (televisiva, radiofônica/oral ou impressa), ou que não têm uma rede de interesses em disseminar as *fake news* (notícias falsas).

Identificamos que a principal prerrogativa para a existência de uma mídia definidora das campanhas e, em consequência, das estratégias eleitorais é o **poder econômico intrínseco aos grupos empresariais**, o qual promove o enfraquecimento dos partidos políticos, impossibilitando-lhes de apresentar seus preceitos ideológicos à população. Isso pode potencializar um perigoso fenômeno no comportamento eleitoral: a decisão do voto baseada apenas nas imagens pessoais, sem qualquer observação do espectro partidário.

O enfraquecimento da identificação partidária torna a decisão do voto dependente das imagens subjetivas dos candidatos, voltada a suas características, muitas vezes personalizadas e maquiadas para escamotear objetivos obscuros à percepção da população.

Em geral, os primeiros sinais demonstrados por um eleitor orientado prioritariamente pelas bases da identificação pessoal são as inúmeras mudanças de comportamento eleitoral, o que pode torná-lo mudancista.

No que diz respeito aos comportamentos eleitorais mudancistas, façamos importantes diferenciações entre as duas realidades aqui debatidas. Os casos português e brasileiro se diferem, em especial, pela base do sistema eleitoral desses dois países: no Brasil o voto é obrigatório; em Portugal, não.

No caso brasileiro, o eleitorado tem a obrigação de votar e, logo, de decidir seu voto. Então, mesmo aquele eleitor que não anseia votar é obrigado a tomar uma decisão – a qual nem sempre é levada a sério ou pensada de maneira contundente e eficiente.

No caso português, a obrigatoriedade não existe; então, há um filtro natural que permite considerar o eleitor votante como aquele que possivelmente apresenta uma carga ideológica e partidária que lhe permite conceber o voto como relevante e decidir de maneira coerente e concernente a seus princípios políticos. A Tabela 2.1 apresenta uma vinculação entre os níveis de identificação em ambos países.

Tabela 2.1 – Brasil e Portugal: comparação da decisão do voto em escala nacional

País	Decisão do voto (%)	
	Na pessoa (candidato)	No partido político
Brasil	65,1	34,9
Portugal	45,7	54,3

Fonte: Augusto, 2017, p. 242.

Podemos ressaltar as distinções entre as porcentagens dos dois países; a principal delas refere-se à decisão do voto pautada na identificação pessoal: os eleitores brasileiros apresentam maiores níveis desse tipo identificação. Isso indica que, no sistema português, o eleitorado que efetivamente vota é aquele que tem interesse e, em geral, uma motivação para votar. Essa motivação pode ser o vínculo partidário ou a estruturação ideológica, alinhada com partidos políticos e seus ideais.

Nos exemplos da realidade brasileira, a identificação partidária não aparece como no caso português, tampouco como uma motivação, uma vez que o sistema eleitoral se configura pela obrigatoriedade do voto, ou seja, condiciona a totalidade do eleitorado a votar. Isso possibilita que qualquer tipo de eleitor vote e, por esse motivo, as estratégias eleitorais acabam alinhando--se com a imagem pessoal, já que parte considerável do eleitorado não tem condições e discernimento para abstrair uma campanha voltada a explicitar informações e conceitos partidários. Um sistema eleitoral regido por essa lógica dá condições para um comportamento eleitoral mudancista – marcado pela presença de eleitores que votam em candidatos de partidos de diferentes ideologias e por partidos que se coligam sem levar em consideração suas divergências ideológicas.

Tanto no Brasil quanto em Portugal, as conjunturas da política partidária levam as pessoas a desacreditarem no meio político. No conjunto das análises dos questionários, Augusto (2017, p. 243) destaca algumas falas que corroboram essa perspectiva:

Estou farta da política. Este governo elegeu-se e o que está a fazer são imensos cortes! (eleitora portuguesa, 40 anos, farmacêutica)

Eu não acredito neles, todos os políticos são iguais, só querem saber de tirar vantagens! (eleitor brasileiro, 47 anos, comerciante)

A percepção que o eleitor (e, por consequência, a população) tem sobre a política partidária não nos permite inferir que tenha credibilidade no que diz respeito, por exemplo, à honestidade dos candidatos. Entretanto, a mídia (especialmente a brasileira) contribui para exaltar as imagens pessoais, principalmente durante as campanhas eleitorais, o que gera nos eleitores certa expectativa de melhoras e trabalho sério de seu candidato.

Podemos afirmar, ainda, que três são as dimensões relevantes da imagem, que é elemento primordial a ser resguardado pelo candidato: integridade, confiabilidade e competência. No que respeita à **integridade**, o eleitor observa a origem e os aspectos vinculados à estabilidade e à seriedade familiar dele. A **confiabilidade** corresponde à confiança que o eleitor deposita no candidato como pessoa apta a governar. A **competência** mostra a capacidade que o eleitor julga que o candidato tem para administrar o que é público, bem como seu sucesso como empreendedor.

É importante salientar que não é nosso objetivo mensurar a identificação pessoal como fator isolado, determinando que eleitores de baixo nível de estruturação ideológica tomam decisões eleitorais pautadas por essa identificação. Pelo contrário, a identificação pessoal está estreitamente atrelada à identificação partidária. Os eleitores que se identificam com imagens e atributos pessoais dos candidatos possivelmente têm descrença no sistema partidário, descrença esta causada pelo próprio sistema. A identificação pessoal decorre justamente da ausência de opções que consolidem a preferência em identificar-se com partidos políticos.

Já informamos que, em um comparativo entre Portugal e Brasil, a maior ocorrência da identificação pessoal se dá no caso brasileiro. No Brasil, ela é vista como consequência de fenômenos políticos que perduram há anos, como o clientelismo. Nessa prática, a influência do poder econômico em campanhas e candidatos constitui fator primordial para a decisão do voto, já que ainda há indícios de "compra" de votos nos estratos sociais desprovidos de recursos financeiros, mas também em outros estratos. A compra e a venda de votos são permeadas por relações bastante complexas, como a troca de favores. Desse modo, a identificação pessoal com o candidato é preditora do continuísmo de nomes na política, o que muitos entendem como incompatível com o sistema democrático.

Observamos, então, que um indício do fortalecimento da identificação pessoal é o alto custo das campanhas eleitorais financiadas por diversos grupos de poder econômico. Esse fato permite a constituição de elevada imagem pessoal no quesito confiança e capacidade administrativa, em momentos nos quais os partidos políticos são balizadores de corrupção e descrença – mesmo quando tais episódios se devem a ações de apenas alguns de seus membros. Logo, em conjunturas nas quais as campanhas eleitorais propiciam a identificação partidária, como nos exemplos portugueses, as imagens pessoais dos candidatos tornam-se coadjuvantes na decisão do voto.

Ademais, a decisão do voto para os eleitores portugueses é tratada por Martins (2010) como estreitamente relacionada à realidade econômica. Nesse sentido, os eleitores analisam, em especial, a capacidade administrativa do governo e do grupo partidário para antever quais rumos a economia do país poderá seguir. Em período de crise (mesmo com recuperação), o conjunto das análises dos questionários possibilitou perceber que, na formação do voto, esses eleitores preocuparam-se em demonstrar suas frustrações com a política do então primeiro-ministro português, Passos Coelho. Martins (2010, p. 141) relata que

> os estudos efetuados sobre o comportamento de voto têm sido direcionados especialmente para os campos sociológico e econômico. [...] apesar de o voto econômico ter um impacto importante nas escolhas eleitorais dos portugueses nas legislativas, as clivagens sociais dominam a explicação do voto.

Em âmbito geral, em Portugal parecem coexistir as explicações econômica e sociológica do sentido de voto, pelo menos no que se refere à análise das eleições legislativas. O eleitorado português parece servir-se de uma heterogeneidade de mecanismos de decisão de voto. Já no Brasil, o voto obrigatório carrega consigo inúmeros elementos que conferem especificidades a cada região, município ou unidade federativa. Também as eleições ganham traços distintivos de um período eleitoral para outro.

Portanto, se no início da década de 1990 os altos índices de volatilidade eleitoral podiam ser explicados pela emergência de um novo partido relevante – o Partido da Social Democracia

Brasileira (PSDB) –, os atuais altos níveis de volatilidade não se devem à entrada de um novo competidor partidário de peso. A que se devem, então?

No tocante às informações apresentadas nesta seção, deduz-se que a formação do voto no território é relevante para compreender a dinâmica do comportamento eleitoral e, portanto, da decisão do voto. Contudo, a análise acerca da identificação pessoal deve ser concomitante à análise acerca da identificação partidária (Kinzo, 2005).

2.3 Elementos para a formação da decisão do voto: identificação partidária

A identificação partidária é um elemento do comportamento eleitoral que se fundamenta em algumas características do eleitor, como o grau de escolaridade.

Em Portugal, segundo Jalali (2003), as clivagens ideológicas são fracas, uma vez que, por exemplo, eleitores jovens (com idade inferior a 25 anos) se sentem instigados a votar, o que compromete a identificação às ideologias. Segundo esse autor,

> as divisões territoriais são determinantes centrais do comportamento político em Portugal. [...] Os partidos de direita dominam no Norte do país e a esquerda é mais forte no Sul. Similarmente, a direita é mais

forte nas áreas rurais e a esquerda nas áreas urbanas [...]. (Jalali, 2003, p. 558)

Assim, entende-se que estes são elementos que condicionam a formação da decisão do voto no eleitorado português.

Antunes (2008), em seu estudo a respeito da identificação partidária, descreve que os eleitores portugueses apresentam alta identificação partidária: 74,6% declara se identificar com algum partido e 25,4% se declara independente. Os partidos que mais têm simpatizantes são os de centro: Partido Social Democrata (PSD) e Partido Socialista (PS). Observa-se também uma alta estabilidade da identificação partidária dos portugueses: mais de 65% dos que têm alinhamento partidário declaram sempre terem sido simpatizantes de um mesmo partido. A exceção são os identificados com o Bloco de Esquerda (BE), partido mais recente: ele apresenta 78,6% de identificados que já foram simpatizantes de outros partidos (Antunes, 2008).

Vale ressaltar que a identificação do eleitor com partidos políticos é elemento-chave em países onde existe um sistema partidário que cria raízes/laços com os eleitores, fortalecendo, cada vez mais, suas preferências por determinadas instituições partidárias.

Diferentemente, em países como o Brasil, em que diversos partidos são pouco eficazes do ponto de vista da sustentação ideológica, a identidade partidária pouco se expressa. Nesse sentido, parece haver a necessidade de se criarem situações de interesse que permitam ao eleitor se identificar com este ou aquele partido político, bem como se interessar pelas instituições e questões político-partidárias e políticas.

Por meio da comparação do conjunto dos questionários aplicados no Brasil e em Portugal, notamos que os eleitores portugueses estão mais atentos à compreensão de termos referentes à identificação partidária, como é o caso dos posicionamentos de direita e esquerda. Uma explicação plausível para isso são as motivações desses eleitores. Em Portugal, a não obrigatoriedade do voto permite diferenciar quem vota e quem não vota; logo, os eleitores votantes têm motivações e, consequentemente, buscam conhecer a conjuntura da política partidária, diferenciando--se daqueles que se abstêm de votar.

Assim, ao comparar eleitores votantes portugueses com brasileiros, verificam-se distinções consideráveis nas características que definem o "saber político" de ambos, pois, no caso brasileiro, muitos eleitores votam sem motivação, ou seja, sem querer votar. É o caso da eleitora brasileira cuja fala é reproduzida a seguir conforme registrado por Augusto (2017, p. 252):

> Eu não queria votar; se pudesse escolher, nem perderia meu tempo votando [...]. (eleitora, vendedora, 39 anos)

Podemos perceber que a identificação partidária está distante da realidade dessa eleitora; a decisão do voto não é juízo de sua pertença. A decisão do voto desse tipo de eleitor decorre de uma negação. Então, em um eleitorado que não se motiva a votar, suas perspectivas de buscar conhecimento e saber político diminuem.

Diversos autores, como Silveira (1998) e Carreirão (2007), explicam que, no Brasil, a identificação partidária já demonstrou mais expressividade para os estudos sobre a decisão do voto e o comportamento eleitoral, principalmente quando da consolidação do bipartidarismo[7]. Este consistia em dois grandes eixos: a Aliança Renovadora Nacional (Arena) e o Movimento Democrático

---

7. O bipartidarismo, no caso brasileiro, perdurou até 1979, tendo sido instituído pelo Golpe Militar de 1964, que destituiu o então presidente João Goulart.

Brasileiro (MDB). O primeiro era favorável ao regime militar, ou seja, era tendencioso à permanência do regime. O segundo, considerado de centro-esquerda, era identificado como oposição de submissão, pois estava sujeito às imposições dos militares.

No período em que o país vivia o regime da ditadura militar, os índices de identificação partidária eram considerados significativos. A existência somente do MDB e da Arena facilitava a escolha do eleitor com base nas características de cada partido, como é possível notarmos nesta análise histórica a respeito do tema:

> No caso do Brasil, as pesquisas eleitorais nos anos 1970 encontraram altas taxas de identificação dos eleitores com as duas opções partidárias permitidas pela ditadura militar. A identificação com a Arena ou o MDB permitiu avaliar o perfil regional e social dos eleitores inclinados a apoiar o regime ou o partido de oposição (Lamounier, 1980). Assim, a literatura da época concluiu que a experiência bipartidária forçada imposta pelo regime militar ajudou a consolidar junto ao eleitorado a imagem do MDB como o partido do povo, que defendia o homem comum contra os poderosos, e que lutava pelas liberdades políticas e a volta das eleições diretas. (Speck; Balbachevsky, 2016, p. 571).

Com a redemocratização e a possibilidade de criação de outros partidos – o que se entende como elemento positivo para um país democrático –, o eleitor perdeu essa vinculação. Em 2019, segundo o Tribunal Superior Eleitoral (TSE, 2020), existiam 34 partidos políticos devidamente registrados.

Com a volta do multipartidarismo, a análise do fenômeno da identificação partidária no Brasil teve continuidade: "Se no período militar o desafio principal era entender a dinâmica do governismo e do oposicionismo no eleitorado, agora, a identificação partidária é usada como um **termômetro da consolidação** do novo sistema partidário" (Speck; Balbachevsky, 2016, p. 571, grifo do original). Os autores também comentam que

> As taxas globais de identidade partidária se tornam um indicador do enraizamento social dos partidos. Kinzo (2004) dá uma resposta pessimista a essa questão: "Em suma, a intensa fragmentação e a falta de nitidez do sistema partidário fazem com que os eleitores tenham dificuldade em fixar os partidos, distingui-los e, assim, conseguir criar identidades partidárias". No balanço comparativo das taxas de identificação partidária no eleitorado, o Brasil é um dos últimos colocados, tanto na América Latina [...] como numa comparação global [...]. (Speck; Balbachevsky, 2016, p. 571)

Atualmente, no Brasil, apesar da criação de vários partidos e em razão da ausência de fidelidade partidária dos políticos, o eleitor parece tomar suas decisões eleitorais não mais pautado em preferências dessa ordem.

Kinzo (2005), todavia, alerta para o fato de que, conforme o sistema democrático de um país "envelhece", há maior probabilidade de se estabilizar. Quanto mais duradouro o padrão de competição partidária, maiores as chances de os eleitores construírem imagens partidárias e tornarem-se leais a um partido político. A autora relata, ainda, que a visibilidade e a capacidade de constituir uma imagem para o eleitor são elementos fundamentais ao fortalecimento do partido político e da identificação partidária.

A atual conjuntura brasileira presencia o enfraquecimento da imagem dos partidos perante o eleitorado, principalmente o Partido dos Trabalhadores (PT), ou seja, há uma baixa territorialização do partido em diversos municípios do país, especialmente no Centro-Sul. Ao defenderem o enraizamento dos partidos na sociedade, autores como Silveira (1998) e Kinzo (2005) não podiam prever todas as modificações no cenário político partidário brasileiro que culminaram no processo de *impeachment* de Dilma Rousseff em 2016.

As análises dos questionários que aplicamos apontaram que todo o processo de corrupção posto em evidência a partir de 2013 no Brasil e as acusações aos diversos governos (nas três escalas: municipal, estadual e nacional) contribuíram para o eleitorado afastar-se ainda mais das instituições partidárias. Ademais, esses eventos ajudaram a consolidar a identificação pessoal (a favor e contra a pessoa/pessoalidade). Esses foram os casos da oscilação da popularidade de Lula, da queda da imagem e popularidade de Dilma Rousseff em 2015 e 2016, bem como da ascensão de outros políticos, como Jair Bolsonaro, eleito presidente da república em 2018.

Vale lembrar de que a distribuição do voto nos territórios oculta, por trás dos números, elementos que perpassam a subjetividade das atitudes humanas, entre elas a decisão do voto. Está na formação dessa decisão o embrião da geografia do voto, subárea da geografia que se preocupa com a análise da distribuição do voto no território.

Nesse aspecto, merece destaque o caráter agregador do território, que traz consigo diversos elementos e particularidades que condicionam o eleitorado a se comportar em função desta contextualização. A dinâmica territorial envolve as particularidades da economia, as características culturais e sociais, os sistemas eleitorais e os sistemas de governo dos territórios – elementos que corroboram a formação da decisão do voto.

Em resumo, o voto é decidido nas diferentes realidades observáveis, mediante os cenários político-partidários. Cabe mencionar que cada cenário é estabelecido segundo aspectos econômicos e sociais intrínsecos ao território e conforme práticas de campanhas eleitorais. Fica evidente que o valor gasto por essas campanhas influencia a amostragem das imagens pessoais e, até mesmo, a exaltação dos partidos políticos.

Em Portugal, as campanhas eleitorais têm um custo financeiro inferior às campanhas no Brasil. Logo, a corrida eleitoral em Portugal instiga o eleitorado a uma exaltação das propostas partidárias, possibilitando uma maior identificação partidária do que no caso brasileiro. No Brasil, as campanhas com alto custo financeiro enaltecem imagens pessoais de candidatos e propiciam a reprodução do poder a grupos políticos com elevado poder aquisitivo.

Esses exemplos indicam que os resultados de abstenções eleitorais e as porcentagens de eleitores que compreendem o voto como primordial para a prática da cidadania são consequências da formação da decisão do voto, diferenciada em razão dos distintos contextos territoriais. Ademais, tais motivações apontam a existência de diferenças consideráveis entre as realidades de municípios, regiões e países, bem como diferenças intraterritoriais, a exemplo das diversas realidades democráticas.

Síntese

Neste capítulo, detalhamos algumas teorias da escolha eleitoral, cujo intuito é averiguar o comportamento dos eleitores com base em três perspectivas: a teoria sociológica, a teoria psicossociológica e a teoria da escolha racional. O debate teórico sobre tais teorias permitiu que você analisasse os elementos balizadores intrínsecos aos eleitores que muitas vezes passam despercebidos no cotidiano.

Apresentamos os preceitos da identificação pessoal e da identificação partidária, observando as diferenças entre os eleitores que optam por esses caminhos para decidir o voto. Além disso, demonstramos que fatores como o efeito vizinhança contribuem para as escolhas eleitorais.

Essas teorias permitem ao geógrafo conceber uma gama de possibilidades de análise sobre contextos, instituições e fenômenos presentes no espaço geográfico. Portanto, a compreensão das teorias para a escolha eleitoral subsidia uma análise respaldada em conteúdo científico, confrontando, assim, o senso comum – muitas vezes responsável pela disseminação de irracionalidades, preconceitos, ódio e inverdades.

Indicação cultural

PAIVA, D.; TAROUCO, G. da S. Voto e identificação partidária: os partidos brasileiros e a preferência dos eleitores. **Opinião Pública**, Campinas, v. 17, n. 2, p. 426-451, nov. 2011. Disponível em: <http://www.scielo.br/scielo.php?script=sci_arttext&pid=S0104-62762011000200006>. Acesso em: 24 ago. 2020.

Esse artigo é resultado de pesquisas científicas e versa sobre o papel dos partidos na escolha eleitoral no Brasil. Seu objetivo central é verificar como a preferência partidária, operacionalizada em uma escala de apreço pelos partidos individualmente, se relaciona com variáveis socioeconômicas e com a decisão do voto.

Atividades de autoavaliação

1. Para compreender as especificidades do comportamento eleitoral e os fatores influenciadores do voto, é necessário considerar as três principais teorias explicativas que expusemos neste capítulo. Com base nisso, julgue as afirmativas a seguir como verdadeiras (V) ou falsas (F).

   ( ) O enfoque da teoria sociológica é o cognitivo.
   ( ) Na teoria psicossociológica, o eleitor é a unidade de análise.
   ( ) A teoria psicossociológica considera a decisão do eleitor como atitude influenciada pelo seu entorno. Organiza-se em dois vieses de análise: marxista e não marxista.
   ( ) Na teoria psicossociológica, o eleitor é a unidade de análise. Essa teoria se baseia nas motivações e percepções que levam ao comportamento eleitoral.
   ( ) Na teoria da escolha racional, existem dois grandes pressupostos: a aptidão do eleitor para decidir seu voto com base em aspectos da economia (voto retrospectivo) e a capacidade do eleitor para pensar seu voto com base nos benefícios que obterá futuramente (voto prospectivo).

   A sequência correta é:
   a) F, F, V, F, V.
   b) V, F, V, F, V.
   c) V, V, V, F, V.
   d) F, F, F, F, F.
   e) F, V, V, F, V.

2. Atualmente, no Brasil, apesar da criação de vários partidos políticos e em razão da ausência de fidelidade partidária dos políticos, o eleitor parece tomar suas decisões eleitorais não mais pautado em preferências dessa ordem. Verifica-se, então,

entre os brasileiros a tendência a diminuir seu enraizamento nos partidos políticos. Esse fato ocorre:

a) em razão do processo de corrupção exaltado a partir de 2013 e das acusações feitas aos diversos governos (nas três escalas).
b) em razão da ascensão do PSL, tendo em vista a visão progressista de centro.
c) em razão do fortalecimento de partidos como PT e PSDB.
d) em razão das modificações no cenário político partidário brasileiro que culminaram nas reeleições de PSDB e PT a partir de 1994.
e) Nenhuma das alternativas anteriores está correta.

3. Leia o excerto a seguir.

> Iniciado em 31 de março de 1964, o golpe militar se consolidou na madrugada de 1º para 2 de abril. A partir de então, o país teve cinco presidentes militares e permaneceu 21 anos sob uma ditadura. [...]
> O relatório final da Comissão Nacional da Verdade, apresentado em 2014, afirmou que 423 pessoas foram mortas ou desapareceram no período que vai de 1964 a 1985. Segundo a comissão, que iniciou os trabalhos em 2012, os crimes foram resultado de uma política de Estado, com diretrizes definidas pelos cinco presidentes militares e seus ministros, e não abusos cometidos por agentes isolados. A comissão pediu punição de 377 pessoas pelos crimes cometidos pelo regime militar.
>
> Fonte: Entenda..., 2019.

As afirmativas a seguir referem-se aos anos que compreenderam o período em que os militares estiveram à frente do Poder Executivo do Brasil.

I. No período em que o país vivia sob o regime da ditadura militar, os índices de identificação partidária eram considerados significativos.

II. A existência somente do MDB e da Arena facilitava a escolha do eleitor pautada em características de cada partido.

III. A literatura da época concluiu que a experiência bipartidária forçada imposta pelo regime militar ajudou a consolidar, junto ao eleitorado, a imagem do MDB como o partido do povo, que defendia o homem comum contra os poderosos e que lutava pela liberdade política e volta das eleições diretas.

É correto o que se afirma em:
a) I, apenas.
b) II, apenas.
c) I e III, apenas.
d) II e III, apenas.
e) I, II e III.

4. Leia o trecho da notícia a seguir.

Campanhas gastaram R$ 5 bilhões em 2014

[...]

A campanha eleitoral deste ano apresentou um custo total de R$ 5,1 bilhões, segundo levantamento feito nas despesas declaradas ao Tribunal Superior Eleitoral. Em 2014, este foi o total gasto da campanha de todos os candidatos a deputado, senador, governador e presidente. Se comparado com o financiamento eleitoral total calculado pela ONG Transparência Brasil desde 2002, trata-se do maior valor da série já corrigido pela inflação. Naquele ano, foram gastos R$ 792 milhões.

Fonte: Burgarelli, 2014.

Os altos custos das campanhas eleitorais contribuem para:
a) o equilíbrio partidário.
b) o crescimento dos grandes partidos.
c) o voto via identificação partidária.
d) a personificação das campanhas.
e) o voto pelas características ideológico-partidárias.

5. A percepção que o eleitor tem sobre a política partidária não permite inferir que tenha credibilidade no que diz respeito, por exemplo, à honestidade dos candidatos. Entretanto, a mídia (especialmente a brasileira) contribui para exaltar:
a) as imagens pessoais.
b) os partidos políticos.
c) os grupos partidários.
d) os grupos empresariais.
e) os grupos financeiros.

Atividades de aprendizagem

Questões para reflexão

1. Leia o trecho a seguir.

> A partir dos anos noventa grande parte das pesquisas tem apontado para a consolidação do quadro partidário brasileiro. A polêmica em torno da fragilidade sistêmica dos partidos e seus impactos na dinâmica governamental parece superada. O fato a ser destacado é que essa última foi substituída por análises que têm se dedicado a esquadrinhar, de forma mais sistemática e a partir de pesquisas com bases empíricas mais

abrangentes, a atuação dos partidos políticos e do sistema partidário nas arenas governamental e eleitoral.

Fonte: Paiva; Tarouco, 2011, p. 428.

Com base em seu conhecimento sobre o tema identificação pessoal e identificação partidária, elabore um texto argumentativo direcionando as discussões para o comparativo entre esses dois atributos. Aponte em seu texto a importância da atuação do partido político na consolidação (ou não) dessas identificações.

2. Leia a seguinte frase:

Os partidos políticos não conseguem se enraizar no eleitorado a ponto de efetivar a identificação partidária.

Em seu entendimento, tal afirmação está correta? Apresente argumentos que subsidiem sua resposta.

Atividade aplicada: prática

1. Faça uma pesquisa entre os membros de sua família ou de sua vizinhança a respeito das escolhas eleitorais. Pergunte a eles quais elementos consideram importantes para decidir o voto.

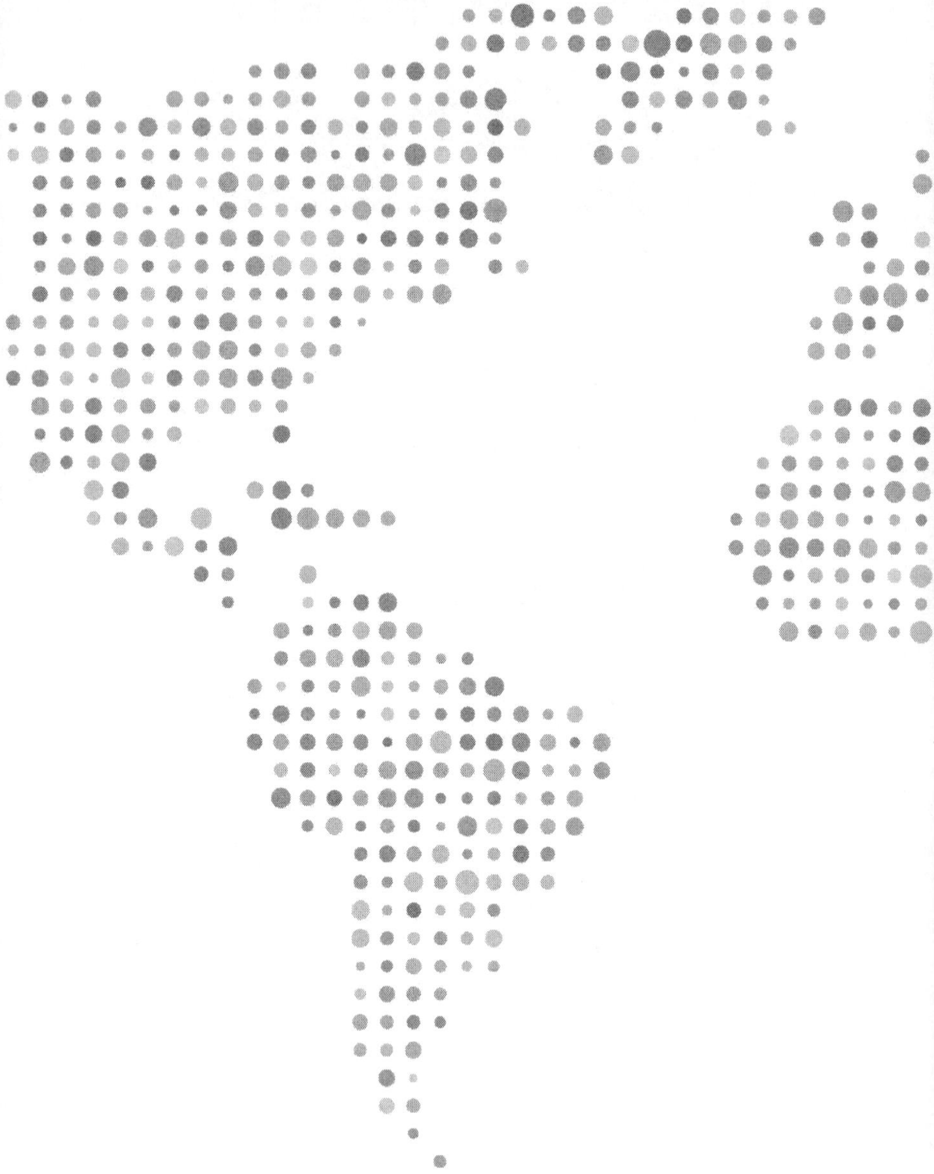

3
Geografia e democracia: um encontro na geografia eleitoral

Neste capítulo, desenvolveremos uma análise acerca da ligação entre geografia e democracia, abarcando variados conceitos e temas pertinentes aos sistemas democráticos e às formas de governo. Trataremos também da satisfação do eleitorado com o sistema democrático. Para isso, apresentaremos exemplos da democracia portuguesa, que, por meio dos resultados referentes às abstenções eleitorais, reflete a atuação efetiva do sistema democrático na sociedade como elemento presente no dia a dia dos cidadãos.

Além disso, colocaremos à sua disposição um estudo de aproximação entre os resultados de Portugal e do Brasil, identificando diferenças e semelhanças entre essas realidades democráticas.

Os resultados empíricos, alinhados com a discussão teórica acerca da temática, servirão para evidenciar de maneira mais aprofundada algumas particularidades do sistema democrático, bem como a articulação entre a ciência geográfica e a democracia.

Ainda integra essas discussões o exame, por exemplo, do grau de satisfação entre os eleitores com a democracia. Ressaltamos que, para chegar aos resultados, tomamos como base os eleitores brasileiros e os portugueses.

3.1 Estão os eleitores satisfeitos com o sistema democrático?

Para compreender os sistemas democráticos, são necessárias inúmeras análises conceituais e teóricas. Porém, nesta obra, escolhemos analisar em que medida o sistema democrático provoca nos eleitores o sentimento de satisfação. Entendemos que isso é útil para identificar possíveis fragilidades no sistema e, consequentemente, refletir e atuar no sentido de melhorar a atuação dessa democracia em determinadas realidades.

Utilizamos, aqui, como exemplo as pesquisas realizadas em Portugal oriundas de nossa tese de doutorado (Augusto, 2017). No Gráfico 3.1, é possível verificar o sentimento dos eleitores votantes quanto ao sistema democrático português. Note que parte dos portugueses questionados apresentou baixa satisfação e mais de 80% demonstraram pouca ou nenhuma satisfação com o sistema democrático, sinalizando que algo pode não estar sendo assertivo no sistema (ao menos no que tange à representação da população em geral).

Gráfico 3.1 – Portugal: satisfação dos eleitores votantes com a democracia

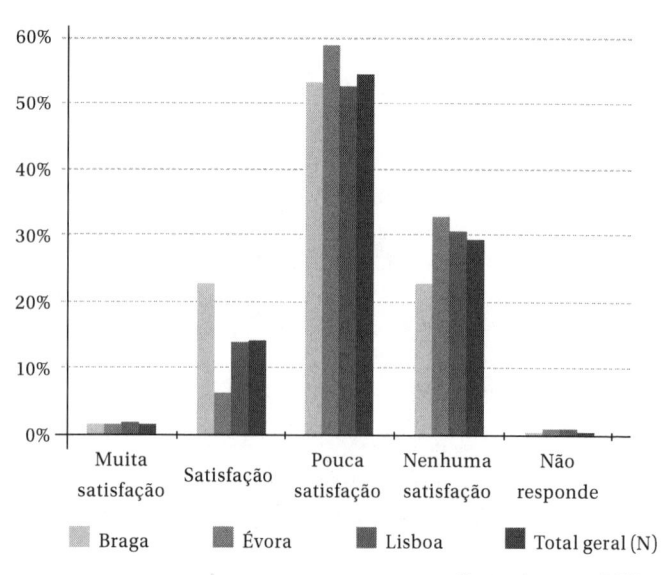

Fonte: Augusto, 2017, p. 80.

Especificamente, Évora foi a cidade que apresentou os maiores índices de insatisfação: 58,8% do eleitorado expressou pouca satisfação e 33% afirmou não ter nenhuma satisfação com o sistema democrático português. A pouca satisfação, entretanto, pode ser resultado da descrença no sistema eleitoral, e não no sistema democrático. Assim, a falta de discernimento entre **democracia** e **sistema eleitoral** pode ter levado um grande número de pessoas a declarar pouca satisfação.

A falta de confiança dos eleitores em seus representantes os fez relatar que não há esperança de melhora no sistema democrático enquanto os mesmos representantes estiverem no poder. O fato de Portugal apresentar um considerável nível de abstenção eleitoral reflete esse descontentamento, conforme mostra a Tabela 3.1.

Tabela 3.1 - Portugal: taxa de abstenção eleitoral nas eleições para a Assembleia da República (1975-2015)

Anos	Taxa de abstenção (%)		
	Residentes em Portugal	Residentes no estrangeiro	Total
1975	8,3	36,8	8,5
1980	14,6	39,5	15,2
1985	24,6	70	25,7
1987	27,4	73,5	28,5
1991	31,8	67,4	32,6
1995	32,9	76,2	33,8
1999	38,2	76,5	39,9
2002	37,7	75,6	38,4
2005	35,0	75,3	35,6

(continua)

(Tabela 3.1 - conclusão)

Anos	Taxa de abstenção (%)		
	Residentes em Portugal	Residentes no estrangeiro	Total
2009	39,5	84,7	84,7
2011	41,1	83,1	83,1
2015	43	88,3	88,3

Fonte: Augusto, 2017, p. 82.

Na Tabela 3.1, constatam-se os altos níveis de abstenção eleitoral em Portugal. A abstenção corrobora o fato de haver pouca satisfação do eleitorado com a conjuntura da política partidária e, logo, da democracia.

O descontentamento é potencializado, ainda, pelo fato de o país estar mergulhado em uma crise econômica que assola a Europa desde 2011. Como sabemos, essa crise é considerada, entre os países europeus, uma das piores enfrentadas no continente, o que reflete diretamente no comportamento da população e, por consequência, dos eleitores.

Carreirão (2002) comenta que esse comportamento tende a resultar no voto econômico, conforme explicamos no Capítulo 2. Nesse caso, a avaliação dos eleitores acerca do governo é fortemente influenciada pelo estado da economia, impactando também no voto. Essa é a forma retrospectiva do voto econômico.

A democracia nem sempre é vista como a forma de representação mais adequada. Isso acontece, por exemplo, com eleitores que levam em consideração apenas um aspecto para refletir e tomar suas posições. No momento da aplicação dos questionários, percebemos que eleitores idosos buscaram no sistema político democrático uma justificativa para o enfraquecimento da economia, o que é duvidoso, já que o crescimento econômico e a estabilidade econômica não dependem unicamente do sistema político adotado pelo país.

Ao considerarmos a importância do debate acerca da democracia nas ciências humanas, percebemos que essa área apresenta uma problemática que pode ir além daquela que estamos acostumados a ver: é possível apresentar, ainda, a qualidade dessa democracia instituída e efetivada na sociedade em geral. Essa preocupação deve ser incluída na agenda do tema. O cerne da democracia é a representação e a população.

Diante disso, procederemos à análise da qualidade da democracia em Portugal. Também empreenderemos uma reflexão acerca da prática do voto e do cotidiano dos portugueses e detalharemos quão satisfeitos estão os eleitores votantes.

Os resultados dos questionários aplicados aos eleitores desse país evidenciaram um elevado descontentamento com o sistema atrelado a vários elementos, entre eles corrupção no governo, enfraquecimento da economia, aumento da pobreza e falta de transparência demonstrada pelo Estado.

Como afirmam Castro, Rodrigues e Ribeiro (2013, p. 12), "A democracia supõe processos decisórios que requerem engenharias institucionais que necessariamente se adaptam às condições particulares do território". No caso exemplificado, há a necessidade de aproximar a democracia dos eleitores, pois predomina, em uma parcela da população, o sentimento da ineficácia do sistema, ainda que esteja presente um relevante elemento da democracia: o voto.

3.2 Sistema eleitoral partidário e geografia eleitoral

Os sistemas eleitorais partidários influenciam a organização da democracia e, consequentemente, os resultados eleitorais, dos quais a geografia eleitoral se vale para análise. A influência dos sistemas eleitorais na vida política é recorrente.

De acordo com Duverger (1998), os fatores que condicionam a vida política de um país são interdependentes, de tal forma que um estudo das consequências de um deles isoladamente contém, necessariamente, uma grande parte de artifício. Esse estudo só pode definir tendências suscetíveis de serem influenciadas por outros fatores.

Os estudos sobre a distribuição do voto no território provavelmente são a manifestação mais comum da geografia eleitoral, categoria que inclui o maior volume de trabalhos nesse campo. A análise das minúcias do voto de populares em eleições tem sido uma prática recorrente para geógrafos eleitorais desde a década de 1950.

Os estudos dos votos em certos candidatos considerando-se seus respectivos partidos políticos têm como foco a análise de referendos ou votações nominais em eleições e examinam a distribuição espacial dos fatores de composição desses votos, a saber: a raça, a renda, a diferenciação entre meio urbano e meio rural, os fatores econômicos e, até mesmo, o nacionalismo entre os eleitores.

Warf e Leib (2016) exploraram os efeitos dos fenômenos migratórios na distribuição do voto, trabalho que incluiu uma série de estudos que relacionaram debates sobre identidade – incluindo raça, etnia, gênero e orientação sexual – e resultados eleitorais. Isso demonstra que os estudos sobre o voto abrangem um grande conjunto de temas que possibilitam uma análise profícua sobre uma votação ou um voto particular.

Estudos sobre o voto e os sistemas eleitorais estão intimamente atrelados à ideia de **redistritamento**, que consiste em uma redistribuição do processo de elaboração dos limites do distrito eleitoral para a eleição dos membros dos diferentes escalões que integram o poder em um país. Esse tem sido um campo de pesquisa para a geografia eleitoral, ainda que restrito ao âmbito da língua inglesa, especialmente Estados Unidos e Reino Unido (Warf; Leib, 2016).

Segundo Warf e Leib (2016), entre os estadunidenses, por exemplo, esses estudos têm sido importantes para examinar o sistema partidário e o impacto do redistritamento na representação efetiva de grupos minoritários e étnico-raciais, bem como para o planejamento de formas eficazes deste. Dado o papel dos tribunais nos Estados Unidos, várias dessas pesquisas examinaram o impacto das decisões judiciais e da jurisprudência sobre a divisão político-geográfica do espaço.

Os **sistemas eleitorais**[1], ou talvez mais apropriadamente os **sistemas de votação**, são fundamentais para os resultados das eleições, os quais, por sua vez, são de relevância para a geografia eleitoral. As pesquisas da área têm abordado os sistemas de votação sob várias perspectivas, principalmente no que diz respeito à ideia de os votos serem traduzidos em representação. Assim, por exemplo, existem estudos em que se comparam os sistemas para

---

1. Os sistemas eleitorais ou sistemas de votação são estruturas por intermédio das quais o voto de uma pessoa é transferido para o candidato, o partido; abrange também outras ações permitidas pela legislação eleitoral do país, como o voto nulo ou branco.

se avaliar qual deles proporciona maior **qualidade de representação**. Alguns autores apresentam paralelos entre a proporção de votos expressos e a proporção de assentos concedidos. Outro tópico discutido é a **legitimidade**. Sistemas de votos devem alcançar um nível de legitimidade entre um eleitorado, a fim de ganharem aceitação popular e serem implementados.

De acordo com Cruz (1998), pode-se destacar duas formas antagônicas de sistemas eleitorais: 1) a representação proporcional e 2) o sistema majoritário.

Historicamente, o primeiro sistema eleitoral foi o **sistema majoritário**, no qual o ganhador das eleições é aquele que obtém a maioria dos votos. Esse sistema foi introduzido por via evolutiva e criou as democracias majoritárias. No início, foi adotado o critério da maioria simples, mas, depois que a obtenção da maioria absoluta tornou-se necessária, multiplicaram-se os turnos. Foi assim que se criou o chamado *segundo turno* (Brasil) ou *segunda volta* (Portugal). É um sistema em que quem ganha ganha tudo, e quem perde perde tudo.

> Dessa forma, com a **massificação da democracia**, oriunda do progressivo alargamento do sufrágio universal na segunda metade do século XIX, iniciou-se em muitos países europeus uma luta pela representação proporcional, cuja ideia era a de que as eleições, além de definirem quem governaria, deveriam configurar proporcionalmente a representação dos vários setores da opinião pública. Os ganhos eleitorais, assim, distribuir-se-iam entre todos, em uma ótica de soma positiva.

De acordo com Cruz (1998), se por um lado se reconhecia que a maioria decidia, por outro, não eram os representantes do povo ou de todos que tinham direito de voto, mas apenas os representantes das maiorias, os quais eram consultados para a elaboração das leis.

Diante disso, há possibilidade de consenso? Qual forma é mais adequada e justa para um sistema eleitoral? A resposta indica que os diferentes sistemas eleitorais guardam em si pontos negativos e positivos; assim, dificilmente pode-se elencar um sistema que se consolida sem nenhuma falha. O que pode haver são preferências por determinado sistema em razão das características existentes no local.

O **sistema de representação proporcional**, por sua vez, avançou em muitos países europeus após a Primeira Guerra Mundial, à medida que a democracia de massa se instalou, quando os desmobilizados dos exércitos passaram a reivindicar a contrapartida, em termos de direitos eleitorais, dos deveres cumpridos para com a pátria.

> De acordo com Hermes (1998), a representação proporcional avançou ao não exigir a maioria para se vencer uma eleição. Isso cria um cenário favorável à multiplicação dos partidos, ao contrário do sistema majoritário, que promove sua concentração. É, por isso, um mecanismo que divide a nação contra si mesma. Além disso, a representação proporcional radicaliza os partidos, enquanto o sistema majoritário os modera, compelindo os extremismos ao compromisso e destruindo, desse modo, os radicalismos. Essa moderação do sistema majoritário tende a "lubrificar" o aparelho da democracia. A representação proporcional alimenta o extremismo, debilita a oposição e dificulta a formação de governos estáveis.

A representação proporcional possibilita aos partidos uma estrutura doutrinária rígida e os ideologiza, ao passo que o sistema majoritário os pragmatiza, tornando-os semelhantes e pessoalizando a disputa eleitoral. A representação proporcional contribui para a desresponsabilização governativa dos partidos, pois permite que alguns deles nunca tenham a experiência de governar. Além disso, a representação proporcional destrói a vitalidade dos partidos políticos, uma vez que elimina a competitividade interna, possibilita a eleição dos menos combativos e coloca em desvantagem os jovens com ambições políticas, destruindo, por conseguinte, os mecanismos de rejuvenescimento dos partidos, o que favorece a estagnação política (Hermes, 1998).

Duverger (1967) reflete sobre os sistemas eleitorais ligados à estrutura partidária e, por isso, ressalta a relevância de se analisar o sistema eleitoral como um sistema eleitoral-partidário. De acordo com o autor, os sistemas eleitorais influenciam a vida política por meio dos partidos, quer de forma direta, promovendo certa organização desses grupos, quer de forma indireta. Essa organização partidária culmina em determinadas formas políticas.

Duverger (1967, p. 13) assinala que: "1. a representação proporcional conduz a um sistema de partidos múltiplos, rígidos e independentes. 2. O escrutínio majoritário a duas voltas leva a um sistema de partidos múltiplos, flexíveis e independentes. 3. O escrutínio majoritário a uma só volta leva ao dualismo dos partidos".

Considerando as proposições do autor, entende-se que o sistema majoritário pressiona o dualismo partidário; já a representação proporcional, tendendo a multiplicar o número de partidos, mantém a multiplicidade e seleciona as instituições partidárias de forma limitada, estimulando, por conseguinte, a criação de novos partidos.

Ainda de acordo com Duverger (1967), o escrutínio majoritário de dois turnos favorece a multiplicação dos partidos em razão da possibilidade de haver mais disputas, já que dois partidos concorrem em uma segunda rodada de campanha eleitoral. Os partidos políticos mantêm no primeiro turno todas as hipóteses, só ocorrendo a polarização e a sub-representação no segundo turno.

Os sistemas eleitorais também influenciam a estrutura interna dos partidos e sua dependência recíproca no **sistema de alianças**. O que mais interfere nessa estrutura é a alternativa entre o escrutínio de lista e o escrutínio uninominal. O sistema de lista reforça a estrutura dos partidos, ao passo que o sistema uninominal a enfraquece (Duverger, 1967).

No **sistema uninominal**, o papel do candidato é essencial. A reeleição de um deputado, por exemplo, deve-se mais ao próprio deputado do que às condutas de seu partido político. Este não se mostra uma estrutura forte, e os grupos parlamentares não são disciplinados, tampouco coesos, o que descentraliza a organização eleitoral.

No **sistema de lista**, por sua vez, prevalece o papel do partido em detrimento da personalidade ou de um candidato. Por haver círculos maiores, o conhecimento dos candidatos sobre o eleitorado é diminuto. Sobressai o símbolo do partido (sobretudo em sistema de lista bloqueada, em vez de aberta) que domina claramente sobre o deputado. A reeleição depende muito mais da reinserção na lista pelo partido do que de sua atuação junto ao eleitorado. Por isso, a disciplina parlamentar é rigorosa, e cresce a centralização eleitoral e organizativa dos partidos que se tornam fortes (Cruz, 1998).

3.3 Sistemas democráticos de governo e representação

Para compreender o funcionamento do sistema democrático, bem como da ação das instituições partidárias, é imprescindível analisar como se processa a representação nos sistemas democráticos. Essas representações se apresentam de diversas maneiras, de acordo com a necessidade do país. Cada nação possui autonomia para escolher e instaurar a forma de representação mais pertinente a suas especificidades. Entretanto, o que se verifica é que, em alguns casos, os sistemas democráticos de representação nem sempre são escolhidos da maneira mais adequada, o que possibilita a não atuação da sua forma mais efetiva.

Sistemas presidencialistas são, geralmente, modelados com base nos exemplos dos Estados Unidos e predominam na América Latina. Já os **sistemas parlamentares** são inspirados no modelo de representação da Inglaterra e podem ser encontrados na comunidade britânica e no oeste europeu.

Embora, em teoria, os sistemas presidenciais e parlamentares funcionem de maneiras muito diferentes, na prática, eles tendem a convergir. Ambos dependem de uma estreita relação de trabalho entre o Executivo e o Legislativo. Reconhece-se, porém, que o poder de um presidente é formalmente maior do que o de um primeiro-ministro. Na prática, porém, a ação dos primeiros-ministros no mundo moderno tem ganhado cada vez mais características "presidenciais". Por exemplo, os primeiros-ministros britânicos e os chanceleres alemães tornaram-se progressivamente mais poderosos no final do século XX (Newton; Deth, 2005).

Existe também o **sistema semipresidencialista**, mas há relativamente poucos países que adotam essa forma de governo; apenas Finlândia, França e Portugal o têm mantido há mais de um quarto de século entre os demais países que adotam esse sistema. Verifique, no Quadro 3.1, algumas das atribuições das três formas de representação em uma democracia.

Quadro 3.1 - Principais formas de governo democrático e suas atribuições

Presidencialismo	Parlamentarismo	Semipresidencialismo
Os cidadãos elegem diretamente o representante do Poder Executivo [para governar] por um período fixo.	O Executivo emerge do Legislativo eleito por sufrágio direto e integra o Legislativo.	O Poder Executivo é compartilhado entre um presidente (eleito diretamente) e um primeiro-ministro nomeado ou eleito diretamente.
Exceto por algumas juntas presidenciais, somente o presidente exerce o Poder Executivo.	O gabinete parlamentar compartilha o Poder Executivo e deve cumprir compromissos para manter a unidade.	O primeiro-ministro nomeia seu gabinete, geralmente pautado na decisão do partido no poder ou de coalizão na assembleia.

(continua)

(Quadro 3.1 - continuação)

Presidencialismo	Parlamentarismo	Semipresidencialismo
A presidência é o único posto do governo com responsabilidade geral sobre os assuntos do Estado.	O Executivo é um corpo colegiado (gabinete ou conselho de ministros) que compartilha responsabilidades, embora o primeiro-ministro, o premiê e o chanceler possam ser muito mais que *primus inter pares*[2].	O presidente frequentemente nomeia o primeiro-ministro e tem responsabilidade sobre a agenda do Estado, especialmente assuntos estrangeiros.
O presidente divide o poder com um corpo legislativo eleito separadamente.	O cargo de primeiro-ministro, de premiê ou de chanceler é geralmente separado do posto de chefe de Estado (se monarca ou presidente).	O presidente frequentemente tem poderes emergenciais, incluindo a dissolução do Parlamento.
Um poder não pode destituir o outro (exceto em circunstâncias especiais como *impeachment*).	O primeiro-ministro e o gabinete podem dissolver o Parlamento e convocar uma eleição; contudo, podem ser afastados do cargo por voto de "desconfiança".	O primeiro-ministro e seu gabinete, muitas vezes, têm especial responsabilidade sobre os assuntos internos e correntes do Estado.

(continua)

2. Expressão latina cujo significado é "o primeiro entre seus pares".

(Quadro 3.1 – conclusão)

Presidencialismo	Parlamentarismo	Semipresidencialismo
O presidente é eleito diretamente e, por conseguinte, é responsável pelas pessoas.	O primeiro-ministro e o gabinete são responsáveis pelo Parlamento.	O presidente é diretamente eleito e responsável pelo povo; o primeiro-ministro é responsável pelo presidente e pelo Parlamento.
Exemplos: Estados Unidos e vários países da América Central e da América do Sul[3].	As mais estáveis democracias dos sistemas parlamentares são: Austrália, Áustria, Bélgica, Canadá, Dinamarca, Alemanha, Grécia, Islândia, Índia, Irlanda, Israel, Itália, Japão, Holanda, Noruega, Espanha, Suécia, Suíça e Reino Unido.	Exemplos: Finlândia (até 1991), França e muitos Estados pós-comunistas, incluindo a Bielorrússia, a Polônia, a Rússia e a Ucrânia.

Fonte: Newton; Deth, 2005, p. 98, tradução nossa.

Para entender como funcionam os três sistemas de representação na democracia, é necessário distinguir características intrínsecas a cada um deles. Destacam-se, no Quadro 3.1, as particularidades de Portugal e do Brasil, diferentes na forma de governo democrático: Portugal de governo semipresidencialista e Brasil de governo presidencialista. Comparando os sistemas de governo, percebemos que, em Portugal, o Poder Executivo é compartilhado entre primeiro-ministro e presidente da república.

---

3. Também podemos citar o Brasil como exemplo.

Então, no sistema semipresidencialista, o presidente da república detém poderes emergenciais, como dar posse ao primeiro-ministro, retirar seus poderes e possibilitar a dissolução do Parlamento. O presidente da república pode até mesmo destituir o primeiro-ministro e formar outro governo. No sistema presidencialista, por outro lado, as ações do presidente da república são separadas e independentes do Parlamento; ele só pode ser retirado do cargo em circunstâncias especiais, por meio de *impeachment*.

Podemos observar também, no Quadro 3.1, semelhanças entre os sistemas presidencialista e semipresidencialista. A eleição dos presidentes, por exemplo, é realizada diretamente pelos cidadãos. No parlamentarismo, destaca-se o fato de o primeiro-ministro, dirigente do Executivo, não ser considerado chefe de Estado – este pode ser um presidente ou um monarca. No parlamentarismo, o primeiro-ministro tem poderes para dissolver o Parlamento e convocar novas eleições.

O Quadro 3.2 mostra, de maneira sintética, as principais vantagens e desvantagens entre os sistemas de representação democráticos.

Quadro 3.2 – Sistemas presidencialista, parlamentarista e semipresidencialista: prós e contras

	Presidencialismo	Parlamentarismo	Semipresidencialismo
Prós	Os Estados Unidos são um exemplo desse sistema.	A maior parte das democracias estáveis do mundo são sistemas parlamentares.	Em teoria, combina o melhor dos governos presidencialistas e parlamentaristas.

(continua)

(Quadro 3.2 - conclusão)

	Presidencialismo	Parlamentarismo	Semipresidencialismo
Prós	Separação entre o Executivo e as instituições legislativas do governo de acordo com a teoria democrática clássica.	A fusão entre o Executivo e o Legislativo pode criar um governo forte e eficaz.	O presidente pode ser o símbolo da nação e o foco da unidade nacional, ao passo que o primeiro-ministro conduz o trabalho diário do governo.
	Eleição direta do presidente significa responsabilidade direta dele para com as pessoas.	Cadeia direta de responsabilidade: eleitores > parlamento > gabinete > primeiro-ministro.	
Contras	Conflitos entre o Executivo e a legislação podem ocorrer de forma crônica, levando a impasses e imobilismo.	A fusão do Executivo com o Legislativo e uma grande maioria legislativa, combinada com uma rígida disciplina partidária, podem produzir líderes com muito poder.	São comuns embates e conflitos de poder entre primeiro-ministro e gabinete e entre primeiro-ministro e presidente.
	Presidentes fracos e ineficazes algumas vezes tentaram tornar seus gabinetes mais fortes [sem êxito].	Sistemas parlamentares sem maioria no Legislativo podem se tornar fracos e instáveis.	Confusão entre presidente e primeiro-ministro nas prestações de contas.
	[...]		

Fonte: Newton; Deth, 2005, p. 100, tradução nossa.

Nos sistemas federativos, há um exemplo importante que ajuda a entender os sistemas de representação: a **metáfora do bolo de mármore**. Essa metáfora, aplicável aos Estados Unidos, expressa que em um bolo de mármore as camadas não são divididas por linhas claras e retas, mas encontram-se misturadas e fundidas em uma parceria complexa de responsabilidades compartilhadas.

O fato importante sobre qualquer sistema federativo – o caso de Estados Unidos, Suíça, Alemanha, Brasil etc. – é a inseparabilidade de poderes, isto é, a existência da cooperação, das relações intergovernamentais e da interdependência.

De acordo com Newton e Deth (2005), os sistemas federativos têm três principais níveis de governo: 1) o governo nacional, 2) o governo local e 3) um nível intermediário entre eles, chamado de *Estado*.

Para melhor analisarmos o comportamento eleitoral e sua relação com o sistema de representação, precisamos esclarecer que esse sistema se consolida com base em certos elementos, a saber: a cultura política[4], o comportamento político, as mudanças no padrão de votação e o comparecimento às urnas. Todos esses serão demonstrados na sequência dos capítulos deste livro.

A **cultura política**, em especial,

> é um conceito-chave que conecta (1) a micropolítica dos indivíduos com a macropolítica das instituições e dos Estados; (2) o subjetivo (valores e atitudes) com o objetivo (e.g. comportamento do voto) e (3) história

---

4. "Uma das abordagens mais influentes para o estudo de atitudes políticas, valores e comportamentos no período pós-guerra foi construída em torno do estudo da cultura política. O conceito é ilusório e complexo e pode ser solto e vago, mas podemos ver melhor a cultura política como uma espécie de mapa de como as pessoas pensam e se comportam. Um mapa não é a coisa real, é uma representação, trata-se apenas de uma seleção de características gerais do mundo, porém pode ser um guia útil da realidade. Da mesma forma, a cultura política não reproduz todos os detalhes do que os cidadãos sabem e pensam e sentem sobre política; contudo, pode ser um guia útil e simplificado das características mais importantes do indivíduo como crenças, valores e atitudes" (Newton; Deth, 2005, p. 173-174, tradução nossa).

e tradições com as circunstâncias e eventos atuais. (Newton; Deth, 2005, p. 173)[5]

O que percebemos, assim, é a relevância que tem a cultura política para os estudos da geografia eleitoral, já que as análises dessa subárea requerem abordagens que contemplem desde a micropolítica dos indivíduos até a macropolítica do Estado e das grandes instituições econômicas.

Para uma melhor análise do tema, Newton e Deth (2005) partem das seguintes inquietações: De onde a cultura política vem? Pode ser verdadeira a descrição de uma nação como "participante" ou "alienada"? Por que os países têm diferentes culturas políticas e de onde elas provêm? Um argumento contrário à cultura política é que ela lida apenas com o último elo de uma longa cadeia de causas do comportamento político. As causas reais e básicas podem ser históricas, econômicas, ou, até mesmo, psicológicas.

De acordo com Cox (2002), a cultura não é inata; afinal, ninguém nasce com uma impressão genética de cultura política em seu cérebro; ela é adquirida, na verdade, mediante as experiências de vida.

Sobre o comportamento político-eleitoral, é preciso saber se a inação, quando verificada, foi/é causada por apatia, alienação ou (des)contentamento. Em certas circunstâncias, o eleitorado alienado pode ir para as ruas em ação revolucionária, deixando o apático em casa assistindo à televisão. Newton e Deth (2005) explicam que questionários por amostragem revelam diferenças nas

---

5. No original: "is a key concept linking (1) the micro-politics of individuals with the macro-politics of institutions and states, (2) subjective (values and attitudes) with the objective (e.g. voting behaviour) and (3) history and traditions with current circumstances and events" (Newton; Deth, 2005, p. 173).

atitudes e nos comportamentos e podem ser melhor explicados por variáveis culturais (valores, formação religiosa, educação etc.).

De acordo com os autores, há outra boa razão para se entender as culturas políticas: a organização e a efetivação das estruturas e das instituições que formam o governo. Se a maioria das pessoas está satisfeita com a forma do sistema de governo, então é provável que esta continue estável ao longo do tempo. Em contrapartida, se uma grande proporção dos eleitores está insatisfeita e empreende ações políticas reivindicatórias, por exemplo, o sistema pode, sob pressão, mudar (Newton; Deth, 2005).

> As instituições políticas e democráticas repousam sobre a cultura democrática, e uma combinação entre as culturas e as instituições democráticas produz uma democracia estável (Newton; Deth, 2005).

Em outras palavras, existem duas boas razões para se refletir sobre a cultura política: 1) explicar o comportamento individual e a continuidade de instituições e 2) examinar as estruturas democráticas de governo.

As mudanças no padrão de votação, segundo Taylor (2003), são muitas e incluem vários elementos comuns:

» As sociedades de industrialização muitas vezes relacionam-se com fatores de estratificação antigos baseados em casta, religião e etnia.

» As diferenças urbano-rurais vêm diminuindo em razão do encolhimento do setor agrícola; portanto, em países industrializados, os pobres urbanos e rurais formam alianças políticas.

» A educação criou um eleitorado mais independente e menos submetido a identidades de classe, em fortalecido pela mobilidade social.

» Os meios de comunicação de massa, especialmente a televisão, tornaram-se mais importantes.

» Novos partidos surgiram; os velhos partidos mudaram suas políticas em uma tentativa de ampliar seu apelo e de responder às demandas de novos grupos sociais.

» As questões básicas de pobreza, trabalho, saúde, habitação e educação tornaram-se ainda mais acentuadas nas democracias industrializadas.

O resultado dessas mudanças profundas nos padrões socioeconômicos é o aumento da volatilidade e da imprevisibilidade nos padrões de voto em novas e velhas democracias.

Entretanto, falar em ações revolucionárias e transformações radicais é um exagero. As mudanças geralmente são graduais e envolvem fusões do velho e do novo, além de alterações de grau, não de tipo. Estratificação social e religião continuam a ser as fontes básicas para a mobilização política, mesmo se a natureza da estratificação estiver a se modificar (Taylor, 2003).

Outro elemento a ser investigado para a compreensão profícua dos sistemas democráticos de representação é o comparecimento às urnas. Segundo Newton e Deth (2005), esta ação não está intimamente relacionada com a riqueza nacional ou com o tamanho da população, mas com o Índice de Desenvolvimento Humano (IDH). Os países com as mais altas classificações de IDH têm uma taxa média de 72% de comparecimento às urnas, enquanto o menor IDH aponta 56% (Augusto, 2012).

Entende-se, porém, que o comparecimento às urnas não se resume a esses elementos; leva em consideração, por exemplo, a legislação eleitoral vigente. Entre Brasil e Portugal há diferenças consideráveis nesse aspecto, especialmente a relativa à obrigatoriedade ou não do voto.

As diferenças entre os sistemas eleitorais nos variados territórios também configuram distintas votações, como verificaremos a seguir.

3.4 Sistemas eleitorais comparados: diferenças territoriais, diferentes votações

As particularidades de cada território possibilitam configurar sistemas eleitorais distintos. Evidenciaremos, nas próximas páginas, que as diferenças e as aproximações entre o território português e o território brasileiro tornam factível o entendimento de realidades genuinamente distintas. Também demonstraremos que, para esta temática, é possível identificar uma relação estreita entre as teorias do comportamento eleitoral e as categorias geográficas, especialmente o território e o espaço geográfico. O território é partícipe de uma construção das relações de poder entre grupos econômicos e políticos, bem como da formação do voto; já o espaço geográfico é palco e ambiente transformado pelas ações da política partidária.

A formação da decisão do voto não se limita ao mero ato de votar ou às ações pontuais potencializadas durante os pleitos eleitorais. Ela tem ligação com a base territorial.

O território é o primeiro elemento apropriado pelas diferentes estratégias eleitorais para barganhar o maior número de votos, seja em um lugar específico, seja em toda a nação.

A análise territorial voltada para a decisão do voto é aquela que estuda, por exemplo, a **dimensão simbólica do território**. Sabemos que as votações nos diferentes territórios se diferenciam por partidos políticos e candidatos. Claval (1999, p. 10, grifo do original) faz um recorte a respeito do tema e explica que

> A dimensão simbólica do território está efetivamente presente nos trabalhos dos geógrafos, desde pelo menos o período entre as duas guerras. Jean Gottman a sistematiza quando propõe, em 1952, fazer da análise das iconografias uma das bases da geografia política.

> Os trabalhos de inspiração fenomenológica e humanista caminham no mesmo sentido. Eric Dardel acentua que, para as sociedades primitivas, a terra é **poder** pois ela é **origem** (é dela que procede toda a realidade), **presença** (é "no seu encontro como uma paisagem que se apresenta e se anuncia a ela que o presente se renova e se transmite como uma reserva oculta de vigor e de força" [DARDEL,1990:69]), e **força sobrenatural** ("na base da geografia dos povos primitivos, há... um comportamento religioso, e é através desse valor sagrado que se manifestam os 'fatos' geográficos" [DARDEL, 1990:74].

Portanto, a decisão do voto carrega consigo uma **visão simbólica**, o que permite aos candidatos e aos partidos políticos organizar suas estratégias eleitorais, que devem, então, pautar-se na "terra" (como base) e nos laços que ela detém com o eleitorado; afinal, ao votarem, os eleitores deliberam quem se elege e quem não se elege, ou seja, quem deterá poder político via Estado.

O poder está não apenas com aqueles que detêm o poder político, mas também nas mãos daqueles que detêm o **poder simbólico**. De acordo com Haesbaert (2004, p. 1-2):

> Território, assim, em qualquer acepção, tem a ver com poder, mas não apenas o tradicional "poder político". Ele diz respeito tanto ao poder no sentido mais concreto, de dominação, quanto ao poder no sentido mais simbólico, de apropriação. Lefebvre distingue apropriação de dominação ("possessão", "propriedade"), o primeiro sendo um processo muito mais simbólico, carregado das marcas do "vivido", do valor de uso, o segundo mais concreto, funcional e vinculado ao valor de troca.

Nesse sentido, as relações sociais que se estabelecem nos diferentes territórios condicionam os desdobramentos da política partidária e os demais resultados eleitorais. Haesbaert (2004, p. 3) afirma que em

> um processo de dominação e/ou apropriação, o território e a territorialização devem ser trabalhados na multiplicidade de suas manifestações – que é também e, sobretudo, multiplicidade de poderes, neles incorporados através dos múltiplos agentes/sujeitos envolvidos. Assim, devemos primeiramente distinguir os territórios de acordo com os sujeitos que os constroem, sejam eles indivíduos, grupos sociais, o Estado, empresas, instituições como a Igreja etc.

Evidencia-se, assim, que a construção dos desdobramentos da política partidária deve levar em consideração diferentes aspectos e instituições imbricados na sociedade. Ainda para Haesbaert (2004, p. 3),

> As razões do controle social pelo espaço variam conforme a sociedade ou cultura, o grupo e, muitas vezes, com o próprio indivíduo. Controla-se uma "área geográfica", ou seja, o "território", visando "atingir/ afetar, influenciar ou controlar pessoas, fenômenos e relacionamentos" (Sack, 1986:6).

Ademais, o controle da área geográfica, exposto por Sack (citado por Haesbaert, 2004), permite a análise de que os atores sociais são aqueles responsáveis pelas maiores transformações e (re)organizações do território, pois detêm poder e influência no controle da dinâmica territorial.

Haesbaert e Bruce (2002) buscam, por meio das ideias de Deleuze e Guattari, investigar o sentido inicial da formação do território por meio de uma abordagem naturalista ou biologicista, discutida a partir da territorialidade dos animais.

> "o ambiente de um grupo (por exemplo, um coletivo de lobos, de ratos ou um grupo de nômades) que não pode por si mesmo ser objetivamente localizado, mas que é constituído por padrões de interação por meio dos quais o grupo ou coletivo assegura uma certa estabilidade e localização". [...] "exatamente no mesmo sentido o ambiente de uma única pessoa (ambiente social dele ou dela, espaço de vida pessoal,

hábitos dele ou dela) pode ser visto como um 'território', no sentido psicológico, a partir do qual a pessoa age ou para o qual se volta". (Günzel, citado por Haesbaert; Bruce, 2002, p. 6)

Portanto, os hábitos, as crenças, os espaços da vida pessoal ou conjunta e mesmo o ambiente social pertencem à estruturação da vida do eleitor, do seu imaginário e da sua formação psicológica. Esses elementos basilares formam não só a decisão do voto, mas também a figura do cidadão. São, assim, geridos pelas formações territoriais estabelecidas entre os grupos humanos e seu ambiente como território. Sendo assim, o território influencia o psicológico e as atitudes do cidadão, que tem diferentes decisões de voto de acordo com distintos territórios.

A base das diferenças entre os territórios configura, de maneira primordial, a regulação das campanhas eleitorais. Em geral, a análise e os estudos prévios das características territoriais são de praxe para os organizadores de campanhas eleitorais, principalmente no caso do Brasil, país continental de diferenças sociais, culturais, econômicas e de densidades populacionais muito acentuadas[6].

As diferenças podem ser observadas quando comparadas as estratégias eleitorais utilizadas em diferentes países. Confrontando realidades distintas, constata-se que alguns países conduzem suas eleições com valores financeiros consideravelmente superiores aos de outras nações. No que tange aos territórios brasileiro e português, este é o primeiro aspecto no qual suas eleições se distinguem, como mostra a Tabela 3.2.

---

6. De acordo com dados da Organização das Nações Unidas (ONU), o Brasil é um dos países mais desiguais do mundo, sendo o quarto mais desigual da América Latina e o oitavo a nível mundial (Augusto, 2017).

Tabela 3.2 – Brasil e Portugal: gastos em campanhas eleitorais para presidente (2014-2016)

Candidato(a)	Cargo	País	Gasto (em reais)	Ano eleitoral
Dilma Rousseff	Presidência da República	Brasil	318 milhões	2014
Marcelo Rebelo	Presidência da República	Portugal	569 mil	2015

Fonte: TSE; CNE, citados por Augusto, 2017, p. 227.

Perceba que os custos da campanha brasileira para a Presidência da República de 2014 foram muito superiores àqueles que elegeram o presidente português nas eleições de 2016.

A campanha eleitoral que reelegeu a ex-presidente Dilma Rousseff demonstrou um franco crescimento nos gastos com eleições majoritárias brasileiras. Os R$ 282 milhões gastos em 2010 foram superados pelos R$ 318 milhões[7] nas eleições de 2014 – que se tornaram o maior gasto oficial declarado ao TSE (Tribunal Superior Eleitoral) desde a redemocratização do país, em 1985 (Galhardo; Bramatti, 2014).

Obviamente os valores de Portugal apresentam-se diminutos comparados aos do Brasil; há de se destacar a população e a dimensão do país. Ainda assim, a Tabela 3.2 chama a atenção pela enorme diferença entre os números: os valores de Dilma Rousseff superaram em 300 vezes os gastos de Marcelo Rebelo, então candidato à presidência de Portugal.

---

7. Além dos R$ 318 milhões, o comitê de Dilma declarou outros R$ 32 milhões referentes às chamadas *despesas estimadas*: gastos de candidatos a governador com materiais ou eventos dos quais a candidata também participou. Isso elevou o custo total da campanha para aproximadamente R$ 350 milhões (Galhardo; Bramatti, 2014).

A explicação da situação exposta está na forma como ambos os territórios se comportam, ou seja, nas estratégias eleitorais que se fixam com base na conjuntura territorial. No Brasil, as campanhas são pautadas nas imagens pessoais e nos atrativos oferecidos pelos candidatos, diferentemente do caso português, em que não há tamanha necessidade de buscar os votos de eleitores que pautam suas decisões basicamente nos atributos pessoais.

Em razão da obrigatoriedade do voto no Brasil, todo e qualquer tipo de eleitor vai às urnas; além disso, uma parcela do eleitorado não tem a chamada *sofisticação política*. Por isso, as estratégias eleitorais voltam-se para o imaginário social dessas pessoas, fomentando pensamentos e decisões que, muitas vezes, fogem do verdadeiro sentido da política partidária e se direcionam para imagens pessoais, barganhas financeiras e demais ganhos individuais que o eleitor vislumbre para, então, confiar seu voto a determinado candidato. Por esse motivo, para muitos eleitores, o voto é como uma moeda de troca para seu bem próprio, e não da coletividade.

A explicação para isso extrapola a questão da obrigatoriedade do voto; inclui as baixas condições educacionais de países como o Brasil. Como já mencionamos, Carreirão (2007) deixa evidente que a escolaridade tem reflexos na identificação partidária e, por consequência, na sofisticação política. Condições sociais como educação, saúde e habitação interferem diretamente na formação da decisão do voto; com isso, as estratégias eleitorais representam ganho individual para as populações mais necessitadas. É por esse motivo que, no Brasil, cestas básicas, combustível e compra de votos ainda têm forte presença no imaginário social.

Barbosa (1988) já explicava essa desigualdade apresentando as características do voto do eleitor mais carente. Segundo a autora, em uma sociedade como a brasileira, extremamente desigual, não é de se admirar que os mais pobres se empolguem tanto nas épocas eleitorais, valorizando o ato de votar mais do que as camadas sociais elevadas. Pelo voto, os pobres se igualam momentaneamente a todos e se integram à massa festiva no "ritual" das urnas. Ademais, a sensação de igualdade para o homem pobre nele cria sentimento de sua valorização como ser humano (Barbosa, 1998).

Durante campanhas eleitorais, favelas, bairros pobres e territórios da miséria jamais visitados em outras ocasiões adquirem novo visual e novo ritmo de vida. Passam a frequentar o local os candidatos e os cabos eleitorais. Forma-se, então, o período eleitoral, carregado sempre de cifras e valores – que podem sofrer alterações de acordo com o ambiente social. Diante disso, Barbosa (1988, p. 50-51) relata acontecimentos inusitados frequentes nesse período.

> Seguidos da pequena multidão de cachorros sarnentos e crianças malvestidas, de nariz escorrendo, políticos vão distribuindo abraços, tapinhas nas costas, cumprimentos de mão durante sua caminhada cívica. De vez em quando uma parada no barraco de alguém influente no lugar. Bate-papo com a família e vizinhos acotovelados nas portas e janelas. Promessas. Pedidos de apoio. O líder comunitário e a mulher procuram agradar o "ilustre" visitante com a comida ou bebida que conseguirem oferecer, e com o rosto desvanecido, prometem – e a todos os candidatos que porventura honrarem seu barraco com tal passagem insigne – muitos e muitos votos, desde que naturalmente, se digne ele a atender uma série de pedidos, que podem incluir somas em dinheiro.

Para a autora, essas atitudes representam estratégias eleitorais para adentrar aos territórios (uma favela, por exemplo) com objetivo de, posteriormente, se apropriar da condição de demandas diversas por meio do exercício do poder do Estado (Barbosa, 1988). Destarte, as campanhas eleitorais brasileiras não só se configuram com alto poder econômico, mas também estão repletas de imagens, belezas e artimanhas que chamam a atenção de quem as observa, o que eleva a capacidade pessoal de atuação dos candidatos nas campanhas.

Diferentemente, em Portugal as campanhas são menos personalizadas e buscam um debate voltado às condições partidárias apresentadas. A não obrigatoriedade do voto condiciona esse fato, pois não há a preocupação dos grupos políticos em angariar os votos daqueles que são menos escolarizados e distantes da política partidária, já que estes dificilmente não irão às urnas.

Portanto, o território é imprescindível para as estratégias e para o foco eleitoral, tornando-se um elemento político de dominação. Cataia (2011, p. 119-120), ao discutir esse fenômeno, escreve:

> Quando então [...] a geografia incorpora o conceito de território, ele é qualificado como o espaço de dominação de um dado grupo social, tal qual o uso em zoologia relativo à territorialidade animal (MORAES, 2000). [...]
>
> Para RATZEL (1988[1898]) um país é um fundamento natural no qual o homem introduz sua cultura, sem, no entanto, poder fugir das influências do ambiente, principalmente daquelas que atuam no corpo humano, como o clima e a oferta de alimentos.

Mas, por outro lado, afirma que essa influência depende, em grande medida, da força da vontade que a ela resiste.

> Em suma, o território é político, é ambiente de dominação; nas eleições, ele é claramente definido e barganhado por grupos de poder que, por meio do poder econômico, condicionam as campanhas eleitorais a se aproximarem de realidades das quais há o interesse de se angariar os votos. Assim, as estratégias eleitorais se alteram ao passo que se modifica o território.

Nesse contexto, as campanhas eleitorais são caras e complexas, uma vez que demandam grande dispêndio de dinheiro nos períodos eleitorais para movimentar as diferentes estratégias de barganha de votos. Os meios televisivo e midiático têm um papel preponderante para o sucesso eleitoral do candidato, pois a qualidade da publicidade resulta em uma campanha eleitoral forte, porém cara.

Em geral, há contribuição dos gastos financiados pelo poder econômico, mas há também a contribuição do próprio candidato com expectativa de se eleger: a memória eleitoral. Isso significa que a atuação do candidato e dos partidos políticos em pleitos anteriores é um elemento definidor para arrecadações de campanha.

Speck e Cervi (2016) afirmam que o volume de recursos arrecadados tem relação com o fator memória eleitoral. O ideal é que os doadores atuem de forma estratégica na alocação de recursos, apoiando preferencialmente candidatos que tenham alguma chance de chegar a um bom resultado eleitoral.

Um dos indicadores probabilísticos para o bom desempenho na eleição presente é o desempenho na eleição anterior. A análise mais detalhada dessa relação joga luz sobre a questão clássica da pesquisa sobre financiamento: se o gasto eleitoral gera votos ou se a expectativa de votos gera arrecadação de recursos. (Speck; Cervi, 2016, p. 64)

O **financiamento de campanhas** é tema de muitas notícias veiculadas pela mídia e intensificadas nas redes sociais como algo problemático. Caixa dois e escândalos de empreiteiras e demais empresas nacionais e internacionais protagonizam o cenário político do Brasil de práticas de corrupção. Como resultado, o financiamento de campanhas consolidou-se, no imaginário social, como algo negativo, propenso a corrupção.

Para Speck e Cervi (2016, p. 63), o investimento financeiro nas campanhas é decisivo para influenciar eleições.

Esperamos que tanto o dinheiro gasto na campanha como o horário eleitoral tenham influência sobre o sucesso nas urnas. A alocação de mais dinheiro (variável "dinheiro") e mais tempo de rádio e TV (variável "tempo") deveriam resultar em mais votos (variável "voto"), uma vez que esses dois recursos são considerados decisivos para a disputa eleitoral pelos próprios atores envolvidos. A nossa pergunta é: o que conta mais? É mais importante ter mais gastos eleitorais ou ter tempo para a propaganda gratuita? A nossa primeira hipótese é que o recurso tempo tem um peso similar ao recurso dinheiro.

Nesse excerto da apresentação da problemática de sua pesquisa, os autores comentam que tanto o tempo quanto o dinheiro (chamado também de *poder econômico*) são importantes condicionantes das campanhas eleitorais. A questão não é apenas perceber qual deles interfere mais diretamente nos sucessos eleitorais, mas também concebê-los como relevantes elementos que atuam diretamente sobre a decisão do voto; afinal, o próprio poder econômico determina o tempo das propagandas eleitorais dos grupos partidários.

Em geral, as propagandas eleitorais têm maiores possibilidades de condicionar o voto em eleições nacionais. Em virtude da distância entre eleitor e candidato, o elo entre eles é estabelecido pela televisão, pelo rádio, pelos jornais etc. Sobre isso, Speck e Cervi (2016, p. 55) discorrem que,

> nas eleições municipais, a influência da mídia eletrônica sobre a política local depende da possibilidade de veicular a propaganda eleitoral. Isto nem sempre é o caso. Para que o horário eleitoral gratuito influencie a dinâmica das eleições locais, é necessário que as estações de rádio e eventualmente também as emissoras de TV veiculem a propaganda dos candidatos locais.

O acesso dos partidos à propaganda local depende de uma combinação de dois fatores: a infraestrutura de comunicação disponível no município e a legislação eleitoral que regula o acesso e a distribuição do tempo de propaganda. Nos municípios sem emissora de rádio ou TV próprias, os cidadãos têm acesso à propaganda eleitoral de outros municípios. A disputa local fica sem cobertura oficial no rádio, na TV ou em ambos.

Com relação à **infraestrutura** disponível, o quadro da cobertura de rádio e TV para eleições locais é peculiar. Somente 68% dos municípios brasileiros analisados por Speck e Cervi (2016) dispõem de estações próprias de rádio, e menos de 4% dos municípios têm uma estação de TV com produção própria, como aponta o seguinte excerto:

> No Brasil, 205 municípios têm pelo menos um transmissor de TV e 3.572 municípios contam com pelo menos uma emissora de rádio, o que representa 68,4% do total analisado aqui. Em todos os municípios com estações próprias de rádio ou TV, as emissoras devem veicular gratuitamente a propaganda eleitoral dos partidos e candidatos. Nos municípios acima de 200 mil habitantes (com eleições em dois turnos), a justiça eleitoral tenta viabilizar a transmissão do horário eleitoral gratuito nas estações de TV, mesmo que o local não disponha de emissoras próprias.
>
> Na prática esta combinação entre infraestrutura e lei resulta em três situações diferentes em relação ao acesso à propaganda gratuita pelos cidadãos. Primeiro, os municípios que não contam com infraestrutura própria e não recebem propaganda dos candidatos locais. Via de regra, os eleitores desses locais recebem o horário eleitoral dos municípios vizinhos que sediam estações de rádio ou transmissoras de TV. Um segundo grupo de municípios possui estações de rádio próprias, que transmitem a propaganda das eleições locais, mas recebem a propaganda de

TV de outro município por não existir transmissor de TV local. No terceiro grupo estão os municípios onde estações de rádio e transmissoras de TV garantem a veiculação da propaganda eleitoral gratuita dos candidatos locais pelos dois canais. A distribuição numérica dessas situações no universo dos municípios brasileiros se dá na seguinte forma: no primeiro grupo estão 33% dos municípios, no segundo grupo, 63%, e no terceiro grupo, 4%. (Speck; Cervi, 2016, p. 56)

Registramos que o número de habitantes dos municípios pode ser um condicionante do voto, pois as propagandas eleitorais se diferem de acordo com o tamanho de suas populações.

Ruiz (2015), ao relatar as diferenciações do voto, busca não somente compreender o tamanho do município e a sua população, mas também diferenciá-los como áreas urbanas. Segundo o autor, "Para se analisar com mais precisão o voto urbano, é melhor trabalhar com 'áreas urbanas' em vez de com o tamanho dos municípios"[8] (Ruiz, 2015, p. 3, tradução nossa).

Considere que o caso citado reflete características do território europeu, que tem áreas mais densas; nessa conjuntura, faz-se necessário discernir o voto pelas diferentes dinâmicas urbanas, que também podem ser determinadas pelo tamanho da área urbana. De acordo com Ruiz (2015), as dinâmicas territoriais dos espaços urbanos de maior densidade propiciam uma maior competição eleitoral, em razão, também, do fato de esses eleitores estarem mais propensos a votar.

---

8. No original: "Ya se ha explicado porqué, para analizar más correctamente el voto urbano, es mejor trabajar con 'áreas urbanas' en lugar de con el tamaño de los municipios" (Ruiz, 2015, p. 3).

Em contraposição ao relatado por Ruiz (2015), no histórico de abstenções eleitorais em três áreas urbanas de Portugal, podemos observar que ocorre um processo inverso àquele descrito pelo autor, conforme mostra a Tabela 3.3.

Tabela 3.3 – Portugal: porcentagem de abstenções eleitorais, por município, em eleições para Câmara Municipal

		Ano eleitoral					
	Cidade	1993	1997	2001	2005	2009	2013
Abstenções	Braga	29,4	34,4	29	32,2	34,7	40,1
(%)	Évora	39,5	40	37,2	44,9	44,9	50,3
	Lisboa	46,5	51,7	45,1	47,4	47,4	54,9

Fonte: CNE, 2016, citado por Augusto, 2017, p. 234.

Na tabela, destaca-se que as maiores abstenções eleitorais ocorreram em Lisboa, maior área urbana entre as analisadas de 1993 a 2013, sobretudo em suas eleições para a Câmara Municipal. Portanto, no caso português, podemos concluir que, para esse tipo de pleito eleitoral, as menores áreas urbanas são mais competitivas.

As diferenciações analisadas entre o caso citado por Ruiz (2015) e os exemplos de Braga, Évora e Lisboa – que correspondem ao caso português de análise –, vistos na Tabela 3.3, sugerem que a formação da decisão do voto atende aos múltiplos aspectos da realidade do eleitorado, atribuídos em especial à dinâmica territorial em que o eleitor se insere.

Sendo assim, o tamanho das áreas urbanas pode influenciar o voto, mas o território, como ambiente social do eleitor, guarda em si particularidades que determinam tanto a formação do voto quanto outros juízos, opiniões e valores que possam ser construídos. É por essa razão que, no caso de Portugal, as porcentagens apresentaram abstenções menores nas áreas urbanas menos populosas (Évora e Braga). Assim, mais do que o tamanho da população, as diferenças territoriais definem as diferentes votações.

Ademais, há de se ressaltar que as estratégias eleitorais se distinguem de acordo com a dinâmica territorial. É com base nela que campanhas eleitorais e mídia fundem-se para organizar um aparato de meios a fim de constituir o voto do eleitorado. Como mostra a Tabela 3.3, as eleições para a presidência da Câmara Municipal obtiveram maior participação por parte dos eleitores portugueses nos municípios com menor população, ou seja, a proximidade que os candidatos têm com o eleitorado em uma área urbana menor facilitou o contato, o que interferiu na adesão do eleitorado em votar.

No caso brasileiro, as porcentagens encontradas não foram muito diferentes. Para estabelecermos um paralelo com a realidade portuguesa, podemos averiguar a relevância do voto observando os percentuais que o apontam como elemento primordial para praticar a cidadania[9]. A Tabela 3.4 mostra as porcentagens dos elementos considerados relevantes para esta prática nas três cidades brasileiras analisadas: Laranjeiras do Sul, Maringá e Curitiba.

---

[9]. No Brasil, há obrigatoriedade do voto. Então, nos questionários aplicados aos eleitores brasileiros, não foram feitas perguntas referentes à opção *Votar*. A vinculação foi, por isso, estabelecida pelo questionamento: "O que você analisa como importante para praticar a cidadania?".

Tabela 3.4 – Brasil: elementos considerados relevantes para a prática da cidadania

Elemento/Cidade	Laranjeiras do Sul	Maringá	Curitiba	Total geral (n = 384)
Votar	33,3%	35,9%	38,5%	38%
Obedecer às leis	16,7%	34,4%	27,1%	28,1%
Pagar impostos	33,3%	12,5%	13,1%	13,3%
Outros	16,7%	17,3%	21,7%	20,6%

Fonte: Augusto, 2017, p. 235.

Os três elementos da prática da cidadania apresentados na Tabela 3.4 correspondem aos mais bem colocados entre os oito postos à escolha nos questionários aplicados. Como podemos verificar, o voto foi considerado o elemento mais importante, por parte dos brasileiros, para se praticar a cidadania.

Examinemos agora as diferenças entre as cidades, que, como vimos, não apresentam grandes distinções no elemento *Votar*. A proximidade entre os números – 33,3%, 35,9% e 38,5%, respectivamente de Laranjeiras do Sul, Maringá e Curitiba – indica que a questão populacional das cidades não foi condicionante para essa significativa disparidade de opiniões. Por conseguinte, os dados da pesquisa de campo respaldam o fato de que a formação do voto, como elemento preponderante para o eleitor, perpassa diversas conjecturas do território, e não elementos isolados.

Portanto, as diferenças territoriais – especialmente nos casos português e brasileiro, que estamos examinando nesta obra – contribuem não somente para as opiniões das pessoas ou para a decisão do voto, mas também para a identificação pessoal e partidária – conceitos que abrangem a formação da decisão do voto, como já explicamos.

A compreensão das diferentes votações no território e a organização dos sistemas democráticos exigem reflexões a respeito de temáticas e conceitos transversais à geografia eleitoral. Tais conceitos mostram-se fundamentais para o desempenho profissional do geógrafo, pois a organização partidária e a organização das campanhas eleitorais demandam conhecimento do eleitorado e de sua relação com o Estado e o poder, por exemplo.

Síntese

Neste capítulo, demonstramos que alguns "sentimentos" do eleitor, especialmente o relativo ao grau de satisfação com a democracia, podem interferir no contexto da política partidária, bem como nos rumos dos fenômenos eleitorais. Explicamos que os sistemas democráticos têm reflexos nas escolhas eleitorais, pois são eles que gerem essa prática. Além disso, assinalamos que as diferenças territoriais entre países também conduzem a diferentes geometrias partidário-espaciais.

Indicação cultural

O QUE É isso, companheiro? Direção: Bruno Barreto. Brasil: RioFilme, 1997. 110 min.

Esse filme é uma interpretação ficcional do movimento de resistência à ditadura implementada no Brasil pelo golpe militar de 1964. Em 1969, ano seguinte à decretação do AI-5 (ato institucional que suprimiu a liberdade de imprensa e os direitos civis), um grupo de jovens guerrilheiros sequestra o embaixador dos Estados Unidos no Brasil para trocá-lo por prisioneiros políticos.

Atividades de autoavaliação

1. Leia o trecho a seguir.

> No interior do debate sobre a influência da avaliação de desempenho, destaca-se o debate sobre o peso da economia (ou do desempenho econômico do governo) na decisão de voto. [...] a avaliação que os eleitores fazem do governo é fortemente influenciada pelo estado da economia.

Fonte: Carreirão, 2002, p. 37.

O descontentamento com o sistema democrático vai além do estado da economia, pois está atrelado a vários elementos, entre eles:

I. corrupção no governo e aumento da pobreza no país.
II. falta de transparência do Estado e enfraquecimento da economia.
III. enfraquecimento do sistema financeiro e aumento dos gastos em campanhas eleitorais.

É correto o que se afirma em:
a) I, apenas.
b) II, apenas.
c) I e III, apenas.
d) II e III, apenas.
e) I, II e III.

2. Os estudos sobre a distribuição do voto no território provavelmente são a forma mais comum de identificar um trabalho da geografia eleitoral, considerada a categoria que inclui o maior volume de pesquisas nesse campo. A análise das minúcias acerca do voto de populares em eleições tem sido uma prática comum para geógrafos eleitorais desde a década de 1950.

Sobre o tema, considere:

I. Sistemas eleitorais são métodos de estudo abordados especialmente em áreas humanas; contudo, são utilizados pelo Estado para gerir fenômenos econômicos do país.

II. Sistemas eleitorais estão intimamente relacionados ao redistritamento, que é uma "redistribuição" do processo de elaboração dos limites do distrito eleitoral.

III. Sistemas eleitorais têm sido um campo de pesquisa da geografia eleitoral; contudo, restringe-se a pesquisas em língua inglesa, especialmente dos Estados Unidos e do Reino Unido.

É correto o que se afirma em:

a) I, apenas.
b) II, apenas.
c) I e III, apenas.
d) II e III, apenas.
e) I, II e III.

3. Leia o trecho a seguir, extraído da Seção 3.2.

> Historicamente, o primeiro sistema eleitoral foi o sistema majoritário, no qual o ganhador das eleições é aquele que obtém a maioria dos votos.

Sobre o sistema majoritário, considere:

I. É um sistema em que quem ganha ganha tudo e quem perde perde tudo.

II. Foi introduzido por via evolutiva e criou as democracias majoritárias.

III. No início, foi adotado o critério da maioria simples, mas, depois que a obtenção da maioria absoluta se tornou necessária, multiplicaram-se os turnos. Foi assim que se

criou o chamado *segundo turno* (Brasil) ou *segunda volta* (Portugal).
É correto o que se afirma em:
a) I, apenas.
b) II, apenas.
c) I e III, apenas.
d) II e III, apenas.
e) I, II e III.

4. A cultura política pode ser modificada de maneira abrupta caso ocorra:
   I. um evento traumático.
   II. uma mudança abrupta de presidente, como *impeachment*.
   III. uma mudança na forma de governar, como um evento com transformações superficiais.

   É correto o que se afirma em:
   a) I, apenas.
   b) II, apenas.
   c) I e III, apenas.
   d) II e III, apenas.
   e) I, II e III.

5. Considerando a abordagem do tema nesse capítulo, entende-se que as distinções territoriais podem resultar em diferentes:
   I. votações.
   II. votações, exclusivas aos territórios com população de alta renda.
   III. identificações pessoais e similares identificações partidárias.

É correto o que se afirma em:
a) I, apenas.
b) II, apenas.
c) I e III, apenas.
d) II e III, apenas.
e) I, II e III.

Atividades de aprendizagem

Questões para reflexão

1. Tendo como base os prós e os contras dos sistemas de governo (parlamentarismo, presidencialismo e semipresidencialismo) e considerando seus conhecimentos, aponte qual sistema de governo melhor se adequaria ao Brasil. Justifique sua resposta.

2. A respeito do elevado custo das campanhas eleitorais brasileiras, você considera que, na atualidade, esse investimento em campanhas surte efeito para o sucesso eleitoral? Personalidades como Jair Bolsonaro obtiveram êxito nas eleições sem grandes investimentos em campanhas. Esse fato guarda relação com a ascensão das mídias sociais na política partidária? Apresente argumentos que subsidiem sua resposta.

Atividade aplicada: prática

1. O cientista político Antonio Lavareda refletiu sobre diversos aspectos da cultura política brasileira utilizando-se, por exemplo, das campanhas eleitorais para embasar sua argumentação. Dentre tais discussões, destaca-se o seguinte trecho:

3

> Campanhas eleitorais brilhantes são mais facilmente reconhecíveis quando os vencedores são, a uma distância razoável do pleito – digamos um ano –, aquilo que os americanos chamam de *underdogs* (nem sempre "azarões", como nós chamamos), designando aqueles concorrentes que estão em uma situação muito longe de favoritismo.

Fonte: Lavareda, 2009, p. 29.

Com base nas informações apresentadas no texto, faça o que se pede a seguir.

a) Explique por que a cultura política é influenciada por acontecimentos como o citado no trecho.

b) Temas polêmicos como "reforma da previdência", escola sem partido" e *fake news* atingem diretamente o eleitorado. Apresente implicações de tais temas na cultura política de afastamento entre eleitores e partidos políticos.

c) Organize um organograma detalhando os mecanismos das campanhas eleitorais (estratégias, desafios etc.) e o significado de cultura política.

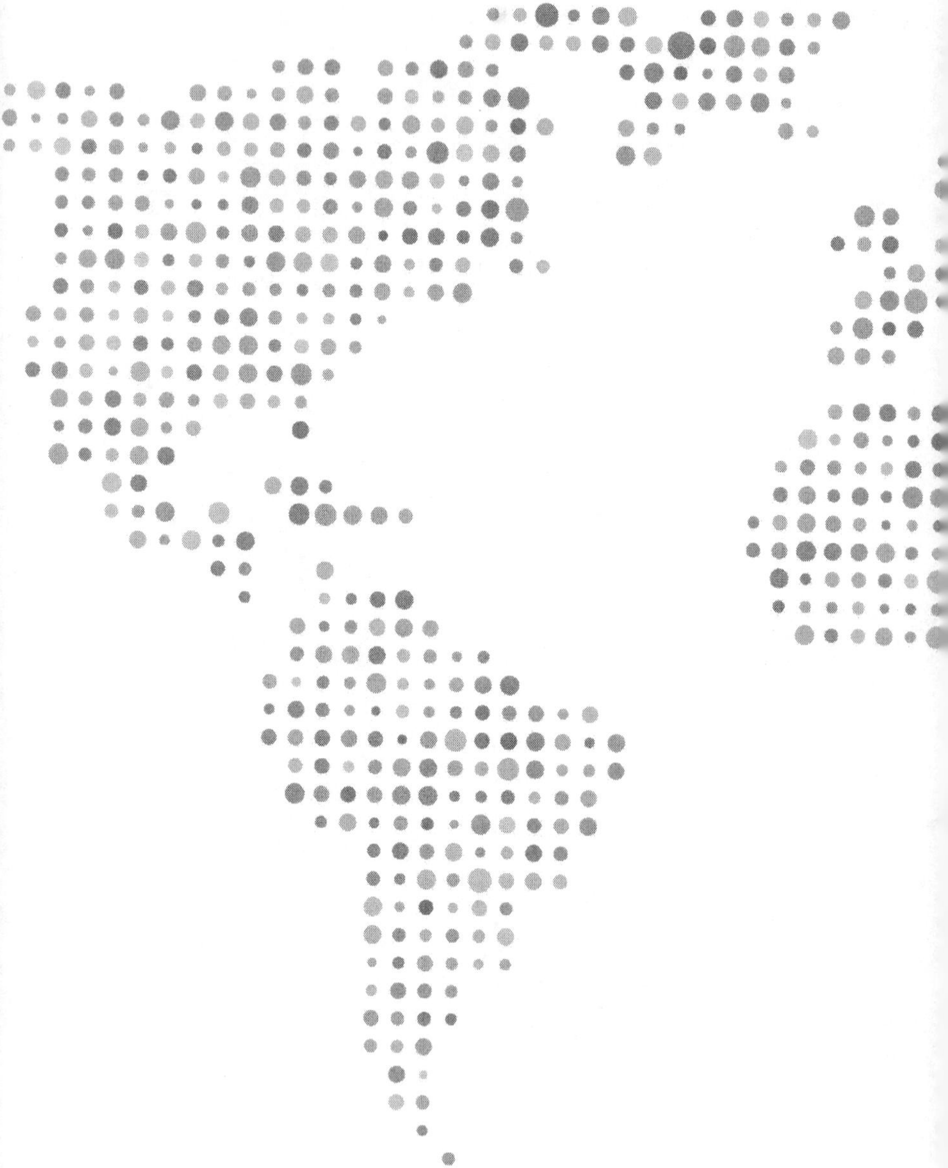

4
Temas e conceitos balizadores da geografia eleitoral

Neste capítulo, objetivamos analisar temas referentes à geografia eleitoral, evidenciando os aspectos qualitativos da conceituação da área. Sem o objetivo de esgotar tais conceitos, apontaremos alguns caminhos possíveis de se utilizar em pesquisas que envolvem a dinâmica eleitoral no território.

Poder, escala e Estado são conceitos basilares que subsidiam os outros dois abordados neste capítulo: efeito vizinhança e partidos políticos. Ao analisá-los de maneira conjunta, demonstraremos que a dinâmica eleitoral do território é mais complexa do que talvez você imagine.

Diversas (re)configurações estabelecem no eleitorado, por exemplo, simpatias, confianças, descrenças e incertezas referentes ao espectro político partidário, características essas que analisaremos neste capítulo.

4.1 Poder e Estado

A gestão e a organização de um espaço controlado, transformado em território, perpassam as ações de escolhas do processo democrático, mas se originam no seio das relações de poder entre pessoas (políticos e demais atores desse meio) que buscam e/ou mantêm o poder em diferentes escalas.

Na geografia eleitoral, tomamos como exemplo, geralmente, o poder exercido pela legitimidade assegurada pelos processos eleitorais. Essa legitimidade é concedida pela maioria da população, que designa representantes para efetivar seus anseios perante a sociedade e as representações em nível internacional.

Neste livro, a noção de **poder** merece destaque pela ação que exerce *para* e *com* o conjunto da população que o legitima.

Nessa perspectiva, entendemos *poder* como um conjunto de relações em um sistema de redes – e essa compreensão não está ligada somente à existência de um poder central nos diversos locais, mas também à possibilidade de esse poder ser descentralizado e difuso, como afirma Allen (2003, p. 95, tradução nossa):

> Mesmo que seja difícil deixar de lado o fato de que poder é algo distribuído intactamente de um centro identificado para locais de autoridade, essa visão agora coexiste pacificamente com a ideia de que poder pode ser difuso, descentrado e em rede. Igualmente, embora seja difícil ir além da noção de que poder é algo sempre exercitado pelas despesas de alguém, esse entendimento do poder funciona lado a lado com a visão de que poder é meramente um meio para se ter as coisas feitas, uma estrutura geral para obter resultados.[1]

A utilização do conceito de poder na geografia eleitoral permite atrelar a ideia de poder a escalas de análise. Isso é plausível pela abrangência que as instituições partidárias, os políticos e os grupos políticos têm nos diferentes limites, os quais podem ser geográficos, socioculturais ou econômicos. Por isso, é considerado uma **rede relacional e interligada** com distintos elementos. Segundo Newman (2003, p. 123, tradução nossa),

---

1. No original: "Even though it is hard to let go of the fact that power is something which is distributed intact to authoritative locations from an identifiable center, this view now happily coexists with the idea that power may be diffused, decentered, and networked. Equally, whilst it is hard to get beyond the notion that power is always exercised at someone else's expense, this understanding of power runs alongside the view that power is merely a means for getting things done, a general facility for realizing outcomes" (Allen, 2003, p. 95).

Fronteiras não são apenas características estáticas e imutáveis do cenário político, elas também têm suas próprias dinâmicas internas, criando novas realidades e afetando a vida de pessoas e grupos que residem próximos a elas ou que são obrigados a atravessá-las em um ou outro período de suas vidas. Também não são simplesmente fenômenos territoriais ou geográficos. Fronteiras sociais, econômicas, políticas e virtuais criam compartimentos dentro dos quais uns são incluídos e muitos excluídos. Fronteiras são hierárquicas: a localização de uma pessoa dentro do quadro sociedade-espaço é determinada por muitos limites dentro dos quais ele/ela está incluso.[2]

> As fronteiras estão intimamente relacionadas ao poder. Por meio delas, o poder se delimita, mesmo que haja diferentes relações sobrepostas que, por vezes, não permitam a visualização de tais fronteiras. Nesse caso, necessitamos analisar o território por diferentes ângulos.

O poder legitimado por meio dos pleitos eleitorais é fielmente definido pelo cargo ou pela ocupação que o partido ou o próprio político exerce na sociedade, levando em consideração a instituição de seu poder pelas legislações eleitorais. O poder instituído

---

2. No original: "Boundaries are not only static, unchanging, features of the political landscape, they also have their own internal dynamics, creating new realities and affecting the lives of people and groups who reside within close proximity to the boundary or are obliged to transverse the boundary at one stage or another in their lives. Neither are boundaries simply territorial and geographic phenomena. Social, economic, political, and virtual boundaries all create compartments within which some are included and many are excluded. Boundaries are hierarchical: a person's location within the society--space frame is determined by the many boundaries within which he/she is enclosed [...]" (Newman, 2003, p. 123).

pelo voto sofre alterações no cotidiano da atuação política, o que o leva a intercalar-se com as demais esferas. Um senador, por exemplo, pode ser eleito por apenas determinado grupo social, mas, ao mesmo tempo, no período de seu exercício, formular ações que interferem no todo da nação, o que o faz exercer suas influências para além das fronteiras de sua votação.

Segundo Newman (2003), nos últimos anos, a geografia política tem-se utilizado do termo *permeabilidade* para esclarecer os fenômenos relacionais entre territórios.

Para a geografia eleitoral, o poder é legitimado por eleições em períodos específicos. Essas fronteiras tornam-se permeáveis de forma visível e são modificadas por acordos e preceitos muitas vezes subjetivos, gerados periodicamente ou a cada eleição.

Outro relevante conceito que auxilia o entendimento da decisão do voto em diferentes escalas de eleições é o de Estado. Para conhecer as principais características e abordagens sobre esse amplo tema, faremos um recorte, tratando exclusivamente do Estado moderno.

Como é de consenso, o Estado moderno surgiu na Europa medieval, contexto em que os governantes de base territorial promoveram independências e criaram as próprias administrações e exércitos; ao mesmo tempo, a ideia de poder soberano foi desenvolvida. No entanto, cada Estado vivenciou um padrão histórico de desenvolvimento particular, isto é, os Estados não seguiram exatamente o mesmo percurso evolutivo.

A discussão sobre a formação e o desenvolvimento do Estado deve, portanto, partir de duas afirmações:

1. O conceito de Estado está efetivamente ligado à história da Europa e da teoria política ocidental.
2. Não há nenhuma lei geral e uniforme que institua o (re)surgimento ou o desaparecimento de Estados.

A fim de incutir/aumentar a identidade nacional entre as pessoas, criaram-se alguns símbolos, como o hino, a bandeira e os heróis nacionais. Ao desenvolver o sentimento de pertença, as elites tentaram transformar seus Estados em Estados-nação, por meio dos quais se instituíram como poder político (Barton, 1997).

Embora o Estado-nação seja, hoje, propriedade de seus cidadãos, foram as elites, e não as massas, que originalmente o criaram e o governaram. Apenas posteriormente as massas conquistaram o direito de participar da tomada de decisões do governo, e foi dessa forma que os Estados democráticos (ou democracias) se formaram. Os partidos políticos foram fundados quando cidadãos das elites se reuniram em assembleias. Assim, instituiu-se que toda oposição é legítima e necessária, bem como a pacífica mudança de grupos ou partidos no governo (Barton, 1997).

A alternância de partidos no governo foi associada à crença no princípio da legitimidade do governo eleito pelo povo. Nas democracias de massa, o poder político se legitima na participação e em eleições (Barton, 1997). O sufrágio universal foi introduzido em uma fase bastante adiantada; e as mulheres precisaram esperar muito mais tempo para votar.

Para aprofundarmos essa explanação, temos de versar sobre as abordagens das teorias do Estado. Conforme Barton (1997), essas teorias segmentam-se em constitucional, ética e moral, de conflito e pluralista. A seguir, detalhamos cada uma delas.

» **Teoria constitucional**: Nessa corrente, o Estado é estabelecido por um acordo ou contrato social entre cidadãos e governantes. Essa teoria define as principais funções e tarefas do Estado e os poderes de seus governantes. Teóricos que escrevem sobre o contrato social sabem que nunca houve um verdadeiro contrato desse tipo, mas sim uma espécie de "experiência mental" que assumiu a ideia de que acordos entre cidadãos e governantes são necessários para se estabelecer um Estado ordenado e estável. A principal preocupação dessa teoria é como a legitimidade do Estado é estabelecida.

» **Abordagem ética e moral**: Nessa visão, o ponto de partida é a organização da sociedade para que indivíduos possam viver juntos de forma pacífica e satisfatória. Alguns consideram que a sociedade é composta de indivíduos que devem ser tão livres quanto possível e que tenham o direito de fazer o que quiserem. Outros veem a sociedade como uma entidade coletiva que deve garantir o bem-estar coletivo e de seus cidadãos. Uma variável de tais pontos de vista são as teorias religiosas que argumentam que o Estado deve estabelecer as regras de Deus na Terra, ou que as condutas e os assuntos do Estado devem se estabelecer de acordo com as intenções e as regras de Deus.

» **Abordagem de conflito**: Nessa perspectiva, o enfoque recai sobre a natureza conflituosa de interesses e valores na sociedade, e o Estado é tido como um dispositivo de poder para regular esses conflitos. As teorias marxistas são uma versão dessa abordagem, pois destacam a luta inevitável entre as diferentes classes e a incompatibilidade de seus interesses econômicos, além de afirmarem que o Estado nada mais é do que um instrumento pelo qual os proprietários mantêm seu poder sobre a grande massa da classe trabalhadora. Os adeptos a essa visão defendem que o capitalismo e a construção do Estado estão intimamente ligados e, por isso, argumentam que este último é o meio pelo qual os capitalistas controlam outras classes da sociedade, a fim de proteger seus próprios interesses. As teorias feministas do Estado são semelhantes, em alguns aspectos, às teorias de classe, mas, em vez de interpretarem o mundo em termos de classes, dividem-no entre interesses masculinos e femininos. A visão próxima ao feminismo explica que o Estado pode ser utilizado como controle por determinados grupos formados majoritariamente por homens para controlar a sociedade e, por conseguinte, as mulheres (Barton, 1997).

» **Abordagens pluralistas**: Assim como as abordagens de conflito, essas correntes veem o Estado como principal instrumento para a regulação de conflitos e a conciliação de interesses. Entretanto, em vez de argumentar que o Estado é instrumento da decisão de classe, a abordagem pluralista considera-o uma espécie de "árbitro" que usa de sua autoridade legítima (inclusive a força, se necessário) para assegurar que os interesses de todos os grupos estão sendo tratados de maneira razoavelmente justa. O Estado torna-se um "campo de batalha" para muitos grupos concorrentes, e não um instrumento de controle de classes e opressão.

Necessitamos, também, esclarecer neste ponto o que é um **Estado democrático**. A primeira característica das democracias é o reconhecimento das defesas dos direitos humanos, e não apenas do poder daqueles que são eleitos naquele Estado. Seguindo essa linha de raciocínio, as constituições de muitos Estados começam com uma enumeração de direitos humanos antes mesmo da definição das instituições políticas e dos poderes. Segundo Short (1993), algumas leis magnas têm incluído os seguintes direitos: a liberdade de expressão e de imprensa, a liberdade de religião e de consciência, a liberdade de reunião e de associação, o direito a igual proteção da lei, o direito ao devido processo legal e a um julgamento justo, além do direito de propriedade de terras, bens e dinheiro.

Para Short (1993), a proteção desses direitos é o primeiro objetivo dos sistemas políticos e tem uma importância política especial. Se os direitos humanos são protegidos, os cidadãos e os líderes podem se envolver em conflito político pacífico, sem medo de represálias. Assim, a livre concorrência para o poder político deve resultar, no dia da eleição, em um governo por aqueles que obtiveram maior apoio da população.

4.2 Escala e efeito vizinhança

A escala e o efeito vizinhança consolidam-se como importantes elementos preditores do voto. A **escala** condiciona as características de determinado pleito eleitoral – aqui, será analisada como nacional e local. O **efeito vizinhança**, por sua vez, refere-se ao impacto das relações pessoais de amigos e familiares, por exemplo, que dinamizam as escolhas do eleitorado e influenciam na votação.

Esta seção pauta-se na explicação sobre esses dois conceitos, trabalhados transversalmente neste livro. Primeiro apresentaremos as abordagens acerca da escala e, posteriormente, as concernentes ao efeito vizinhança.

4.2.1 Escala

De acordo com Montibeller Filho (2000), em geografia, usam-se dois tipos de escala: a cartográfica e a geográfica. Na primeira, destaca-se o mapa como um dado instrumental de representação do espaço, em um recurso apoiado predominantemente na matemática. Na segunda, a ênfase é dada ao fenômeno espacial em foco, promovendo uma análise que procura elucidar os problemas referentes à distribuição dos fenômenos.

Nos estudos eleitorais, a escala articula as eleições que são realizadas em diferentes níveis, com fenômenos distintos ocorrendo neles, ainda que interligados por conjunturas mais amplas, como aquelas que ocorrem em rede. A escala, embora seja interpretada como fragmentação do real, é, na verdade, instrumento que permite sua apreensão com o fito de compreender determinado fenômeno.

> Este recorte supõe, consciente ou inconscientemente, uma concepção que informa uma percepção do espaço total e do "fragmento" escolhido. Em outras palavras, "a utilização de uma escala exprime uma intenção deliberada do sujeito de observar seu objeto" [...]. A seleção da escala pode prosseguir, em teoria, até o infinito dos pontos de vista possíveis sobre uma realidade percebida ou sobre uma realidade em projeto. Em todos os casos o resultado é aquele de um recorte da realidade percebida/concebida de acordo com o ponto de vista, com a escolha do nível de percepção/concepção. Portanto, a concepção de uma entidade espacial estabelecida como ponto de partida tem consequências para a continuidade da percepção. (Brasil, 2002, p. 2)

Ao se trabalhar com aspectos de caráter social, a escala ganha importância, especialmente como forma de análise do conjunto de elementos que interferem no todo do fenômeno. As eleições em diferentes escalas de pleitos eleitorais permitem traçar não somente diferenciações, mas também aproximações de suas possíveis similaridades. Newman (2003) relata que o entendimento acerca da escala está ligado à compreensão de fronteira. Esta deve ser pensada em nível de escala interna ao país, e não somente externa entre nações, como corriqueiramente a geografia política estuda.

O estudo de fronteiras conectadas às escalas intraterritoriais possibilita entender fenômenos específicos que ocorrem nas escalas municipal e nacional. Newman (2003) chama essas escalas de *locais* e *nacionais*, respectivamente, concretizando-as em uma hierarquia de fronteiras.

Esse entendimento é relevante, já que, na geografia eleitoral, os resultados das eleições e das demais escolhas que interferem em uma governança são estabelecidos e influenciados pelo cotidiano da população. De acordo com Newman (2003, p. 128-129, tradução nossa),

> Essas fronteiras de nível inferior não restringem o movimento de pessoas e mercadorias, existem poucos sinais físicos da existência da fronteira, e a maioria das pessoas desconhece completamente o fato de que possam estar atravessando de uma jurisdição para outra enquanto levam suas vidas cotidianas. No entanto, limites administrativos e municipais afetam o cotidiano dos cidadãos muito mais do que fronteiras internacionais, especialmente o daqueles cidadãos que não viajam além dos limites do país em que residem. Taxas e impostos municipais, matrícula dos

filhos em escolas locais, polícia, saúde e autoridades de assistência social são todos organizados ao longo de linhas espaciais, sobrepondo-se uns aos outros em um complexo sistema de hierarquias geográficas.[3]

Quanto mais específicos, mais atrativos os limites territoriais se tornam para aqueles que querem alcançar o poder. Limites municipais são bastante disputados, especialmente no intuito de expandir suas áreas de jurisdição, o que permite às autoridades locais desenvolver a área sob seu controle com finalidade residencial e/ou comercial, elevando, dessa maneira, a percepção do território como um lugar atraente para se estabelecer um negócio e manter seu poder político ou econômico (Newman, 2003).

Na geografia política, a escala é percebida como um elemento criado para beneficiar ou facilitar ações econômicas e políticas, entre outros interesses de grupos detentores de poder. De acordo com Howitt (2003), há consenso entre os geógrafos humanos de que a construção social da escala afeta paisagens culturais e políticas; porém, em certos momentos, esse conceito gera uma preocupante confusão, como o autor explica neste excerto:

> Isto é particularmente evidente quando se consideram as palavras escritas sobre a globalização, o Estado-nação, o regionalismo e o localismo. No entanto,

---

3. No original: "These lower level boundaries do not restrict movement of people or goods, there are few physical signs of the existence of the boundary, and most people are completely unaware of the fact that they may be crossing from one jurisdiction area into another as they go about their daily lives. Yet administrative and municipal boundaries affect the daily lives of most citizens much more than international boundaries, especially those citizens who do not travel beyond the confines of the country within which they reside. Municipal rates and taxes, registering one's children for local schools, police, health, and welfare authorities, are all organized along spatial lines, overlapping with each other in a complex system of geographic hierarchies" (Newman, 2003, p. 128-129).

para tudo isso, a escala continua a ser um conceito preocupante e até mesmo caótico.

Há um amplo consenso entre geógrafos humanos de que a escala afeta panoramas culturais e políticos. Isso é particularmente claro nos debates sobre globalização e localismo. Na geografia econômica, o domínio de um discurso centrado na produção muitas vezes reduziu a "política" à consideração de como Estados e empresas têm construído escalas para seu [próprio] benefício econômico ou estratégico – às custas de trabalhadores e terceiros. Nesse discurso, questões sobre problemas de reprodução social, dimensões culturais e questões não econômicas de políticas de identidade têm sido relativamente inexploradas. (Howitt, 2003, p. 138, tradução nossa)[4]

> Observamos, sob o viés da geografia econômica, que os discursos dos meios de produção são voltados à formação de uma escala que beneficie o econômico e o estratégico.

Enfatizamos que a escala pode e deve ser analisada por seu caráter relacional, e não como uma visão única de tamanho ou dimensão espacial. É óbvio que as escalas são construídas social

---

4. No original: "This is particularly clear when one considers the words written about globalization, the nation-state, regionalism, and localism. Yet, for all this, scale remains a troubling and even chaotic concept. There is a wide consensus amongst human geographers that the social construction of scale affects cultural and political landscapes. This is particularly obvious in the debates about both globalization and localism. Within economic geography, the dominance of a production-centered discourse has often reduced "politics" to consideration of the ways in which states and corporations have constructed scales for their economic or strategic benefit – at the expense of workers or others. In this discourse, issues of social reproduction, cultural dimensions and noneconomic issues of identity politics have been relatively unexplored" (Howitt, 2003, p. 138).

e politicamente; no entanto, pesquisas demonstram que nem sempre a literatura trata o tema dessa forma, o que origina um exame insatisfatório (Howitt, 2003). Nesse sentido, a geografia eleitoral é entendida como um possível caminho para se refletir sobre as transformações que ocorrem no território, no intento de articular as escalas presentes – que podem ser modificadas pelo contexto socioeconômico e político vivenciado pelo país.

Ressaltamos que a palavra *escala* pode ser empregada na geografia eleitoral de modo integrador, tanto no aspecto dimensional (por meio, por exemplo, da diferenciação de município, unidade federativa e federação) quanto no contexto das relações subjetivas que formam diferentes fronteiras, principalmente no que diz respeito à atuação do poder. Essa integração possibilita uma reflexão complexa e também uma análise do espaço geográfico por meio das relações sociais que configuram diversas conjunturas. Essas relações, estabelecidas entre eleitores e contexto territorial, são determinadas também pelo efeito vizinhança.

4.2.2 Efeito vizinhança

O efeito vizinhança é merecedor de destaque na discussão sobre o voto. Esse efeito baseia-se na capacidade dos candidatos em angariar os votos de pessoas no local onde têm maior convívio; assim, esse efeito está relacionado ao poder local que os candidatos detêm em certo lugar e ocorre porque estes são mais conhecidos pelos eleitores locais (Augusto, 2012).

O voto pautado na identificação pessoal é, por conseguinte, mais evidente em eleições de escala local. Contudo, cargos como os de deputado estadual, deputado federal e presidente da república, pertencentes a pleitos nacionais, também podem apresentar essa característica. Um exemplo clássico de voto de vizinhança é o das eleições de 1968 nos Estados Unidos, que envolveram o candidato George Wallace. Observe o Mapa 4.1.

Mapa 4.1 - Concentração de votos para George Wallace em 1968 nas eleições presidenciais dos Estados Unidos

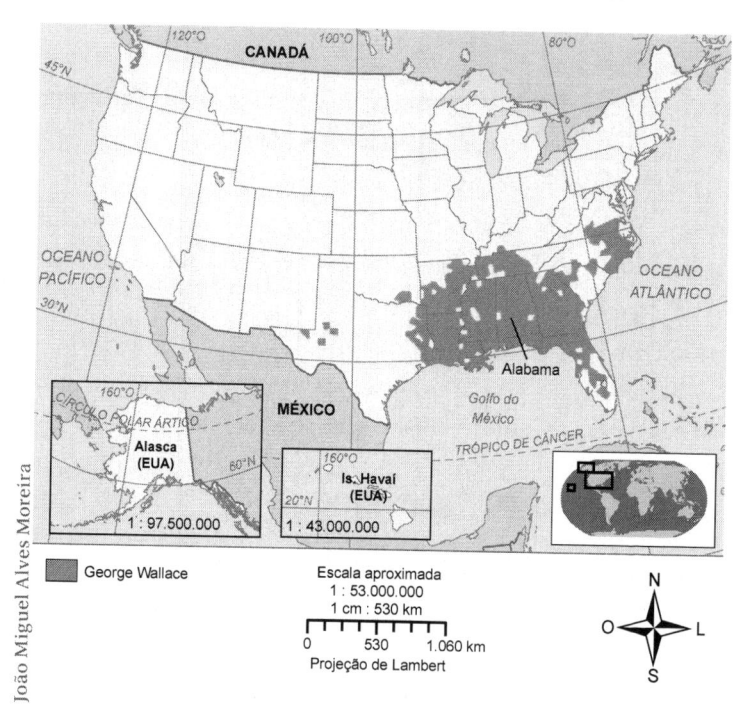

Fonte: Short, 1993, p. 123.

Podemos perceber, no mapa, que o cargo exercido por George Wallace como governador do Alabama possivelmente influenciou o voto de muitos eleitores estadunidenses que residiam naquele estado ou próximo a ele.

O voto de vizinhança pode ser identificado pela distribuição de votos no território, o que é chamado por Short (1993) de *geografia do voto*.

Em sistemas democráticos, os governos são eleitos pelo povo. As eleições são sobre transformar votos em representação. A geografia das eleições é uma variável importante na determinação dos resultados políticos. Podemos identificar três elementos importantes:

1 a geografia do voto
2 a geografia da representação
3 a geografia dos sistemas eleitorais.[5] (Short, 1993, p. 121, tradução nossa)

Por conseguinte, é possível averiguar como ocorre a disposição dos votos, bem como as principais motivações para as variadas distribuições. Tomando o exemplo de Short, identificamos, na região próxima ao Alabama um padrão de votação que seguiu a lógica do voto de vizinhança. A geografia do voto[6] dá suporte ao

---

5. No original: "In democratic systems governments are voted in by the people. Elections are about turning votes into representation. The geography of elections is an important variable in determining political outcomes. We can identify three important elements: 1 the geography of voting [;] 2 the geography of representation [;] 3 the geography of electoral systems" (Short, 1993, p. 121).

6. Santos (2015) descreve que a geografia do voto pode se valer de diversos atributos territoriais em sua abordagem, a saber: grau de urbanização, nível de desigualdade, distribuição de renda e grau de escolaridade da população. Esses atributos podem ajudar a identificar as bases sociais que subjazem a eleição de candidatos, bem como os sistemas eleitorais e partidos políticos envolvidos.

estudo desse fenômeno, merecendo destaque também a adição de uma abordagem de análise da geografia dos sistemas eleitorais.

O populismo e a imagem dos candidatos são relevantes condicionantes da personalização do voto e, por consequência, elementos determinantes para o efeito vizinhança. Um dos motivos para o **personalismo do voto** ou para a formação da identificação pessoal está associado aos processos históricos da política do país.

No caso da América Latina, por exemplo, houve inúmeros processos desencadeadores da configuração de governos populistas, que pautaram suas abordagens e sua agregação de votos na exaltação de imagens pessoais de suas lideranças. Por essa razão, a política partidária na América Latina deve ser pensada em conjunto com os seus panoramas histórico e cultural.

No âmbito cultural brasileiro, o culto do personalismo originado das identidades regionais e do poder local (base de qualquer sistema político) chama-se *caudilhismo*: uma forma de exercer o poder em realidades nas quais imperam a baixa escolaridade e o desconhecimento sobre temáticas concernentes à cidadania.

O populismo na política mobiliza uma grande parte do eleitorado em torno de questões locais, alocando votos em um candidato em troca de iniciativas de desenvolvimento social e infraestrutura.

A redução de assuntos políticos, econômicos e sociais ao pessoal é um aspecto proeminente de grande parte da vida latino-americana. Isso pode ser visto como um mecanismo para evitar sistemas burocráticos onerosos que operam no interior do continente, ou como uma ligação com um sistema histórico de tributo do período pré-colombiano, tal como a mita[7]. Seja qual for o pano de fundo, o papel do pessoal é a chave para a compreensão da geografia política latino-americana. A influência do personalismo tem se destacado desde os kurakas, os caciques e os caudilhos até figuras contemporâneas: Perón, Castro, Pinochet, Rigoberta Menchú e Chico Mendes. Cada um desses indivíduos, com as suas geografias políticas personalizadas, transformou o cenário político em um grau considerável. Assim sendo, eles abalaram os conceitos tradicionais de poder estatal primordial e controle. (Barton, 1997, p. 134, tradução nossa)[8]

---

7. Mita era uma forma de trabalho que consistia na exploração extrema da mão de obra, e foi herdada dos incas pelos espanhóis. A mita desestruturou muitas comunidades indígenas na época do colonialismo espanhol, pois deteriorou a saúde das populações nativas.

8. No original: "The reduction of political, economic and social affairs to the personal is a prominent aspect of much of Latin American life. This may be seen as a mechanism to avoid the onerous bureaucratic systems operating within the continent, or as a connection with an historical tribute system of the pre-Columbian period such as the mita. Whatever the background, the role of the personal is key to an understanding of Latin American political geography. The influence of personalism has been prominent from the kuraka, caciques and caudillos to more contemporary figures: Perón, Castro, Pinochet, Rigoberta Menchú and Chico Mendes. Each of these individuals, with their personalised political geographies, has transformed the political landscape to a considerable degree. As such they have undermined traditional concepts of overriding state power and control" (Barton, 1997, p. 134).

Como explica Barton (1997), o populismo é uma herança do período pré-colonial na América Latina. O autor afirma que assuntos políticos, econômicos e sociais são reduzidos nas agendas de discussão de governos populistas; em contraposição, há crescimento de abordagens que exaltam aspectos pessoais/individuais dos líderes – característica de grande parte da vida latino-americana.

Barton (1997) considera que esse "pessoal" é a chave para a compreensão da geografia política latino-americana e que a influência do personalismo transformou (e transforma) a paisagem política do continente em grau significativo. Podemos considerar, ainda, que esse poder personalizado minou formas e conceitos tradicionais na política, possibilitando substituir o poder estatal pelo **poder personalista de controle**.

4.3 Partido político

Outro elemento pertinente na abordagem da geografia eleitoral são os partidos políticos. Trata-se de instituições que, de certa forma, sustentam o poder político (no caso dos regimes democráticos), e intermedeiam a relação entre a sociedade civil e o poder político dos atores que pleiteiam a gestão dos mais altos escalões do Estado, conforme explicam Johnston e Pattie (2003).

A atuação dos partidos políticos pode ser considerada um trabalho de ligação e de distribuição do poder do Estado pela força proveniente dos pleitos eleitorais. Em um sistema democrático, o voto define a atuação dos partidos políticos em todas as escalas de análise. Por isso, os partidos e os grupos que determinam as decisões dessas instituições preocupam-se com a relação em rede entre partidos nas diferentes escalas, desde a local até a nacional.

De tal modo, uma preocupação para os partidos políticos é sua aplicabilidade no local: sua atuação (em meio a um *menu* de escolhas) pode ser entendida pelo eleitor como uma opção bem-sucedida, uma forma de contribuir para o benefício de seu contexto local; nesse contexto, destacam-se os interesses comuns que os moradores desse lugar têm para reivindicar posteriormente junto ao Estado. Diante disso, a atuação da política partidária é instigante aos olhos do eleitor e se presentifica no cotidiano dos cidadãos.

Esclarecemos que lugar é o local físico, sendo, dessa forma, o contexto para a ação. O reconhecimento de um "habitar em comum" faz do lugar um ambiente com características próprias, como a cooperação. Isso exige do partido político o esforço de reconhecer essas caraterísticas e tornar factível a agregação das dinâmicas locais para as demais escalas que permeiam a instituição partidária[9]. Assim, é preciso relacionar ao eleitor os partidos políticos e as imagens dos candidatos, para então organizar uma conjuntura em que aquele se sinta mais presente nas diferentes esferas do Estado. De acordo com Guedes (2006), um problema comum, visualizado nos partidos, diz respeito a sua coordenação. Em virtude da multiplicidade de atores que participam da vida em um partido político, assim como a pluralidade das arenas

---

9. Esta problemática está presente no contexto da política partidária brasileira e é a razão da dificuldade sentida por tais organizações para sincronizar as ideias, os debates e principalmente as coligações, o que explica as incongruências internas dos partidos verificadas, por exemplo, nas diferentes coligações firmadas em nível local e em nível nacional.

eleitorais, a **coordenação** torna-se um aspecto central na análise das características dos partidos. Para Lisi (2011), a coordenação de um partido político pode ser interna ou externa. No primeiro caso, o problema nasce da dificuldade de gerir a ação dos representantes dos partidos no Executivo e no Parlamento. No segundo, advém da emergência dos partidos de massas e da necessidade de se orientar um grande número de ativistas e inscritos fora das arenas parlamentares e governistas.

Ainda de acordo com o autor, o problema da coordenação associa-se a um aspecto muito importante de uma organização: o **equilíbrio entre a diferenciação e a integração**. Mesmo diante da necessidade de se manter a organização unida, deve-se garantir certo grau de congruência das atividades e dos comportamentos de quem adere a ela. Assim, a gestão do partido deve construir um plano programático coerente com o tipo de cultura política existente em seu contexto.

Em geral, os dirigentes dos partidos políticos têm um objetivo mínimo no que diz respeito à sobrevivência da organização e à competitividade de seus partidos, que possibilita (ou não) sucesso na arena eleitoral. Por tal razão, alguns partidos e organizações têm funções para preparar seus dirigentes para posições de governo ou para conquista de cargos de poder (Lisi, 2011).

Dessa forma, as instituições partidárias são meios de ligação necessários entre eleitores e candidatos, entre indivíduos e instituições, e representam "ajudas" nas escolhas eleitorais, estruturando o espaço político sobretudo por meio da identificação partidária. Nesse sentido, os partidos deveriam ser capazes de implementar as políticas apresentadas aos eleitores em períodos eleitorais (Lisi, 2011).

Em síntese, "Aos partidos cabem, tradicionalmente, as funções de servirem de ponte entre a população e o governo; agregar interesses (integrando aqueles que vão surgindo no sistema político); fazer a socialização política; mobilizar votos; e organizar o Executivo" (Cord et al., 1997, p. 204-206, citados por Guedes, 2006, p. 3).

Por conseguinte, os países adotam legislações eleitorais e até mesmo sistemas de representação consideravelmente diferentes uns dos outros. Para a geografia eleitoral do voto, é imprescindível compreender as consequências dessas nuanças no eleitorado, em especial na decisão do voto.

A título de exemplificação, analisaremos, a seguir, as conjunturas partidárias em Portugal e no Brasil.

4.3.1 Partidos políticos em Portugal e no Brasil: confiança e simpatia do eleitorado

As instituições partidárias desempenham papel fundamental no funcionamento da estrutura político-eleitoral dos territórios. Como atores de qualquer sistema político, os partidos são objetos centrais e tradicionais nos estudos da geografia eleitoral sobre as eleições e os sistemas eleitorais.

Em um território, um partido inclui seus militantes, suas estruturas de base, o enquadramento de seus afiliados (como mencionamos anteriormente) e o tipo de participação interna. Nesse sentido, as instituições partidárias devem ser percebidas como complexas, já que desempenham múltiplos papéis segundo a área de referência. Em outras palavras, a ação dos partidos é um fenômeno multidimensional, o que implica não apenas a presença de diversos atores, mas também uma pluralidade no interior do sistema político.

Qual é o papel dos partidos políticos nas democracias contemporâneas? Como funcionam na sociedade sendo elementos de decisão do voto?

> As democracias contemporâneas se consolidaram, essencialmente, por meio dos partidos políticos. Com a expansão do sufrágio, as instituições partidárias se firmaram como os principais instrumentos de conexão entre os cidadãos e as instituições políticas.

Nas democracias, a decisão do voto é respaldada pela ação dos partidos políticos, pois são eles que se estabelecem como elos entre a sociedade civil organizada e o governo, como já assinalamos. Entretanto, graças à baixa expectativa nelas depositada pela população, o enraizamento das instituições partidárias não tem se efetivado. Essa expectativa é observada por meio dos níveis de confiança que o eleitorado deposita nos partidos, como o exemplo europeu apresentado no Gráfico 4.1.

Gráfico 4.1 – Europa: confiança nos partidos políticos

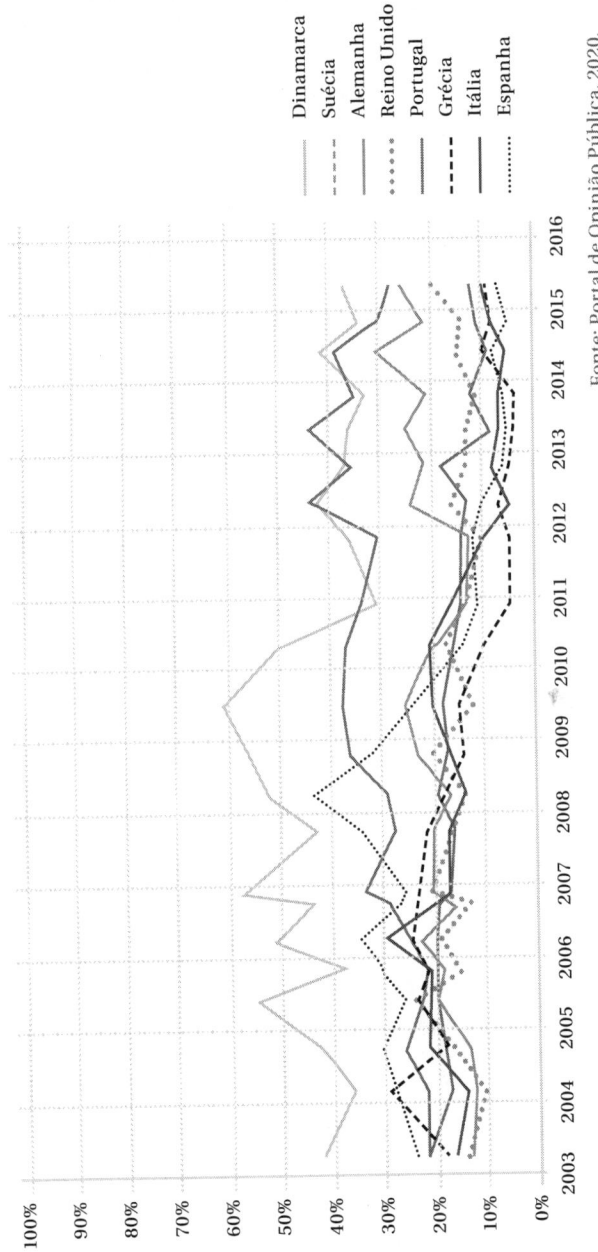

— Dinamarca
--- Suécia
— Alemanha
••••• Reino Unido
— Portugal
--- Grécia
— Itália
•••••• Espanha

Fonte: Portal de Opinião Pública, 2020.

No Gráfico 4.1[10], verifica-se que há variação entre o eleitorado europeu. Em alguns países, a confiança nos partidos políticos é considerável, como na Dinamarca, onde 60% dos eleitores questionados entre 2009 e 2010 afirmaram ter confiança nas instituições partidárias. Em Portugal, por outro lado, os inquiridos tendem a não confiar nas instituições partidárias: entre os anos de 2014 e 2015, o país nem sequer alcançou 10% de eleitores com confiança nos partidos políticos. A média de confiança manteve-se entre 10% e 20% a partir de 2003.

Descritivamente, na primeira análise presente no gráfico, o número de entrevistados portugueses que manifestaram confiança nos partidos políticos foi de 22%, o mais alto do período analisado. Em 2013, os portugueses que não declararam qualquer confiança nas instituições partidárias chegaram a 13%, o mais baixo número verificado[11].

Uma possível explicação para essa pouca confiança reside na ligação entre governo, partido e situação econômica do país. Na análise dos questionários aplicados na pesquisa de campo que realizamos (Augusto, 2017), ficou evidente um descontentamento com a situação econômica e com o governo português – e, por conseguinte, uma associação entre os partidos políticos e o momento negativo de enfraquecimento econômico do país.

Ademais, no Gráfico 4.1 observamos que os países do sul da Europa – como Espanha, Grécia, Itália e Portugal – são aqueles em que os partidos políticos alcançam os menores níveis de confiança.

---

10. No gráfico, a linha do tempo começa em 2003 pelo fato de a pesquisa de satisfação em questão ter tido início nesse ano.

11. A diferença entre a Europa do Norte e a Europa do Sul se dá não somente em termos de política econômica, mas também porque países como Portugal, Espanha e Grécia tiveram regimes militares até recentemente, fato que possivelmente influenciou/influencia as atitudes e as decisões do voto de seus respectivos eleitores.

No ano de 2015, há três países com praticamente a mesma porcentagem (10%): Espanha, Grécia e Itália.

O entendimento da dinâmica das instituições partidárias em determinada nação só é estabelecido de maneira eficaz se houver a compreensão das funções dos partidos políticos. Uma delas, muito relevante para nossa abordagem, diz respeito ao voto, cuja estruturação envolve todas as atividades relacionadas às eleições e às campanhas eleitorais. Os partidos são os atores centrais na arena eleitoral; influenciam as orientações dos eleitores e desempenham funções primordiais no que toca à educação.

Guedes (2006, p. 9-10) explica que,

> Numa perspectiva interpartidária, Carlos Jalali (2001, pp. 380-381) salienta que a análise da evolução do sistema partidário português pode estar relacionada com a cartelização da política pelos partidos relevantes identificada por Katz e Mair. Padrão visto em Portugal não apenas através das subvenções estatais, mas também pelo monopólio da representação dos partidos, consagrado na Constituição, e grau de ocupação do Estado por quadros partidários. Nas suas relações, os partidos têm interesse em adotar estratégias eleitorais comedidas e moderadas, que não firam mortalmente os principais competidores, o que podia abrir espaço a novos partidos, perturbando um sistema em que já são relevantes.

O sistema de partidos português tem, aliás, como principal característica, um padrão de cooperação entre os seus dois maiores partidos, com o objetivo de manter a principal dimensão de competição entre si [...], numa espécie de acordo, mesmo que não explícito (*idem*, pp. 378-379).

Ainda segundo o autor, em nível individual, o Partido Comunista Português (PCP) é classificado como partido de massas, e o CDS – Partido Popular (CDS-PP), como partido de notáveis ou de quadros.

O PS (Partido Socialista) e o PSD (Partido Social Democrata) destacam-se entre os principais partidos políticos portugueses, que se enfrentam pela alternância do poder político em diferentes esferas (local e nacional). Esses partidos tiveram os maiores percentuais de eleitores simpatizantes, como se observa na Tabela 4.1

Tabela 4.1 – Portugal: existência de alguma simpatia para com os partidos políticos (2015)

Partido político	Braga	Évora	Lisboa	Total geral (n = 384)
PSD	28,4%	7,2%	9,9%	13,8%
CDS-PP	1,1%	1,0%	1,6%	1,3%
PCP	6,3%	4,1%	2,1%	3,7%
PS	9,5%	17,5%	17,3%	15,4%
BE	3,2%	1,0%	6,8%	4,4%
Nenhuma	48,4%	62,9%	60,2%	58%
Outros	3,2%	6,2%	2,1%	3,4%
Total	100,0%	100,0%	100,0%	100%

Fonte: Augusto, 2017, p. 126.

Note que os partidos que conquistaram maior simpatia entre os eleitores foram aqueles que mais obtiveram sucessos nas eleições portuguesas para a Assembleia da República: PS e PSD, respectivamente, com 15,4% e 13,8% do total geral. Os demais partidos obtiveram porcentagens baixas, entre 1,3% e 4,4% (CDS-PP – Partido Popular – e BE – Bloco de Esquerda, respectivamente).

A porcentagem mais relevante do total geral presente na tabela é aquela que representa a opção *Nenhuma*, isto é, nenhuma simpatia por partido algum: 58% dos eleitores questionados escolheram essa alternativa. Concluímos, portanto, que, apesar da relevância das instituições partidárias na sociedade, parte do eleitorado não guarda simpatia para com elas.

Analisando as cidades separadamente, percebemos que Braga foi a que apresentou o maior índice de simpatia, revelando a tendência dos eleitores em simpatizar-se com o PSD (28,4%). Já o PS apresentou o menor percentual de eleitores simpatizantes em Braga (9,5%), porém alcançou 17,5% e 17,3% em Évora e Lisboa, respectivamente.

A opção por *Nenhuma* teve menor índice em Braga: 48,4% dos eleitores questionados. Contudo, nas cidades de Évora e Lisboa, essa opção teve números superiores: 62,9% e 60,2%, os maiores da Tabela 4.1. Isso demonstra um considerável grupo de eleitores que não simpatizam com os partidos do cenário da política portuguesa.

A análise desses dados sugere que a confiança e a preferência expressas pelos eleitores influenciam a decisão do voto e, consequentemente, a construção dos pleitos eleitorais. Ressaltamos que as diferentes escalas de pleitos eleitorais apresentam distintos níveis de identificação pessoal e identificação partidária, as quais se organizam no cognitivo do eleitor por meio da confiança e da simpatia para com os partidos, principalmente na efetivação da identificação partidária.

Partidos políticos e candidatos são dois elementos centrais em estruturas de sistemas democráticos como o do Brasil. Tais elementos são relevantes, prioritariamente, para dar voz à população por meio da representação, instituída de maneira eficaz mediante a **participação política**. Por essa razão, são necessárias instituições partidárias, principalmente pela efetiva participação política.

De acordo com Avelar (2007), o ideal democrático supõe o envolvimento dos cidadãos em diferentes atividades via participação política. As formas e os canais de participação de um país ou uma região variam conforme o contexto histórico, as tradições da cultura política e a situação social e econômica. Por isso, as lógicas de organização e participação política não são fixas. Por exemplo: as formas dos membros das elites econômicas diferem daquelas de quem não faz parte desse estrato. Então, para a autora, iniciar atividades nos partidos políticos e na política partidária é mais fácil para essas elites.

O que se verifica nas tipologias políticas propostas por Borba (2012) é que o voto e os partidos políticos são elementos relevantes para o contato entre população e Estado. O voto significa a escolha para representação no governo e/ou parlamento; já o partido político unifica as propostas de governo, ideologia e vontade comum da população.

Nos variados elementos tipológicos elencados pelo autor, estão intrínsecos as vontades e os anseios de uma classe social. Assim, a atuação ou mesmo o triunfo de um grupo político de uma classe social em uma eleição perpassa a participação política dessa classe: quanto mais forte e engajada ela for, maiores são as chances de sucesso eleitoral. A participação política, assim, pauta-se também na **consciência de classe**, na qual a participação é produto da identidade política compartilhada pelos atores (Borba, 2012).

No Brasil, a extensão da participação cresceu com a transição do Império para a República, materializando-se principalmente na efetivação dos partidos políticos. Essa mudança proporcionou uma adesão maior dos indivíduos à política.

Segundo Grosselli e Mezzaroba (2011), a ideia de que deveria haver maior participação dos cidadãos nas decisões governamentais emergiu na década de 1960, com movimentos estudantis e comunitários exercendo pressões políticas. De acordo com os autores, quanto mais os indivíduos participam, mais capacitados se tornam para "fazer política". Sobre essa temática, Grosselli e Mezzaroba (2011, p. 7133) mencionam que

> se falta participação política é porque faltam também outros requisitos da vida democrática. Algumas dessas faltas são relacionadas à cultura política, na qual faltaria aos cidadãos nas democracias contemporâneas um elementar sentido de efetividade das práticas políticas civis. Parece ausente a sensação de que há uma conexão de causa e efeito entre a ação do cidadão e o modo como as coisas referentes ao Estado se decidem. Este sentimento se reforça pela impressão de que, com efeito, as indústrias da notícia, do lobby e da consultoria política têm muito maior eficácia junto à sociedade política e ao Estado de que a esfera civil. Haveria como que uma marginalização do papel dos cidadãos [...].

Avelar (2007) propõe que a intensidade da participação varia conforme a posição social do indivíduo: quanto mais central do ponto de vista da estrutura social, maiores a participação e o senso de agregação.

Nesse sentido, é relevante entender que a participação efetiva na política é determinada, também, pelos recursos financeiros individuais.

> A participação na política seria apenas mais um dos atributos dos indivíduos de maior centralidade, aqueles com maiores recursos materiais (dinheiro) e simbólicos (prestígio, educação), essências do arsenal de vantagens sociais e psicológicas que proveem um capital de autoconfiança aos indivíduos, fundamentando-lhes a crença de que podem mudar as situações que lhes são adversas. (Avelar, 2007, p. 229)

Nessa conjuntura, aqueles indivíduos de menor poder aquisitivo, sem recursos simbólicos, sem consciência de seus direitos, sentem-se inibidos de participar, porque apresentam uma autoimagem negativa em comparação à daqueles que participam (Avelar, 2007).

A escassa participação política impede o indivíduo de praticar a cidadania na essência, de se utilizar de um direito. De acordo com Grosselli e Mezzaroba (2011), a cidadania é um *status* concedido àqueles que são membros integrais de uma comunidade; assim, todos que o detêm são iguais em direitos e obrigações.

A busca por demandas e a participação política passam pelo ato de votar. No Brasil, ele é um pré-requisito obrigatório para a atuação cidadã. Na aplicação de questionários realizada por Augusto (2017), observou-se que, entre algumas possibilidades, o voto foi a opção mais citada pelos eleitores como elemento para se praticar a cidadania, como expresso na Tabela 4.2.

Tabela 4.2 – Brasil: elementos considerados relevantes pelos eleitores para a prática da cidadania (2015)

Elementos	Cidade			Total geral (n = 384)
	Laranjeiras do Sul	Maringá	Curitiba	
Ajudar pessoas desfavorecidas financeiramente	16,7%	9,4%	4,5%	5,5%
Cumprir com os serviços militares	0%	0%	1,0%	0,8%
Eleger produtos ambientalmente corretos	0%	1,6%	2,5%	2,3%
Obedecer às leis	16,7%	34,4%	27,1%	28,1%
Pagar impostos	33,3%	12,5%	13,1%	13,3%
Participar em organizações e associações comunitárias	0%	1,6%	10,2%	8,6%
Participar em organizações políticas	0%	4,7%	3,2%	3,4%
Votar	33,3%	35,9%	38,5%	38%
Total	100,0%	100,0%	100,0%	100%

Fonte: Augusto, 2017, p. 173.

A Tabela 4.2 indica que o ato de votar é primordial para o exercício da cidadania para 38% do total de inquiridos, sendo Curitiba a cidade, entre as pesquisadas, com o maior índice nesse aspecto (38,5%). A explicação para esse número considerável reside, possivelmente, na obrigatoriedade do voto, pois, no Brasil, tem sido incutida nos eleitores a ideia de que o voto é um dever do cidadão – diferentemente do caso português, em que o eleitorado entende o voto como um direito.

As demais opções com destaque foram *Obedecer às leis*, com um total de 28,1% e *Pagar impostos*, com um total de 13,3%. Um menor número de eleitores mencionou que *Cumprir com os serviços militares* e *Eleger produtos ambientalmente corretos* são alternativas para a prática da cidadania, totalizando 0,8% para a primeira opção e 2,3% para a segunda.

Podemos destacar que as opções *Participar em organizações políticas* e *Participar em organizações comunitárias*, com apenas 3,4% e 8,6% respectivamente, não foram escolhas significativas para os inquiridos, o que demonstra, mais uma vez, que estes condicionam sua ação como cidadãos ao ato de votar. Laranjeiras do Sul foi a cidade onde menos entrevistados declararam participar de associações comunitárias e organizações políticas. Em Maringá, os números também foram inexpressivos, com 1,6% para *Participar em organizações e associações comunitárias* e 4,7% para *Participar em organizações políticas*. É consenso, porém, que participar de associações comunitárias e organizações políticas é um meio de exercitar a cidadania.

> O que se observa em algumas realidades brasileiras é que a prática da cidadania, na conjuntura política, é restrita ao voto. Logicamente, votar é importante e necessário para um país democrático como o Brasil; entretanto, a cidadania perpassa diversas outras atuações que consolidam a efetiva participação política.

A inserção da população nos partidos políticos contribui, junto com a participação política, para uma representação capaz de fortalecer as instituições partidárias com bases consistentes na sociedade. Desse modo, a falta de participação política tende a repercutir no enfraquecimento de instituições, inclusive daquelas responsáveis pela representação da população, como é o caso dos partidos.

Avelar (2007) salienta que a participação política e a democracia são fenômenos intimamente ligados por uma relação complexa e delicada. Nem todas as democracias apresentam sociedades com alto **grau de politização**, fato que colabora para uma menor participação política. Há a necessidade de que as instituições democráticas capacitem os indivíduos a participar politicamente, visto que esse é o caminho para a democratização.

Nessa conjuntura, os partidos políticos são essenciais para criar enraizamento nos indivíduos, antes mesmo de estes se tornarem eleitores. Kinzo (2005) e Carreirão (2007) evidenciam a necessidade de os partidos políticos se organizarem para a conquista do eleitorado, transformando-se em elementos facilitadores da escolha eleitoral. No trecho a seguir, fica clara a importância dos partidos como instrumentos de orientação para a decisão do voto:

> a condição básica para torná-los [os partidos] um instrumento orientador da decisão é que eles tenham visibilidade suficiente na competição eleitoral. É mediante sua visibilidade, combinada com a contínua participação em eleições, que é possível o surgimento da lealdade partidária, que pode crescer ao longo da experiência política democrática. (Kinzo, 2005, p. 66)

A função primeira dos partidos seria, então, organizar o processo eleitoral. Vale ressaltar que partidos políticos deveriam ser facilitadores e estruturadores, obtendo visibilidade na escolha eleitoral, como menciona a autora. A visibilidade, aliada à contínua participação em eleições gerais e à lealdade partidária, pode crescer ao longo da experiência democrática (Kinzo, 2005).

Kinzo (2005) ainda analisa a possibilidade de os partidos políticos brasileiros oferecerem opções políticas distintas para construir no eleitorado a identificação partidária. Para essa análise, a autora recorre aos índices de volatilidade eleitoral (preferência partidária em determinado lugar).

A volatilidade eleitoral indica as dificuldades de estabilização do sistema partidário: se for baixa, maior é a probabilidade de que os partidos estabelecidos tenham força para determinar as preferências; se for alta, os partidos não conseguem se enraizar junto ao eleitorado.

Segundo a autora, o Brasil apresenta uma das mais elevadas volatilidades eleitorais do mundo. No período de 1982 a 1998, cerca de 30% do eleitorado mudou seu voto em relação ao partido político em que havia votado anteriormente, índice que tem se mantido até os dias atuais (Kinzo, 2005). Nesse sentido, observamos uma personalização de muitas campanhas eleitorais.

> as estratégias utilizadas por candidatos e partidos para maximizar seus ganhos [...] criam uma situação que não apenas estimula a personalização da competição, mas também torna nebulosa a disputa propriamente partidária. Como os partidos têm menos visibilidade do que os candidatos, não conseguem fixar suas imagens junto ao eleitorado, o que dificulta a criação de identidades e conexões com os eleitores. (Kinzo, 2005, p. 67)

Dessa forma, as imagens construídas em torno dos candidatos nos períodos eleitorais contribuem significativamente para a **personificação**. Incorporando essa situação à mídia, consolida-se como elemento de apoio às campanhas eleitorais centradas em personalidades e contribui para o decréscimo das competições centradas em partidos. Assim, a alta volatilidade é um indicador do quanto os partidos estão enfraquecidos perante o eleitorado.

Na efetiva criação de identificações partidárias e afinidades com partidos políticos, é necessário torná-los instituições de confiança para a população – já que, no Brasil, não o são para a maior parcela da população. Em uma pesquisa realizada pela Fundação Getulio Vargas (FGV, 2017), os partidos políticos ocuparam uma posição de destaque, negativamente, no que se refere à confiança dos brasileiros. Veja no Gráfico 4.2.

Gráfico 4.2 – Brasil: confiança dos eleitores em instituições públicas e privadas

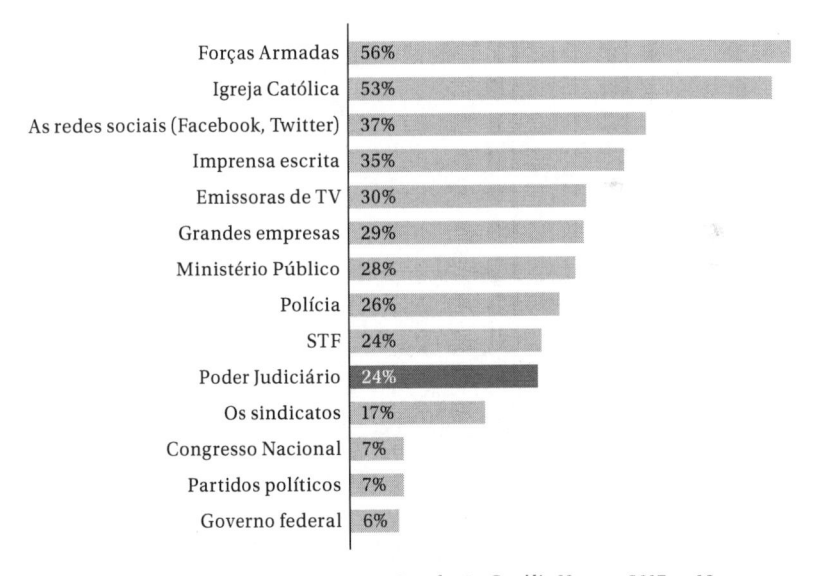

Instituição	%
Forças Armadas	56%
Igreja Católica	53%
As redes sociais (Facebook, Twitter)	37%
Imprensa escrita	35%
Emissoras de TV	30%
Grandes empresas	29%
Ministério Público	28%
Polícia	26%
STF	24%
Poder Judiciário	24%
Os sindicatos	17%
Congresso Nacional	7%
Partidos políticos	7%
Governo federal	6%

Fonte: Fundação Getúlio Vargas, 2017, p. 13.

Na pesquisa, o inquirido tinha a opção de escolher uma ou mais instituições públicas ou privadas. Note que o governo federal obteve o menor grau de confiança (6%), seguido dos partidos políticos

(7%) e do Congresso Nacional (7%). Os números refletem a baixa participação dos partidos no cotidiano da população e demonstram, além de seu não enraizamento como meios de instituir ideologias e filosofias de pensamento, um sentimento negativo: a desconfiança quanto a essas instituições.

Ainda no Gráfico 4.2, observamos que as três instituições que mais inspiram confiança nas pessoas questionadas foram Forças Armadas (56%), Igreja Católica (53%) e redes sociais (37%). A primeira reflete o clichê replicado por inúmeros manifestantes que, no período entre 2015 e 2016, incitaram uma intervenção militar para a retirada do PT e da ex-presidente Dilma Rousseff; esses indivíduos defendem pautas conservadoras, especialmente durante o governo Bolsonaro.

Conforme já enfatizamos, o Gráfico 4.2 aponta para uma tendência de imagem negativa referente às instituições públicas. Um dos fatores que contribuem para isso são os ataques diários empreendidos em redes sociais, os quais intensificam posições e opiniões por vezes distorcidas a respeito daquelas instituições, mas que denunciam também o descaso, a incompetência na gestão de órgãos públicos.

Inerente à produção de "boas imagens" ou "imagens ruins" que promovem (des)confiança no eleitorado estão as *fake news*, tema recorrente nos debates atuais; essas informações falaciosas possivelmente impactam o cognitivo do cidadão e, portanto, a noção/imagem formada a respeito das instituições há pouco mencionadas.

A força de criação e propagação de ideias pelas redes sociais é evidente a ponto de colocar estas últimas como a terceira instituição mais bem avaliada na confiança do eleitorado. Elas se sobrepuseram a outros meios/instituições que, em um passado recente, detinham significativo poder de influência da opinião pública, como, por exemplo, as redes de TV. As já citadas *fake news* são disseminadas naquele ambiente virtual, o que possibilita exaltar e também rechaçar/aniquilar imagens de pessoas, partidos e grupos políticos, por exemplo.

Focalizando novamente os partidos políticos brasileiros, as segundas instituições mais desacreditas conforme indica o Gráfico 4.2, há necessidade de se conhecer seu funcionamento, bem como seus objetivos. De acordo com Araújo (2004), os partidos atuam como instituições voltadas para a disputa e o exercício do poder. Assim, sua característica fundamental é influenciar ações sociais de qualquer conteúdo. Nesse sentido, Araújo (2004, p. 4) discorre que na visão de Maurice Duverger

> a linguagem cotidiana restringe o uso da palavra partido aos grupos organizados para a disputa e exercício do poder no âmbito de uma organização estatal. No entanto, para ele, essa restrição ainda é manifestamente insuficiente. Com esse sentido, a palavra continua a englobar facções de todo tipo: grupos de cidadãos nas repúblicas da antiguidade, bandos sob a liderança de chefes militares, clubes de deputados e partidos modernos. Apenas a estes últimos caberia, a rigor, o termo partido: organizações políticas caracterizadas pela existência articulada de facções parlamentares e comitês eleitorais. Partido supõe, nessa acepção, atuação parlamentar conjunta de um grupo e ações organizadas com vistas à eleição de seus membros. Segundo essa definição, portanto, organizações clandestinas, sociedades secretas, movimentos de massa que não disputam o poder pelos caminhos que a institucionalidade define como legais, não seriam partidos, no sentido moderno do termo.

Entretanto, as discussões acerca de partidos políticos (neste caso, dos partidos políticos brasileiros) devem levar em consideração os objetivos e as diferenças ideológicas nessas instituições que buscam o poder, muitas vezes, a qualquer custo.

O debate recorrente evidencia, principalmente, a origem ideológica da esquerda e da direita, possibilitando compreender as atribuições que diferenciam as instituições partidárias. Michels (1982, p. 224) evidenciou, em análise sobre os partidos socialistas e partidos voltados às classes dominantes, que

> A luta que os socialistas travam contra os partidos das classes dominantes não é mais concebida como uma luta de princípios, mas como uma luta de concorrência. O partido revolucionário rivaliza com os partidos burgueses pela conquista do poder. Por isso ele abre seus quadros a todos os indivíduos que possam lhe ser úteis sob esse aspecto ou sejam simplesmente suscetíveis a reformar e aumentar seus batalhões na luta em que está engajado.

Os partidos caracterizam-se como aglutinadores de forças que potencializam ações e levam determinado grupo ou pessoa ao poder, como afirma Michels (1982). Uma preocupação que afeta as instituições partidárias é sua potencialidade no jogo de forças para alcançar o poder ou manter-se nele. Para esclarecer, recorremos às ideias de Bobbio (2007, p. 60):

> A função das instituições políticas é a de dar respostas às demandas provenientes do ambiente social ou, segundo uma terminologia corrente, de converter as demandas em respostas. As respostas das instituições

políticas são dadas sob a forma de decisões coletivas vinculatórias para toda a sociedade. Por sua vez, estas respostas retroagem sobre a transformação do ambiente social, do qual, em sequência ao modo como são dadas as respostas, nascem novas demandas, num processo de mudança contínua que pode ser gradual quando existe correspondência entre demandas e respostas [...].

Portanto, é importante observar em que medida os partidos políticos estão atrelados à sociedade e se oferecem como contrapartida do mérito da representação do todo ou da maioria (para o caso dos partidos com sucesso eleitoral, por exemplo). Na geografia eleitoral, a relação nas abordagens entre geografia e partidos políticos ocorre por meio da análise da distribuição dos votos por partidos no território, ou seja, os sucessos eleitorais nos cenários político-partidários.

Síntese

A geografia eleitoral é uma subárea que utiliza inúmeros conceitos e temas para a sua construção teórico-metodológica. Muitos deles não são originários da geografia, o que torna a subárea interdisciplinar. Conceitos como poder, Estado, escala, efeito vizinhança e partido político são entendidos como balizadores das discussões da geografia eleitoral. Os partidos políticos, em especial, têm grande relevância, pois contribuem diretamente para a definição das escolhas eleitorais; por isso, analisamos a simpatia e a confiança do eleitorado para com os partidos portugueses e brasileiros.

Indicação cultural

VOCAÇÃO do poder. Direção: José Joffily e Eduardo Escorel. Brasil, 2005. 110 min.

Esse documentário é resultado da cobertura da campanha eleitoral de 6 dos 1.101 candidatos às 50 vagas na Câmara dos Vereadores nas eleições municipais do Rio de Janeiro em 2004. Para investigar o "nascimento" de um político, os diretores aplicaram um questionário sobre as orientações políticas e partidárias e as condições da campanha.

Atividades de autoavaliação

1. Leia o trecho a seguir, extraído da Seção 4.1.

> A gestão e a organização de um espaço controlado, transformado em território, perpassam as ações de escolhas do processo democrático, mas se originam no seio das relações de poder entre pessoas (políticos e demais atores desse meio) que buscam e/ou mantêm o poder em diferentes escalas.
> Na geografia eleitoral, tomamos como exemplo, geralmente, o poder exercido pela legitimidade impulsionada pelos processos eleitorais.

Entende-se que as eleições contribuem para legitimar o poder de grupos e pessoas. Nesse sentido, o conceito de poder é relevante para compreender os fenômenos que envolvem a geografia eleitoral. Sobre esse conceito, é correto dizer:

a) O redistritamento está intimamente relacionado ao poder. Por meio dele, delimita-se o poder, mesmo que haja diferentes relações sobrepostas.

b) A utilização do conceito de poder na geografia eleitoral oferece a possibilidade de atrelá-lo a escalas de análise, o que é plausível pela análise que as instituições partidárias, os políticos e os grupos políticos têm nos diferentes limites.

c) O poder legitimado por meio de pleitos eleitorais geralmente não é definido pelo cargo ou pela ocupação que o partido ou o político exercem em sua função na sociedade.

d) O poder instituído pelo voto não sofre alterações no cotidiano da atuação política, o que o leva a intercalar-se com as demais esferas.

e) O poder deve ser analisado como superficial; em nada interfere nos resultados eleitorais, por exemplo.

2. Leia o trecho a seguir.

> A discussão sobre a formação e o desenvolvimento do Estado deve, portanto, partir de duas afirmações:
> 1) O conceito de Estado está efetivamente ligado à história da Europa e da teoria política ocidental.
> 2) Não há nenhuma lei geral e uniforme que institua o (re)surgimento ou o desaparecimento de Estados.
> Os Estados foram originados de maneiras diferentes, e seus respectivos desenvolvimentos não seguem uma única via (Barton, 1997).

Sobre as diferentes linhas explicativas acerca do conceito de Estado considere:

I. No caso das abordagens de conflito, enfatizam a natureza conflituosa de interesses e valores na sociedade e consideram o Estado um dispositivo de poder necessário para regular conflitos.

II. As teorias marxistas são uma versão das abordagens de conflito, pois enfatizam a luta inevitável entre as diferentes classes e a incompatibilidade de interesses econômicos, bem como afirmam que o Estado nada mais é do que um instrumento por meio do qual os proprietários mantêm seu poder sobre a grande massa da classe trabalhadora.

III. O capitalismo e a construção do Estado estavam intimamente ligados; com base nisso, podemos argumentar que o Estado é o meio pelo qual os capitalistas controlam outras classes da sociedade, a fim de proteger seus próprios interesses.

É correto o que se afirma em:
a) I, apenas.
b) II, apenas.
c) I e III, apenas.
d) II e III, apenas.
e) I, II e III.

3. A respeito do conceito de escala é incorreto afirmar que:
a) pode ser utilizado na geografia eleitoral de maneira integradora: tanto na maneira dimensional do seu uso (por meio, por exemplo, da diferenciação de município, unidade federativa e federação) quanto no contexto das relações subjetivas que formam diferentes fronteiras, principalmente no que diz respeito à atuação do poder.
b) pode e deve ser analisado por seu caráter relacional, e não apenas como visão única de tamanho ou dimensão espacial.
c) na geografia política, é entendido como um elemento criado para beneficiar ou facilitar ações sociais e políticas, entre outros interesses de minorias.

d) as eleições em diferentes escalas de pleitos eleitorais permitem não só diferenciações, mas também aproximações de suas possíveis similaridades.

e) consiste em uma estratégia de apreensão da realidade. Portanto, é importante compreendê-lo como problema não apenas dimensional, mas também fenomenal.

4. Leia a notícia a seguir.

> **Apenas 4% das fronteiras do Brasil são monitoradas**
> *Sistema que deveria bloquear armas e drogas já custou mais de R$ 1 bilhão*
> A extensão continental das fronteiras brasileiras coloca a tecnologia como elemento fundamental para aumentar o controle do fluxo de drogas e armas. São 16.866 quilômetros no total de fronteira terrestre, cinco vezes e meia a linha que divide Estados Unidos e México, de pouco mais de três mil quilômetros. No entanto, o Sistema Integrado de Monitoramento de Fronteiras (Sisfron), projeto iniciado ainda em 2012 como grande aposta para enfrentar o desafio, só cobre 660 quilômetros – cerca de 4% das fronteiras nacionais.

Fonte: Mariz, 2017.

Sabemos que as fronteiras delimitam territórios; são locais que geram tensões não só pelas múltiplas territorialidades, mas também pela disputa/de forças existentes em suas proximidades. Protegê-las e fortalecê-las, contudo, gera grandes custos. De acordo com as informações deste capítulo e as da notícia citada, é correto afirmar que fronteiras estão intimamente relacionadas com:

a) o poder.
b) a população e os imigrantes.
c) a região e a paisagem.
d) o espaço geográfico em suas diferentes características.
e) o partido político e os grupos políticos.

5. Segundo Barton (1997), os Estados foram originados de maneiras diferentes e seus respectivos desenvolvimentos não seguiram uma única via. No entanto, a fim de aumentar a identidade nacional entre as pessoas, criaram-se alguns símbolos, como o hino, a bandeira e os heróis nacionais. Ao desenvolver o sentimento de pertença, as elites tentaram transformar seus Estados em Estados-nação, por meio dos quais se instituíram como poder político. Ainda de acordo com esse autor, na teoria constitucional, o Estado é estabelecido por um acordo ou contrato social entre:

I. cidadão e governante.
II. partido político, governantes e cidadãos.
III. governantes, grupos de poder e eleitores.

É correto o que se afirma em:
a) I, apenas.
b) II, apenas.
c) I e III apenas.
d) II e III apenas.
e) I, II e III.

Atividades de aprendizagem
Questões para reflexão

1. Leia o trecho a seguir.

> A Geografia Eleitoral centrada, prioritariamente, na análise dos padrões espaciais de votação, manteve-se até 1970, ano que adentrou à agenda da disciplina outras preocupações, com destaque ao chamado Efeito Vizinhança **e as dinâmicas espaciais da vida política. A partir de então, a Geografia Eleitoral pautou-se na análise do contexto social do eleitor.** O fato levou a um **enriquecimento** [tanto] conceitual e temático como metodológico, completado pelo misto do quantitativo (padrões espaciais de votação) e do qualitativo (análise das motivações via contexto social do eleitorado).

Fonte: Augusto, 2017, p. 57.

O trecho elucida características do efeito vizinhança. Com base nas informações apresentadas, responda.

a) O efeito vizinhança pode ser considerado um condicionante do voto? Cite exemplos.

b) Quais estratégias os partidos políticos podem utilizar para angariar votos em uma realidade em que o efeito vizinhança esteja consolidado? Discorra sobre isso.

2. É bastante difundida a informação de que no Brasil há um excesso de funcionários públicos. Entretanto, em relação a outros países, o Brasil apresenta um dos menores percentuais de servidores contratados, conforme expresso no gráfico a seguir, com dados extraídos de Terraço Econômico (2016).

Funcionários públicos em relação ao total de trabalhadores (%)

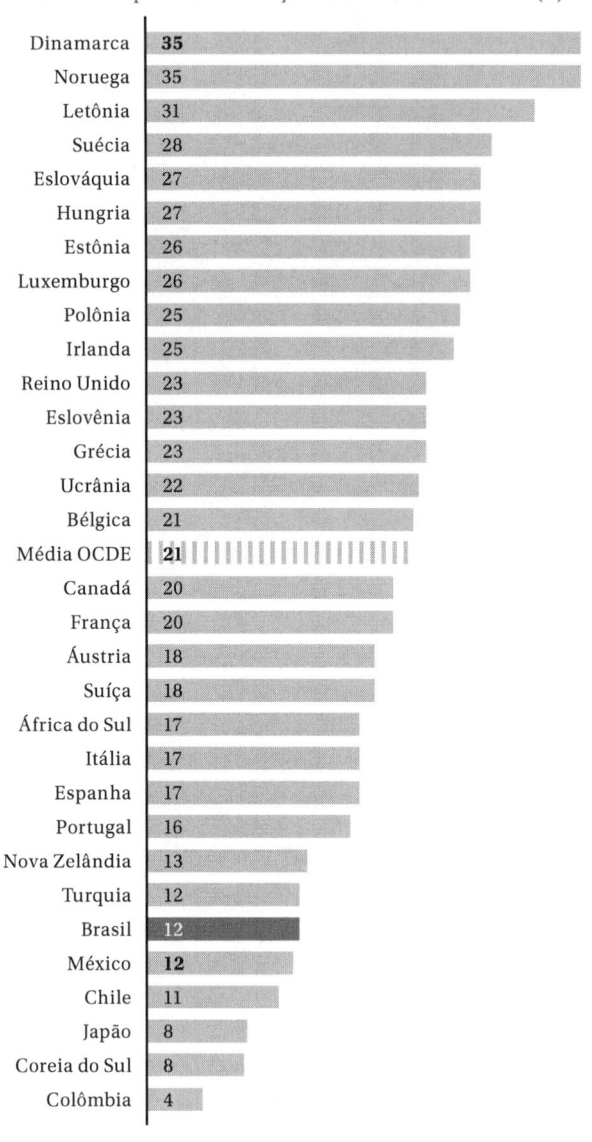

País	%
Dinamarca	35
Noruega	35
Letônia	31
Suécia	28
Eslováquia	27
Hungria	27
Estônia	26
Luxemburgo	26
Polônia	25
Irlanda	25
Reino Unido	23
Eslovênia	23
Grécia	23
Ucrânia	22
Bélgica	21
Média OCDE	21
Canadá	20
França	20
Áustria	18
Suíça	18
África do Sul	17
Itália	17
Espanha	17
Portugal	16
Nova Zelândia	13
Turquia	12
Brasil	12
México	12
Chile	11
Japão	8
Coreia do Sul	8
Colômbia	4

Redija um texto explicando o conceito de Estado. Você pode fazer uma análise da atuação do Estado e interpretá-la com base no número de servidores públicos apesentado no gráfico citado, por exemplo. Para compor sua argumentação, pode mencionar também o caso do Brasil.

Atividade aplicada: prática

1. Faça uma pesquisa de gestão e estratégia de partidos políticos. Pontue os diferentes objetivos existentes entre os partidos selecionados, bem como suas estratégias para angariar votos. Depois, elabore um quadro que contenha os atuais sucessos eleitorais das instituições analisadas.

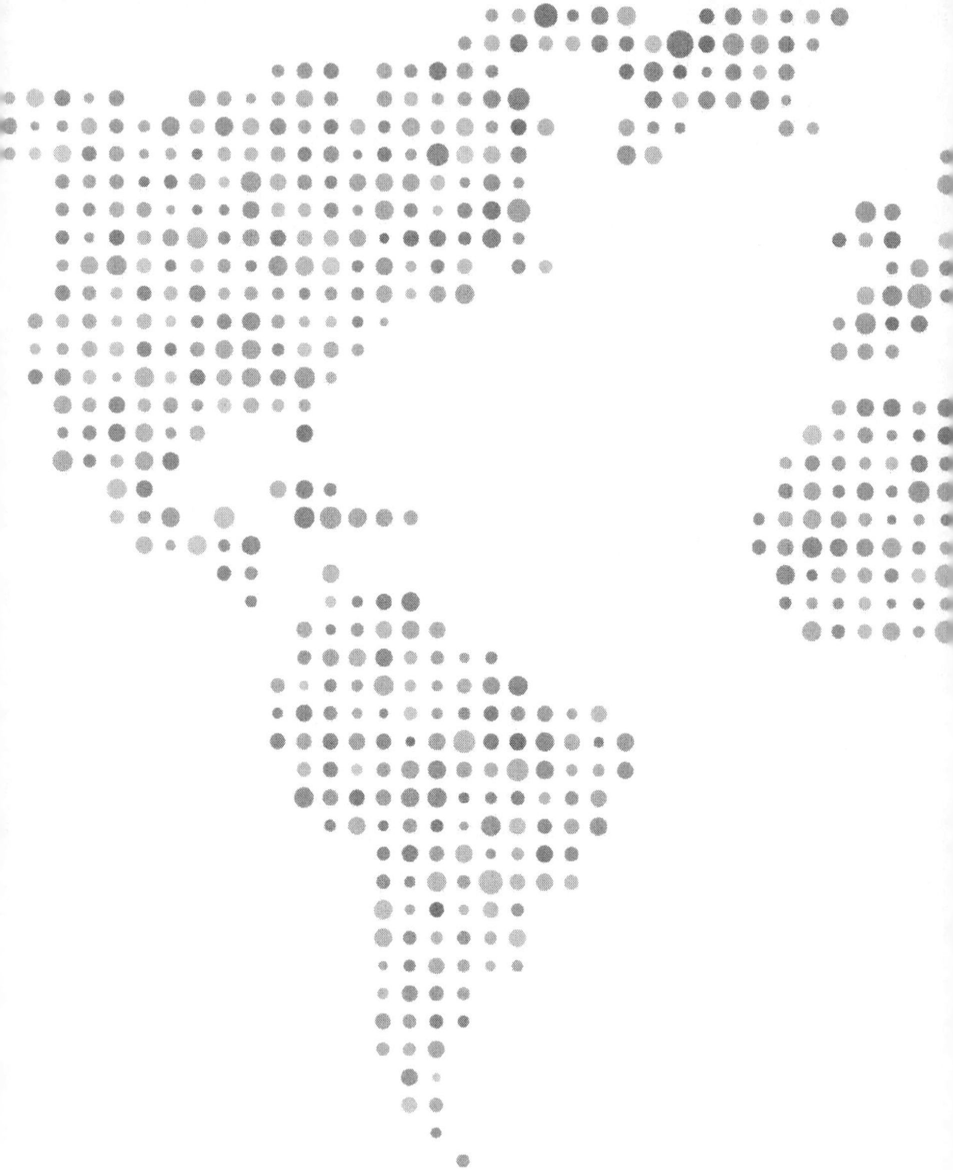

5

Geometria partidária espacial: Portugal e Brasil

Neste capítulo, temos como intuito apresentar a você, leitor, exemplos da geometria partidária espacial, evidenciando a distribuição dos votos em Portugal e no Brasil. Vale ressaltar que a utilização de ambos os países como exemplo se deve à diferença territorial entre eles.

A abordagem das escolhas eleitorais empreendida nos capítulos anteriores forneceu arranjos que, quando comparados com os cenários eleitorais dos países, destacam os sucessos de cada partido político em seu território. As estratégias eleitorais, o tipo de eleitorado e as escalas de pleitos eleitorais são alguns dos elementos que possibilitam a concentração de ganho eleitoral de um partido político.

Você observará, nas discussões deste capítulo, que os cenários político-partidários contribuem diretamente para a escolha eleitoral e que esta se diferencia de acordo com a região, tornando diversa a distribuição das maiores votações por partidos políticos em todo o território.

Vale lembrar que a geografia aplicada a esse contexto é aquela que lança mão, via de regra, de dados e números, tornando a análise não só qualitativa, mas também quantitativa.

Este capítulo foi elaborado com base na tese de Augusto (2017). Todos os dados foram extraídos de portais de órgãos oficiais responsáveis pelas estatísticas de seus respectivos países (Portugal ou Brasil), bem como das construções teóricas e empíricas baseadas nos questionários aplicados na pesquisa da referida tese[1].

---

1. Conforme advertimos em capítulos anteriores, os dados não necessariamente refletem uma posição de todo o eleitorado dos países citados.

5.1 Equilíbrio partidário e sucessos eleitorais no território português

Um território é constituído de inúmeros elementos que o organizam e compõem a sociedade. As instituições partidárias têm relevância nesse contexto, porque contribuem para a consolidação da gestão dos territórios.

O "jogo de forças" inerente aos pleitos eleitorais propicia o ordenamento e o reordenamento do território. As eleições e a atuação dos partidos políticos são elementos territoriais nesse "jogo" da política partidária, no qual todos os processos de construção da campanha eleitoral, da decisão do voto, bem como dos sucessos eleitorais, são estabelecidos por relações sociais que constroem a geometria partidária espacial.

As relações sociais entre as diversas instituições e entre as pessoas geram permanências, continuidades e renovações entre aqueles que estão no poder ou que o buscam. Constituem esse fenômeno múltiplos tipos de relações sociais – desde as mais singelas, como as amizades, até as mais amplas e complexas, como o vínculo de uma empresa com determinado grupo ou partido político.

A formação da decisão do voto resulta de um construto de relações sociais estabelecidas com a terra, a família e a vizinhança, conferindo ao processo um caráter territorial. Assim, a identidade com lugares, partidos políticos e candidatos delineia grupos no imaginário do eleitorado (Saquet, 2011).

A territorialização dos grupos de poder constrói-se alicerçada no entrelaçamento dos sujeitos do lugar em diferentes escalas de análise. De acordo com Saquet (2011), o processo denominado *territorialização* é um movimento objetivo e subjetivo, histórico e relacional de construção de territórios e territorialidades, que, simultaneamente, determina a si mesmo como movimento: "O território é apropriado e produzido socialmente no tempo e no espaço; ele significa a relação entre espaço-tempo em movimento de unidade; é reconstruído incessantemente, tanto espacial como temporalmente, pelas relações sociais, econômicas, políticas e culturais" (Saquet, 2011, p. 40).

De acordo com o autor, a interação é elemento primordial para uma abordagem que trabalhe questões relacionadas à comunidade, neste caso, ao eleitorado. Portanto, devemos considerar que

> Os indivíduos interagem, de modo especial, cultural e economicamente, e são essas relações que se condicionam, que correspondem à territorialidade ou às territorialidades [...]. Podemos observar que o território e a territorialidade são compreendidos como produto de entrelaçamento entre os sujeitos de cada lugar, desses sujeitos com o ambiente e desses sujeitos com indivíduos de outros lugares, efetivando relações sociais **tramas transescalares** entre diferentes **níveis** territoriais. (Saquet, 2011, p. 46, grifo do original)

O entrelaçamento entre os atores sociais condiciona o território a formar conexões que, em muitos casos, consistem em **redes de poder**. Os partidos políticos e suas ações nos pleitos eleitorais integram uma rede em que há relações entre eleitores, partidos políticos e atores sociais, como empresários, candidatos e cabos eleitorais. Todo esse processo visa ao alcance e/ou manutenção do poder, que é legitimado nas eleições.

Grupos de poder e partidos políticos almejam o constante sucesso eleitoral, angariando vínculos e comprometimento na busca pelo voto da maior parcela do eleitorado. Em Portugal, em escala nacional, os sucessos eleitorais desde 1995 têm envolvido dois partidos políticos: o PSD (Partido Social Democrata) e o PS (Partido Socialista). Foram esses os que obtiveram as maiores porcentagens de eleitores votantes, como se vê na Tabela 5.1.

Tabela 5.1 - Portugal: porcentagem dos votos em eleições legislativas por partido político

Partido político	Eleição/Ano (%)						
	1995	1999	2002	2005	2009	2011	2015
PSD	34,1	32,3	**40,2**	28,7	29,1	**38,6**	**36,8**
PS	**43,7**	**44**	37,7	**45**	**36,5**	28	32,3
CDS-PP	9	8,3	8,72	7,24	10,4	11,7	(**)
PCP	8,5	8,9	6,9	7,54	7,86	7,9	8,25
BE	(*)	2,4	2,7	6,35	9,81	5,17	10,19
Outros partidos	4,7	4,1	3,78	5,17	6,33	8,63	12,46
Total	100	100	100	100	100	100	100
Abstenção eleitoral	33,7	38,9	38,5	35,7	40,3	41,9	44,1

(*) Neste período o referido partido político não tinha sido instituído.
(**) O CDS-PP para as eleições legislativas de 2015 compôs legenda com o PSD.

Fonte: CNE, citado por Augusto, 2017, p. 153.

Observe que os sucessos eleitorais são restritos aos grupos com maior capacidade de articulação na rede da política partidária – no caso português, o PS e o PSD, que se alternam como os partidos com maiores números de votações para a Assembleia da República.

A partir de 1995, o PS passou a ter leve hegemonia com a eleição de correligionários para o governo central, pois, entre os sete pleitos realizados desde então, o PS teve maioria em quatro. Destaca-se, ainda, o fato de haver continuidades nos governos do PS. As eleições de 1995 e 1999 tiveram as maiores votações para o partido, bem como as eleições de 2005 e 2009.

Já as eleições de 2011 e 2015 resultaram em maiores votações para o PSD, partido do ex-primeiro-ministro Passos Coelho. A continuidade do governo do partido foi interrompida nas eleições de 2005, nas quais o PSD não conseguiu seguir com seus mandatos em razão do sucesso eleitoral do PS.

Considerando as votações expressas nos diferentes espaços temporais, é possível perceber que a política partidária se apropria do território para torná-lo elemento relevante para os sucessos eleitorais. No caso da Assembleia da República em Portugal, estes se concretizaram para os partidos PSD e PS. Os mapas a seguir apresentam a distribuição das maiores votações nas eleições para a Assembleia da República em 1995, 1999, 2005 e 2009, por partido político, para os anos em que o PS obteve as maiores votações.

Mapa 5.1 – Distritos de Portugal insular e continental: eleições de 1995

Fonte: CNE, 2015, citado por Augusto, 2017, p. 155.

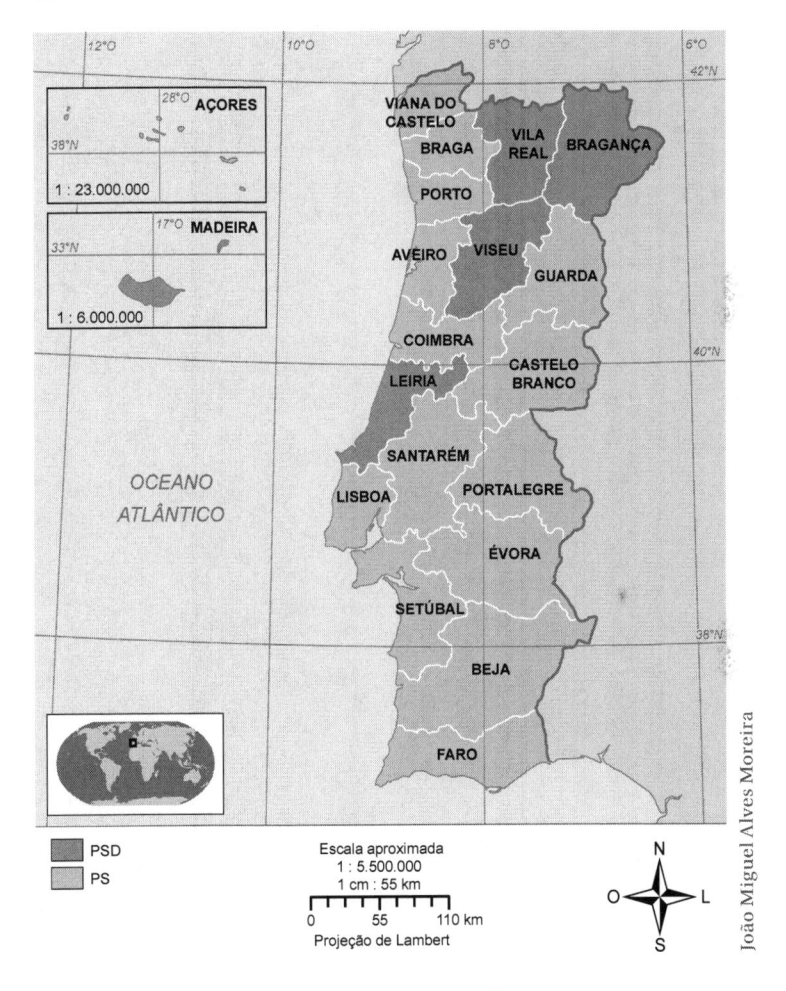

Mapa 5.2 - Distritos de Portugal insular e continental: eleições de 1999

- PSD
- PS

Escala aproximada
1 : 5.500.000
1 cm : 55 km
0 — 55 — 110 km
Projeção de Lambert

João Miguel Alves Moreira

Fonte: CNE, 2015, citado por Augusto, 2017, p. 155.

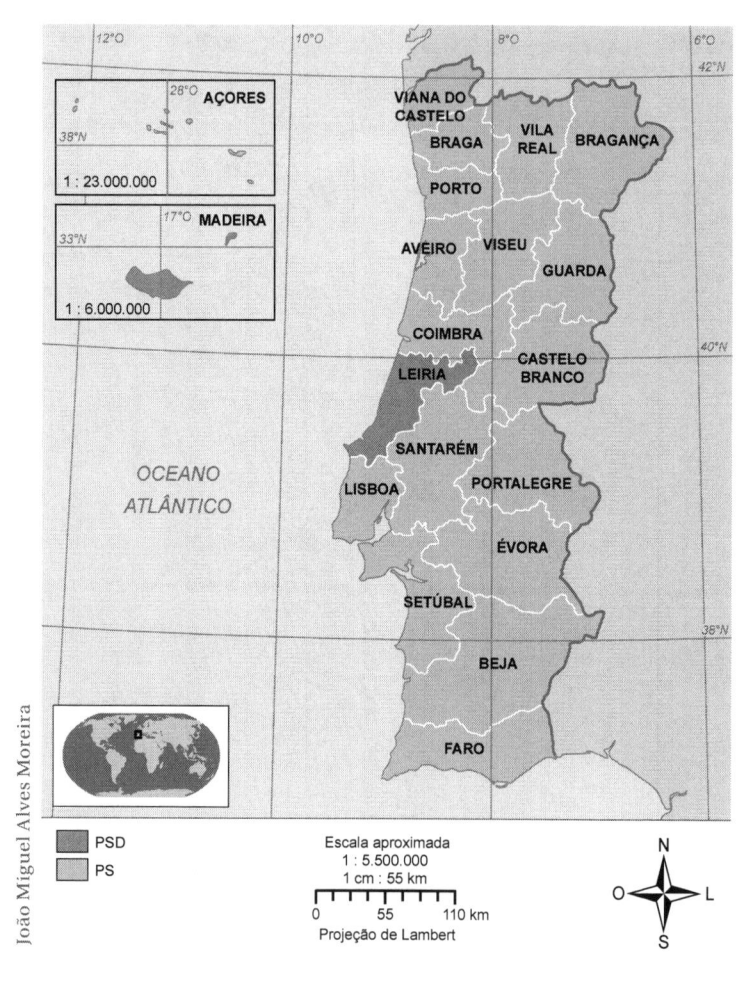

Mapa 5.3 – Distritos de Portugal insular e continental: eleições de 2005

Fonte: CNE, 2015, citado por Augusto, 2017, p. 155.

Mapa 5.4 – Distritos de Portugal insular e continental: eleições de 2009

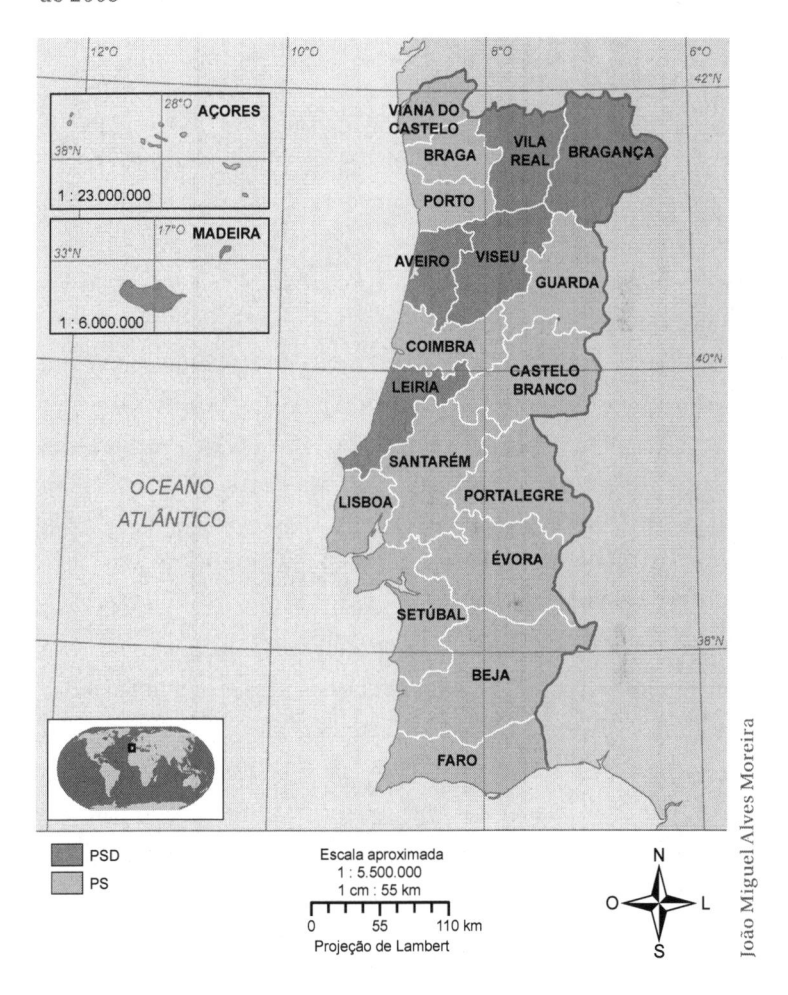

Fonte: CNE, 2015, citado por Augusto, 2017, p. 155.

As representações constantes nos Mapas 5.1 a 5.4 demonstram os sucessos eleitorais dos dois partidos que se alternaram no governo central português de 1995 a 2015, eleições em que o PS obteve as maiores taxas de votação.

Observe, nas quatro representações, que o território português se divide basicamente em dois grandes conjuntos de votações por partido político. O primeiro localiza-se no norte do país, onde se verifica maior predisposição para se votar no PSD, e o segundo localiza-se no centro-sul, onde as maiores votações são para candidatos do PS.

Você pode perceber, ainda, que o PS foi o partido com maior êxito nas eleições para a Assembleia da República. Nas eleições de 2005, por exemplo, foi o partido mais votado em praticamente todos os distritos portugueses, com exceção da Ilha da Madeira e do distrito de Leiria, nos quais o PSD obteve maioria dos votos.

Vale ressaltar que a maioria dos eleitores da Ilha da Madeira e do distrito de Leiria foram, de 1995 a 2019, fiéis ao PSD (especialmente no apoio ao então primeiro-ministro, Passos Coelho), já que representaram as maiores votações nesse partido em todas as eleições para a Assembleia da República.

A tendência de se votar no PS no centro-sul e nas Ilhas Açorianas corrobora a formação e a consolidação de verdadeiros territórios de grupos partidários, legitimados pelas altas votações em determinados partidos, o que é evidenciado pela geometria partidária espacial.

Como afirma Cataia (2011, p. 120), a análise pela geografia eleitoral é importante porque "A geografia incorpora o conceito de território, ele é qualificado como o espaço de dominação de um dado grupo social". Logo, o conceito de território abrange uma gama de possibilidades de abordagem que extrapolam aquela muito difundida pela dominação e poder.

> O território não é apenas político-estatal (em suas feições interna – nas relações Estado/cidadãos e relações intergovernamentais – e externa – relações diplomáticas e militares), econômico ou cultural. Entendido como um **espaço banal**, o território usado pode abrir novas perspectivas à análise política em geografia, pois a consideração de outras variáveis, que não apenas a estatal, permite apreciar outras fontes de poder, bem como autoriza analisar os conflitos pelo uso de espaços que não são circundados por fronteiras (escala nacional) ou por limites político-administrativos (estados e municípios). (Cataia, 2011, p. 123-124, grifo do original)

> O território é "palco" de conflitos e disputas de interesses, proporciona novas fronteiras em diferentes escalas, estabelecendo, assim, a geometria partidária espacial. As relações culturais entre os diferentes elementos intrínsecos ao território possibilitam seu diferente uso. Os partidos políticos, os grupos de poder, inclusive aqueles de cunho econômico, podem, por sua vez, suscitar (re)configurações na geometria eleitoral do país. Os vínculos entre os partidos políticos e os grupos de poder no eleitorado influem diretamente nessa configuração e distribuição dos círculos eleitorais no território.

Carneiro e Moisés (2015) explicam que o enraizamento dos partidos políticos na sociedade é medido pelo voto expresso por respondentes de pesquisas e pelo voto ideológico/pragmático conforme uma escala de esquerda/direita. Na análise do conjunto de questionários aplicados aos portugueses em Augusto (2017), ficou evidente que o entendimento de fenômenos e temáticas ligados à política partidária permitiu aos eleitores compreender diferentes propostas e características dos partidos políticos. Isso lhes possibilitou assumir posições ideológicas e/ou adentrar o campo da identificação partidária para decidir seu voto. Os padrões de votação e sua distribuição no território ajudaram a consolidar esse fato.

Os mapas a seguir apresentam a distribuição das maiores votações para a Assembleia da República no território português nas eleições de 2002 e 2011, as quais demonstraram sucessos eleitorais do PSD.

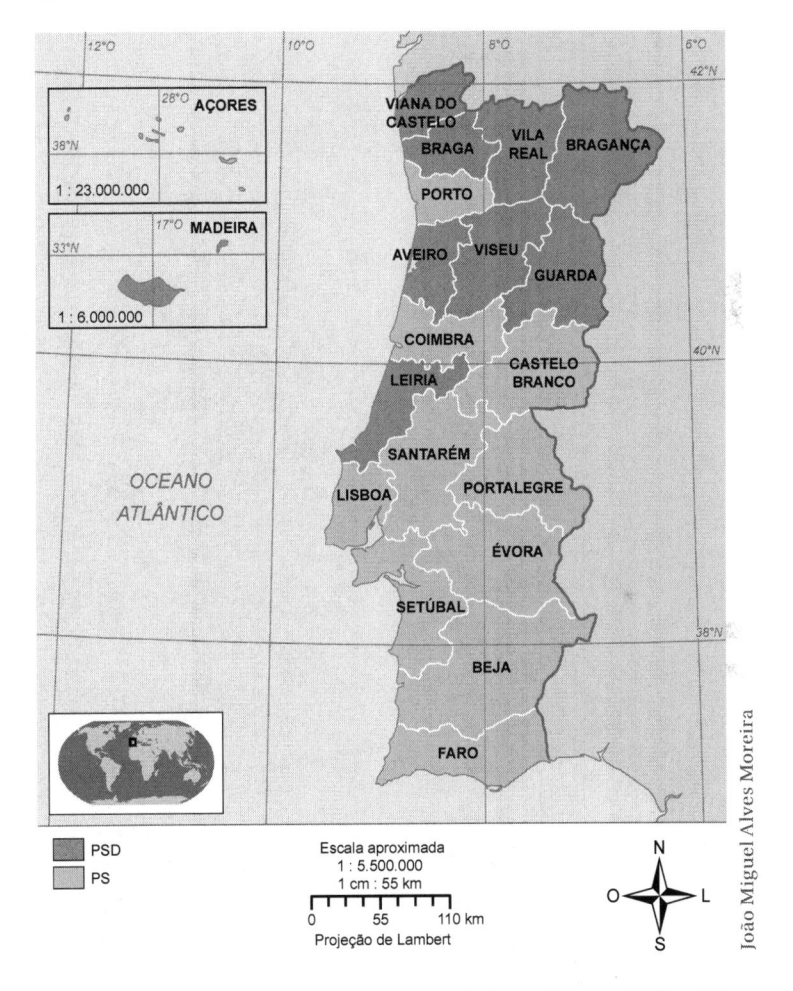

Mapa 5.5 – Distritos de Portugal insular e continental: eleições de 2002

Fonte: CNE, 2015, citado por Augusto, 2017, p. 158.

Mapa 5.6 – Distritos de Portugal insular e continental: eleições de 2011

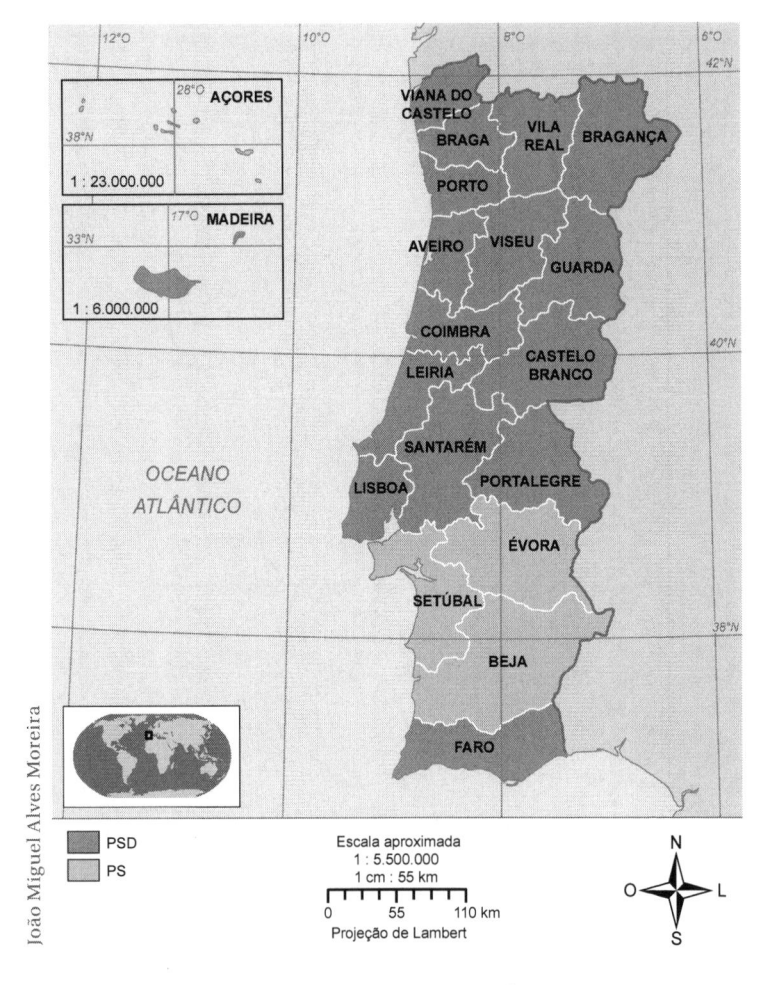

Fonte: CNE, 2015, citado por Augusto, 2017, p. 158.

Nos Mapas 5.5 e 5.6, faz-se notar um padrão de votação para o PSD. A análise da distribuição dos votos possibilita verificar que os eleitores do norte do país identificam-se partidariamente com esse partido, pois, nas duas eleições em que este obteve êxito em eleger-se para a Assembleia da República, o padrão de votação resultou em uma ampla maioria no norte do país. A única exceção para esse padrão de votação foi verificada nas eleições de 2011, em que o distrito de Faro (sul do país) obteve maioria dos votos para o PSD.

No que se refere à Portugal insular, observamos, nos Mapas 5.5 e 5.6, que as ilhas se dividiram em dois padrões de votação: a Região Autônoma da Madeira teve maioria dos votos para o PSD, e a Região Autônoma dos Açores, para o PS.

No cômputo geral, considerando-se o território português, efetivaram-se importantes relações entre eleitorado e partidos políticos. Esses vínculos, consolidados por meio da identificação entre eleitor e partido político, culminaram em padrões de votações voltados a dois partidos políticos: PSD e PS.

O grau de afinidade, a proximidade de contexto, bem como o conhecimento e a aceitação de propostas de governo, criaram possíveis identificações entre eleitores e partidos políticos, possibilitando um considerável enraizamento destes últimos na sociedade portuguesa durante as eleições para a Assembleia da República.

Assim, os Mapas 5.5 e 5.6 mostram que o **voto regionalizado** é consequência de uma organização territorial baseada em relações sociais estabelecidas entre partidos políticos e eleitorado, definidas por uma geografia eleitoral bipolarizada (norte e centro-sul).

A Tabela 5.2, a seguir, demonstra que, nas eleições de escala local, como aquelas para Câmara Municipal, esses partidos igualmente se mostram relevantes. Analisando as três cidades em questão, notamos que o PCP também figura como um importante partido político. A tabela registra as votações dos cinco partidos políticos que obtiveram maiores votações em um espaço temporal de 20 anos. Note que os números em destaque são aqueles que representam sucesso eleitoral, ou seja, primeiro lugar nas eleições.

Tabela 5.2 – Portugal: porcentagem dos votos por partido político nas eleições para Câmara Municipal

Partido político	Cidade	Ano eleitoral (%)					
		1993	1997	2001	2005	2009	2013
PSD	Braga	28,5	27,3	35,2	38,8	42,5	**46,7**
	Évora	17,2	13,4	9,5	14,7	17,5	14,7
	Lisboa	26,3	39,2	**42,9**	28,2	**42,4**	22,3
PS	Braga	**50,2**	**50,3**	**47,7**	**44,5**	**44,8**	32,8
	Évora	15,4	34,3	**45,2**	**43,3**	**40,4**	25,9
	Lisboa	**56,7**	**51,8**	41,5	**35,8**	26,5	**50,9**
CDS-PP	Braga	5,9	7,6	(**)	(**)	(**)	(**)
	Évora	5,3	3,4	1,6	1,45	2,2	(**)
	Lisboa	7,7	(**)	7,5	3,7	10,5	(**)
PCP	Braga	12,1	9,1	8,8	7,6	6,2	8,7
	Évora	**57,8**	**45,2**	40,1	32,9	34,7	**49,3**
	Lisboa	17,5	3,8	(**)	10,9	11,4	9,8
BE	Braga	(*)	(*)	3,3	4,3	3,8	1,3
	Évora	(*)	(*)	0,4	2,6	2,8	3,9
	Lisboa	(*)	(*)	3,8	2,9	7,9	4,6
Abstenção	Braga	29,4	34,4	29	32,2	34,7	40,1
	Évora	39,5	40	37,2	44,9	44,9	50,3
	Lisboa	46,5	51,7	45,1	47,4	47,4	54,9

(*) Neste ano o referido partido político não tinha sido instituído.
(**) Para este pleito o partido coligou-se com outro partido.

Fonte: CNE, 2015, citado por Augusto, 2017, p. 160.

Os dados contidos na Tabela 5.2 subsidiam uma análise sobre a conjuntura dos partidos políticos e as tendências nos padrões de votações para as eleições na escala local em Évora, Braga e Lisboa. Em Évora, nota-se uma constante concernente a sucessos eleitorais dos partidos de esquerda, PCP e PS. O primeiro obteve sucesso eleitoral nas eleições de 1993, 1997 e 2013; já o segundo obteve êxito nas eleições de 2000, 2005 e 2009 consecutivamente. Évora mostrou-se, então, um importante território eleitoral desses partidos.

Podemos, ainda, perceber que Braga, apesar de apresentar tendências de votar em partidos de direita em pleitos de escala nacional, depositou, até as eleições de 2009, maioria dos votos no PS. Das seis eleições para a Câmara Municipal, o partido obteve sucesso em cinco – exceto nas de 2013, quando pela primeira vez em 24 anos[2] outro partido político assumiu a Câmara Municipal, o PSD, do ex-primeiro-ministro Passos Coelho.

O fato corrobora dois fenômenos relevantes para a geografia eleitoral: 1) a diferença em identificações partidárias acontece à medida que se muda a escala de pleito eleitoral; e 2) as eleições locais pautadas em imagens pessoais e proximidade do candidato potencializam o voto alicerçado na identificação pessoal, pois supõe-se que o partido não é tão necessário na escala local, em comparação à escala nacional.

A Tabela 5.2 indica considerável crescimento nos números de votos para o PSD entre os eleitores de Braga; fato que conduziu o partido ao sucesso eleitoral nas eleições de 2013. Na esteira dessa evolução do número de votos do PSD, o desempenho do PS decresceu, passando de 50,2% dos votos nas eleições de 1993 para 32,8% nas eleições de 2013.

2. Em 1989, o PSD venceu pela última vez as eleições para a Câmara Municipal de Braga.

Note que, nos exemplos de Lisboa, destacam-se também os dois partidos hegemônicos em Portugal: PSD e PS. O primeiro obteve êxito em duas eleições (2001 e 2009), e o segundo obteve a maioria dos votos em quatro.

Nos pleitos eleitorais de escala local (exemplificados aqui pelas eleições para as Câmaras Municipais) nas três cidades estudadas, faz-se perceber uma forte inclinação a eleger partidos hegemônicos em escala nacional (PSD e PS). A diferença entre as escalas de pleitos eleitorais está na potencialidade apresentada pelo PCP, que em Évora venceu três eleições.

Dos três partidos que obtiveram sucesso eleitoral nessas campanhas, o PS foi o que alcançou maior êxito: dos 18 possíveis sucessos eleitorais abarcados na Tabela 5.2, esse partido angariou 12 pleitos – uma diferença considerável dos demais partidos, que conseguiram 3 eleições cada.

A diferença é verificada quando analisamos a distribuição das maiores votações por partido político nas eleições autárquicas de Portugal. Examine os mapas a seguir.

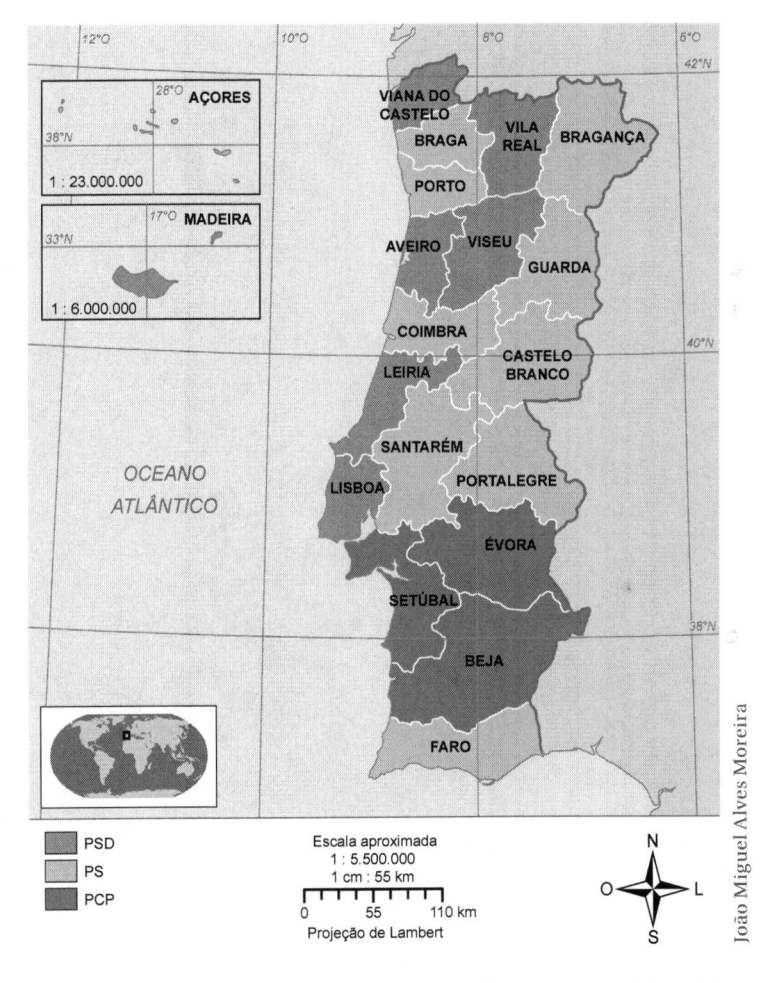

Mapa 5.7 - Distritos de Portugal insular e continental: eleições de 1993

Fonte: CNE, 2015, citado por Augusto, 2017, p. 163.

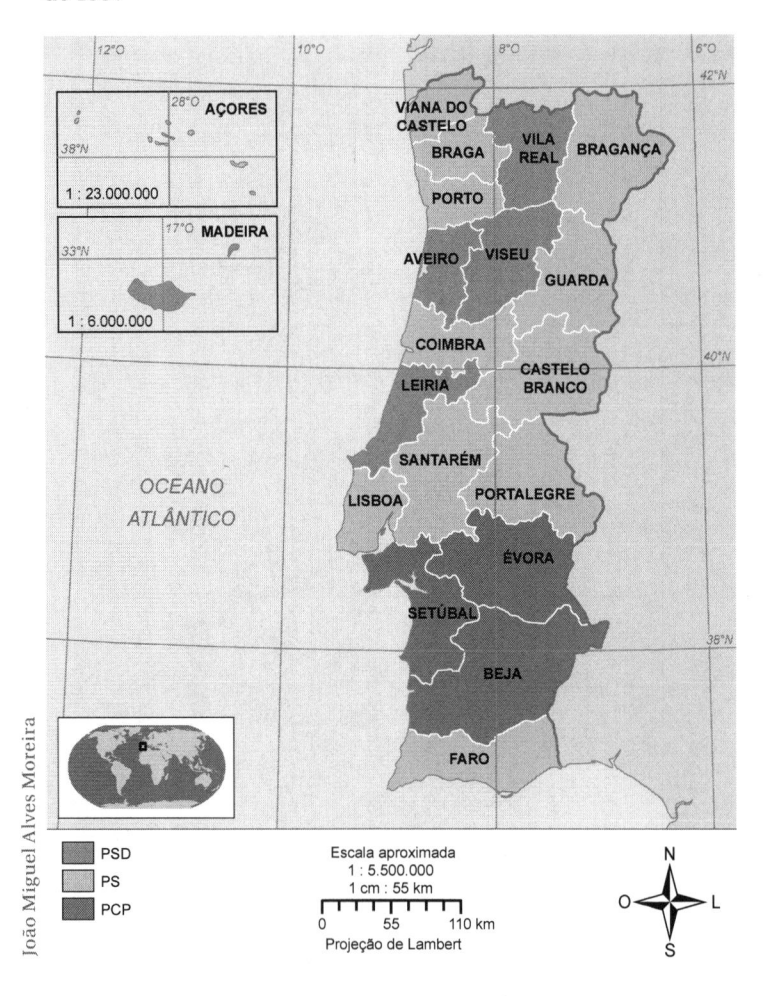

Mapa 5.8 – Distritos de Portugal insular e continental: eleições de 1997

Fonte: CNE, 2015, citado por Augusto, 2017, p. 163.

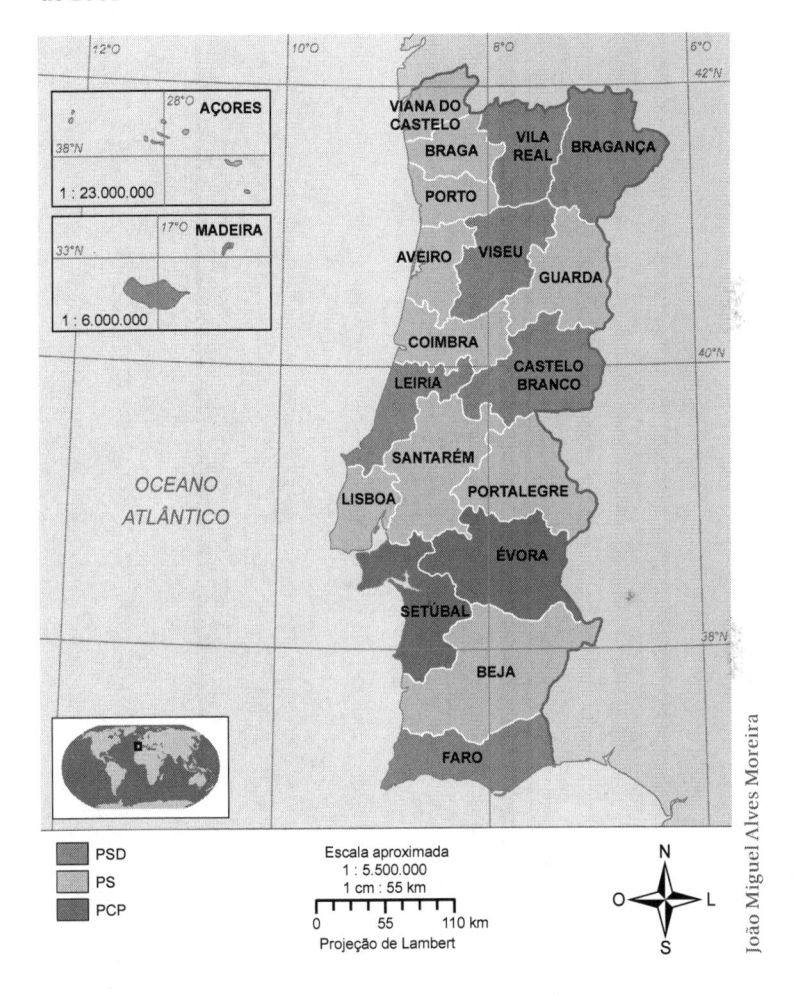

Mapa 5.9 - Distritos de Portugal insular e continental: eleições de 2001

Fonte: CNE, 2015, citado por Augusto, 2017, p. 163.

Mapa 5.10 – Distritos de Portugal insular e continental: eleições de 2005

Fonte: CNE, 2015, citado por Augusto, 2017, p. 163.

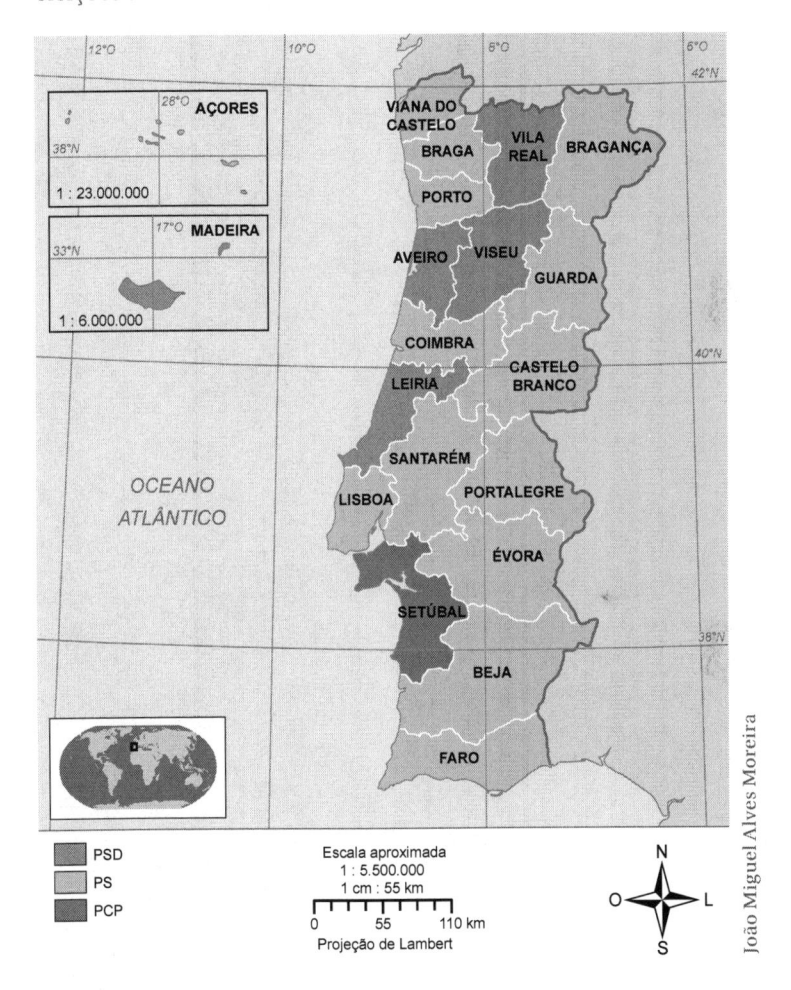

Mapa 5.11 - Distritos de Portugal insular e continental: eleições de 2009

Fonte: CNE, 2015, citado por Augusto, 2017, p. 163.

Mapa 5.12 – Distritos de Portugal insular e continental: eleições de 2013

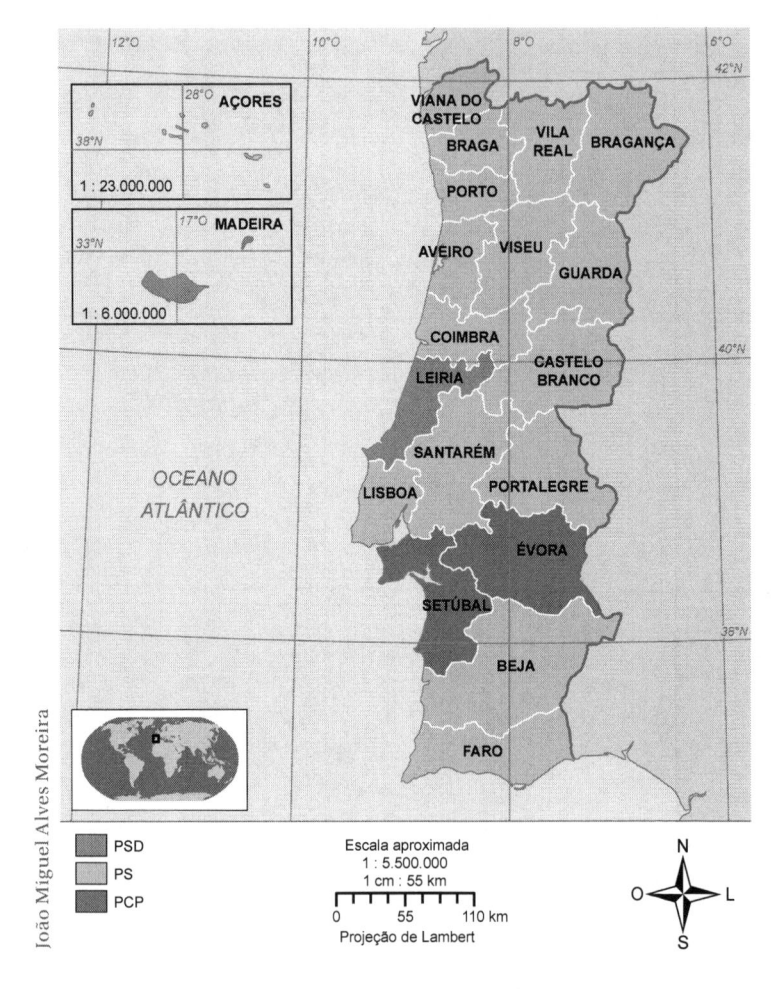

Fonte: CNE, 2015, citado por Augusto, 2017, p. 163.

As representações dos Mapas 5.3 a 5.12 demonstram que os padrões de votações por partidos políticos não são tão localizados nas eleições para as Câmaras Municipais quanto aqueles das eleições para Assembleia da República. Ao Norte, nesta subdivisão por distritos, observam-se diferenciações comparativamente com aquelas eleições de escala nacional analisadas anteriormente, com a ascendência de outro partido político com sucesso eleitoral, o PCP. Nas eleições de escala local, notamos que há hegemonia do PS para vencer os pleitos: em 1993 em 9 distritos de Portugal continental, passando para 15 distritos nas eleições de 2013, o que foi um aumento considerável.

Observe que, diferentemente do PS, o PSD apresentou um decréscimo no número de distritos com maioria dos votos: dos seis distritos em 1993, o partido conseguiu maioria somente no distrito de Leiria.

O PCP também apresentou uma redução no número de distritos com maioria em votação: nas eleições de 1993, o partido conseguiu apenas em Évora e Setúbal, de um total de quatro distritos.

Em Portugal insular, observamos a mesma tendência do continente. Na ilha da Madeira a maioria dos votos foi para o PSD e nas Ilhas Açorianas foi para o PS.

A ampla diferença entre o número de distritos do PS e do PSD sugere que o eleitorado português tem diferenciações na decisão do voto de acordo com a escala de análise. Como verificamos, em eleições nacionais, a tendência dos pleitos foi a maioria dos votos para o PSD, já em eleições de nível local, o PS obteve a maioria de distritos.

Diante disso, depreendemos que há diversos elementos que compõem a decisão do voto em Portugal, como os partidos políticos, a situação econômica do país e a confiança do eleitor nos partidos e na política partidária. Todos esses elementos fazem parte dos cenários político-partidários construídos no território, que, por conseguinte, condicionam os sucessos eleitorais dos partidos políticos e dos grupos políticos de maneira diferenciada.

Todo o processo e a gama de elementos evidenciados pelos sucessos no cenário eleitoral fazem o eleitorado diferenciar-se na identificação: ora identificação pessoal, ora identificação partidária. Isso contribui diretamente para a formação da decisão do voto, que, por sua vez, determina os sucessos eleitorais, transformando (ou não) a **geometria partidária espacial**.

Na próxima seção, traçaremos paralelos entre as realidades portuguesa e brasileira. Procederemos à comparação de resultados eleitorais e, principalmente, à compreensão de alguns cenários que originam certo equilíbrio partidário. Ficará evidenciado que, sendo dois países distintos, com sistemas eleitorais e contextos territoriais diferentes, as influências na decisão do voto são também divergentes.

5.2 Equilíbrio partidário e sucessos eleitorais no território brasileiro

Os partidos políticos, como elos entre eleitorado e política partidária, são elementos determinantes das transformações do território. As votações e os resultados eleitorais permitem visualizar como se distribui a atuação dos partidos no território. As distinções entre seus círculos eleitorais devem-se às particularidades dos lugares, como características populacionais (renda, escolaridade, posição social), enraizamento dos partidos políticos, financiamento das campanhas partidárias etc. Os círculos eleitorais possibilitam o sucesso de partidos e de candidatos em pleitos de escala nacional e, com isso, os fazem conhecidos também no nível dos municípios, propiciando seu sucesso em pleitos de escala local.

Para esta discussão, tomamos como exemplos as dinâmicas do Partido dos Trabalhadores (PT) e do Partido da Social Democracia Brasileira (PSDB), os quais apresentaram números mais expressivos desde as eleições de 1994 até as de 2014. Ambos os partidos obtiveram expressivos sucessos eleitorais durante o período, alcançando destaque na geometria partidária espacial.

Os sucessos eleitorais associam-se aos programas de fortalecimento da sigla partidária, o que se configura em potencialidades para disputar pleitos eleitorais.

Telles (2003) oferece duas possibilidades para o fortalecimento de partidos políticos, tomando como base exemplos do PT e seus resultados satisfatórios nas eleições municipais de 1988:

1. Esses sucessos seriam indícios de que diferentes segmentos do eleitorado se orientam pela percepção ideologicamente estruturada de valores e interesses próprios e se distribuem entre partidos iguais e ideologicamente orientados.
2. Seria válida uma comparação com os partidos socialistas europeus. O êxito eleitoral dessas organizações tem se baseado, sobretudo, na "desideologização" de seu discurso. O imperativo de otimização de votos induz à adoção de estratégias de extensão do apelo às massas, de modo genérico, o que enfraquece a classe social como mais importante determinante do comportamento político dos indivíduos.

A segunda alternativa mostra-se pertinente, pois a partir do momento em que o PT assumiu o governo federal brasileiro, em 2003, o partido, mediante a figura de Luiz Inácio Lula da Silva, atuou com algumas políticas de governo semelhantes às de seu antecessor, o ex-presidente Fernando Henrique Cardoso (PSDB).

Em outras palavras, o PT utilizou-se de atitudes similares às do PSDB para exercer a **governabilidade**, consequentemente obteve maior contingente de adeptos ao seu governo. Segundo Telles (2003, p. 16),

> A orientação para o mercado político, em que perdem destaque a política de classe e a ideologia declarada, resulta em aumento de apoio eleitoral aos partidos, mas os custos desse apoio podem significar a redução da capacidade dos partidos em mobilizar os trabalhadores [...]. As pesquisas realizadas por Lima Jr. (1995) reforçam o argumento do enfraquecimento das clivagens sociais nos discursos partidários, durante os processos eleitorais. Ao analisar as implicações político-institucionais dos resultados das eleições presidenciais brasileiras de 1994, o autor demonstra que a heterogeneidade social do eleitorado majoritário, que é nacional, impõe a necessidade de acordo com as máquinas e oligarquias estaduais e apelos generalizados que ultrapassam as fronteiras geográficas e sociais.

Os partidos políticos e seus respectivos discursos carregam consigo objetivos que, muitas vezes, não condizem com o seu espectro ideológico. Para Telles (2003), a capacidade de mobilização de classes sociais pode ser enfraquecida no momento em que um partido configura transformações.

Com as eleições diretas no Brasil após o regime militar, o país passou a ter uma variedade de partidos políticos, que alcançaram, em 2019, o número de 34 instituições partidárias. Apesar desse grande número registrado pelo Tribunal Superior Eleitoral (TSE), apenas três alcançaram as primeiras colocações nos pleitos eleitorais ao longo dos últimos 25 anos. Esses partidos – PT, PSDB e PSL (Partido Social Liberal), sendo este último vencedor apenas nas eleições de 2018 – foram os únicos que estiveram em primeiro ou segundo lugar nos pleitos de escala nacional para o cargo de Presidência da República em todo o período.

Observe os mapas a seguir, que apresentam a distribuição das maiores votações, por partido político, nas eleições para a Presidência da República em 1994 e 1998.

Mapa 5.13 – PT: votação por microrregiões geográficas (1994)

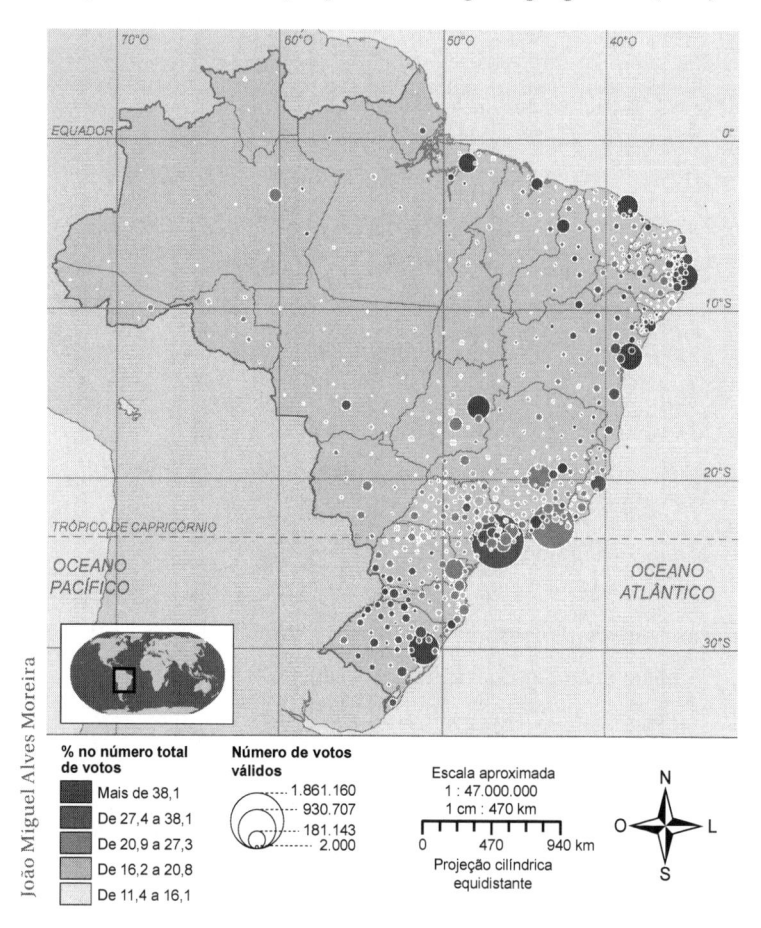

% no número total de votos
- Mais de 38,1
- De 27,4 a 38,1
- De 20,9 a 27,3
- De 16,2 a 20,8
- De 11,4 a 16,1

Número de votos válidos
- 1.861.160
- 930.707
- 181.143
- 2.000

Escala aproximada
1 : 47.000.000
1 cm : 470 km
0   470   940 km
Projeção cilíndrica equidistante

Fonte: TSE, citado por Jacob et al., 2000, p. 126.

Mapa 5.14 – PT: votação por microrregiões geográficas (1998)

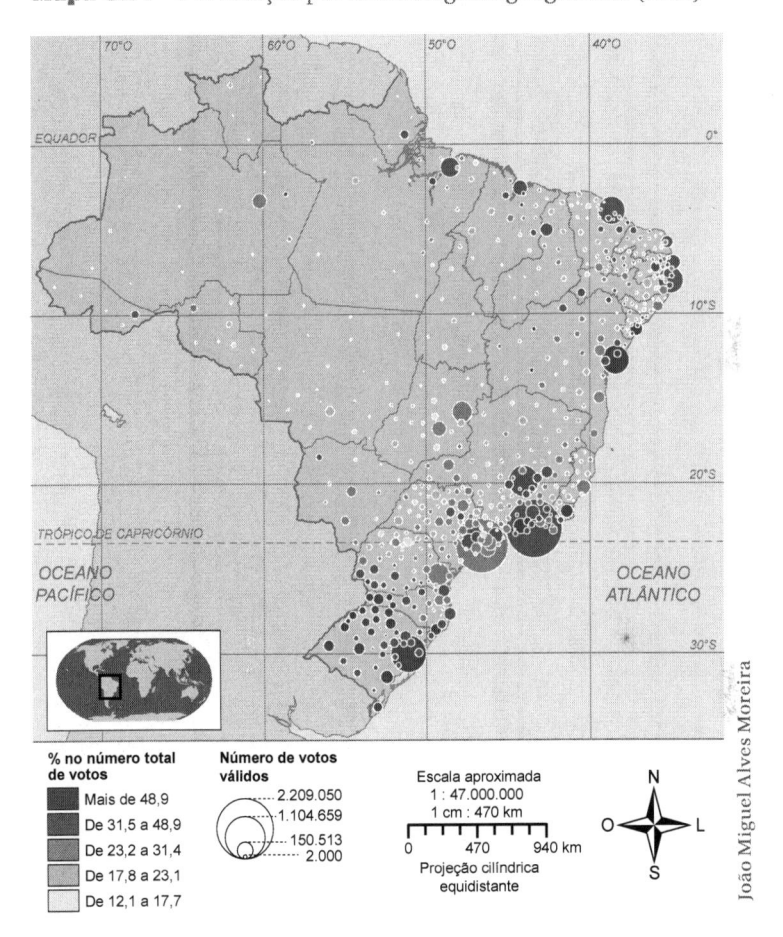

% no número total de votos
- Mais de 48,9
- De 31,5 a 48,9
- De 23,2 a 31,4
- De 17,8 a 23,1
- De 12,1 a 17,7

Número de votos válidos
- 2.209.050
- 1.104.659
- 150.513
- 2.000

Escala aproximada
1 : 47.000.000
1 cm : 470 km
0   470   940 km
Projeção cilíndrica equidistante

João Miguel Alves Moreira

Fonte: TSE, citado por Jacob et al., 2000, p. 127.

Mapa 5.15 – PSDB: votação por microrregiões geográficas (1994)

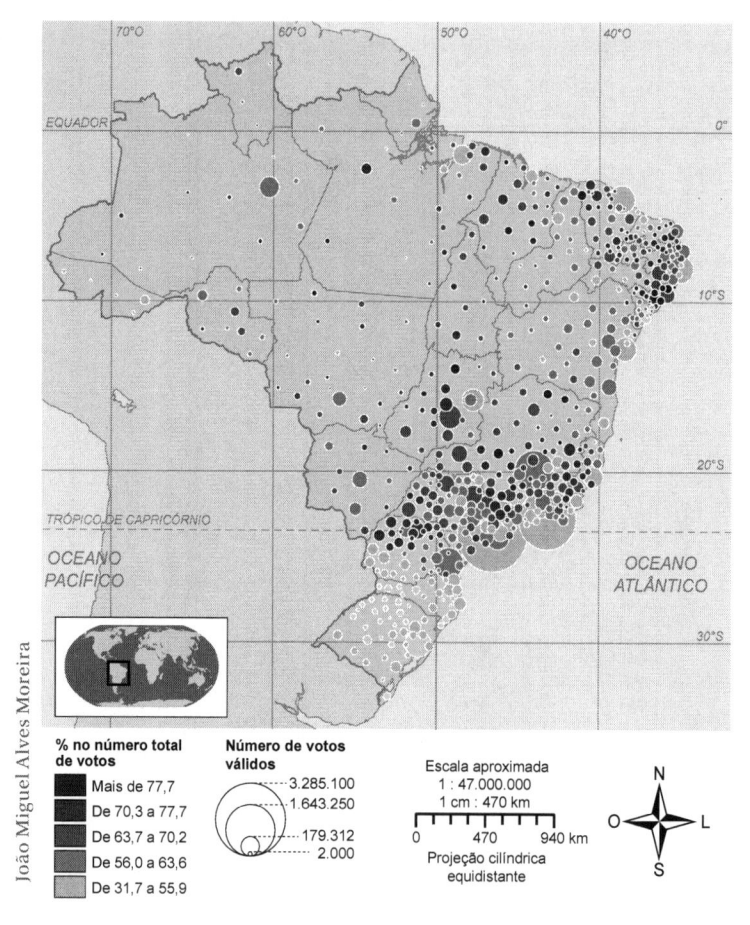

% no número total de votos
- Mais de 77,7
- De 70,3 a 77,7
- De 63,7 a 70,2
- De 56,0 a 63,6
- De 31,7 a 55,9

Número de votos válidos
- 3.285.100
- 1.643.250
- 179.312
- 2.000

Escala aproximada
1 : 47.000.000
1 cm : 470 km

0   470   940 km

Projeção cilíndrica equidistante

Fonte: TSE, citado por Jacob et al., 2000, p. 122.

Mapa 5.16 – PSDB: votação por microrregiões geográficas (1998)

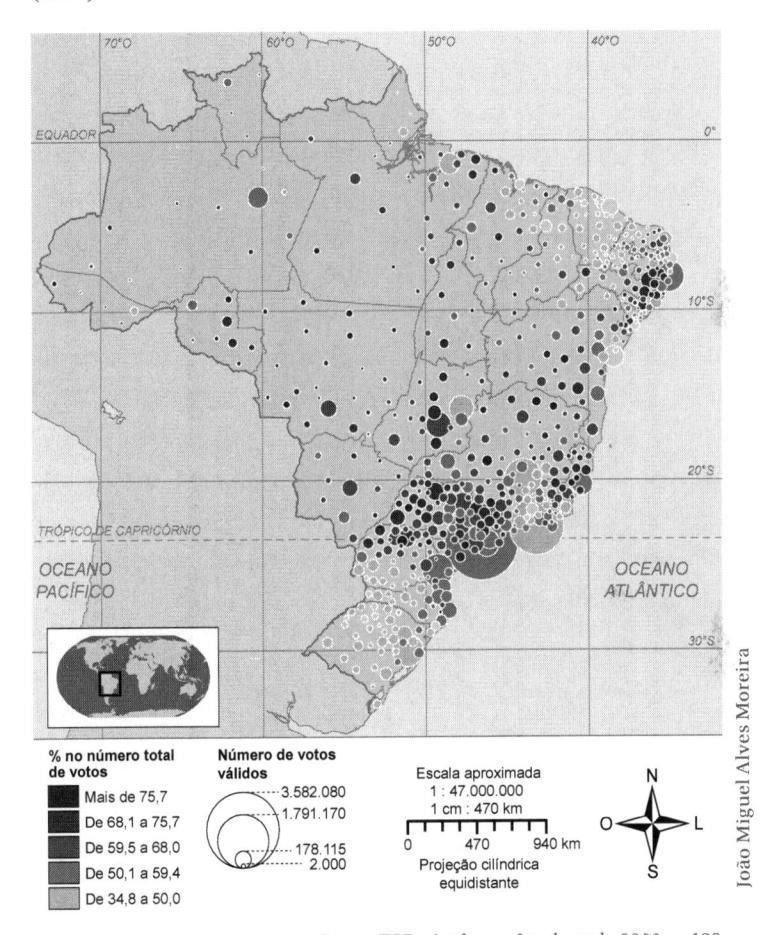

% no número total de votos
- Mais de 75,7
- De 68,1 a 75,7
- De 59,5 a 68,0
- De 50,1 a 59,4
- De 34,8 a 50,0

Número de votos válidos
- 3.582.080
- 1.791.170
- 178.115
- 2.000

Escala aproximada
1 : 47.000.000
1 cm : 470 km
0   470   940 km
Projeção cilíndrica equidistante

Fonte: TSE, citado por Jacob et al., 2000, p. 123.

Comparativamente, ambas as eleições (de 1994 e 1998) demonstraram maiores ganhos eleitorais pró-PSDB, com um baixo crescimento em votos para o PT. Em 1994, 54,28% dos eleitores votaram em Fernando Henrique Cardoso (PSDB), sendo que 27,04% escolheram Luiz Inácio Lula da Silva (PT) para Presidência da

República. Já nas eleições de 1998, 53,06% dos eleitores escolheram o candidato do PSDB e 31,71% optaram por Lula.

No que diz respeito à distribuição dos votos pelo território brasileiro, não houve grandes discrepâncias entre os pleitos em evidência. A diferença de maior destaque está no fato de as eleições de 1994 adensarem a votação de Lula nos grandes centros, pois nas eleições de 1998 houve uma "pulverização" de votos nas diferentes microrregiões geográficas.

De acordo com Jacob et al. (1997), os dois candidatos mais bem-sucedidos nas campanhas eleitorais de 1994 – Fernando Henrique e Lula – tiveram suas campanhas fortalecidas sobretudo em razão do estabelecimento de **alianças políticas**. FHC lançou-se à política em 1978, quando se candidatou ao Senado pelo Movimento Democrático Brasileiro (MDB). Conseguiu eleger-se suplente do senador Franco Montoro, assumindo o cargo quando este se tornou governador de São Paulo em 1983. Reelegeu-se senador em 1986 pelo PMDB, partido que substituiu o MDB. Assim,

> Em 1992, após o *impeachment* do Presidente Fernando Collor, tornou-se ministro do Governo Itamar Franco, ocupando, sucessivamente, os cargos de Ministro das Relações Exteriores e da Fazenda. Durante o período em que foi Ministro da Fazenda, preparou o Plano Real [...].
>
> Apresentou-se às eleições presidenciais de 1994 liderando uma frente que, além do PSDB, compunha-se de partidos conservadores, tais como o PFL, PTB, PP e PL. Tal coligação, na verdade, representou uma aliança do PSDB, partido implantado solidamente apenas em São Paulo e no Ceará, com o Partido da

Frente Liberal (PFL), com base política, sobretudo, na Região Nordeste. (Jacob et al., 1997, p. 21-22)

A coligação estabelecida pelo PSDB de Fernando Henrique e com os outros partidos condicionou uma campanha eleitoral com potencial para alcançar a Presidência da República, o que se concretizou nas eleições. Da mesma forma que Fernando Henrique, Lula apresentou-se à eleição liderando uma frente que, além do PT, era composta por pequenos partidos de esquerda, tais como o Partido Socialista Brasileiro (PSB), o Partido Comunista do Brasil (PC do B), o Partido Popular Socialista (PPS), o Partido Socialista dos Trabalhadores Unificados (PSTU) e o Partido Verde (PV) (Jacob et al., 1997). Esse panorama da conjuntura política partidária definiu o PSDB como o partido com maiores ganhos nos pleitos eleitorais de escala nacional até 1998[3].

Entretanto, nas eleições que se sucederam, o PSDB não mais conseguiu alcançar a primeira colocação em número de votos para a Presidência da República. Nas eleições de 2002, 2006, 2010 e 2014, manteve-se em segundo lugar, estando sempre atrás do PT. Verifique os mapas a seguir, que representam a distribuição das maiores votações, por partido político, nas eleições para a Presidência da República em 2002, 2006 e 2010.

3. Vale ressaltar que as eleições de 1998 apresentaram como principal diferença em relação às de 1994 a introdução do direito à reeleição do presidente da república e de governadores dos estados, alterando uma norma constitucional que vigorava desde o início da República. Naturalmente, o direito à reeleição favorece aqueles que, na ocasião do pleito, detêm os cargos de presidente e governador. Além disso, o fato de as eleições serem no mesmo período propicia o fortalecimento dos candidatos de determinada coligação partidária, em um sistema de apoio mútuo entre o postulante à presidência e os candidatos aos demais níveis (Jacob et al., 2011).

Mapa 5.17 – PT: votação por microrregiões geográficas (2002)

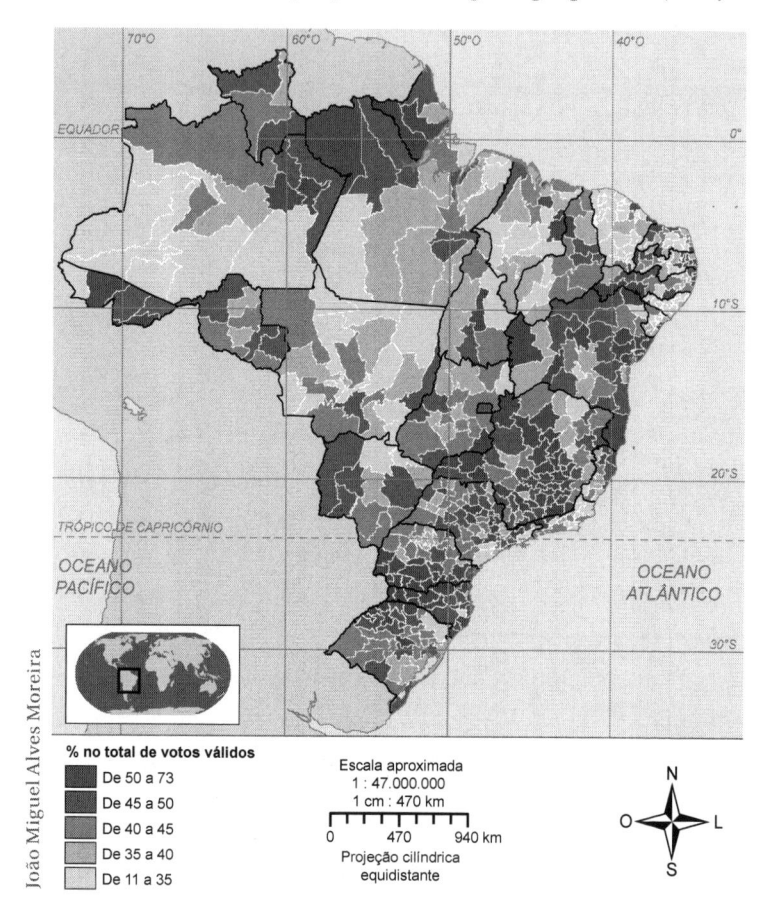

% no total de votos válidos
- De 50 a 73
- De 45 a 50
- De 40 a 45
- De 35 a 40
- De 11 a 35

Escala aproximada
1 : 47.000.000
1 cm : 470 km

0   470   940 km

Projeção cilíndrica equidistante

Fonte: TSE, citado por Jacob et al., 2003, p. 310.

Mapa 5.18 – PSDB: votação por microrregiões geográficas (2002)

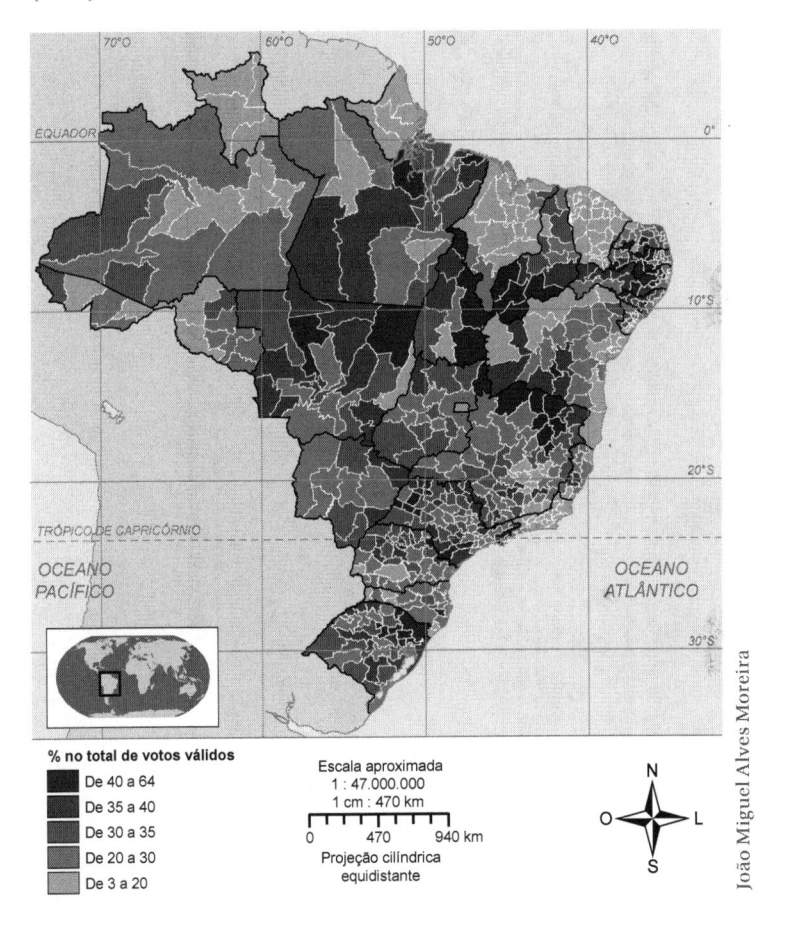

% no total de votos válidos
- De 40 a 64
- De 35 a 40
- De 30 a 35
- De 20 a 30
- De 3 a 20

Escala aproximada
1 : 47.000.000
1 cm : 470 km
0   470   940 km
Projeção cilíndrica equidistante

João Miguel Alves Moreira

Fonte: TSE, citado por Jacob et al., 2003, p. 312.

Mapa 5.19 – PT: votação por microrregiões geográficas (2006)

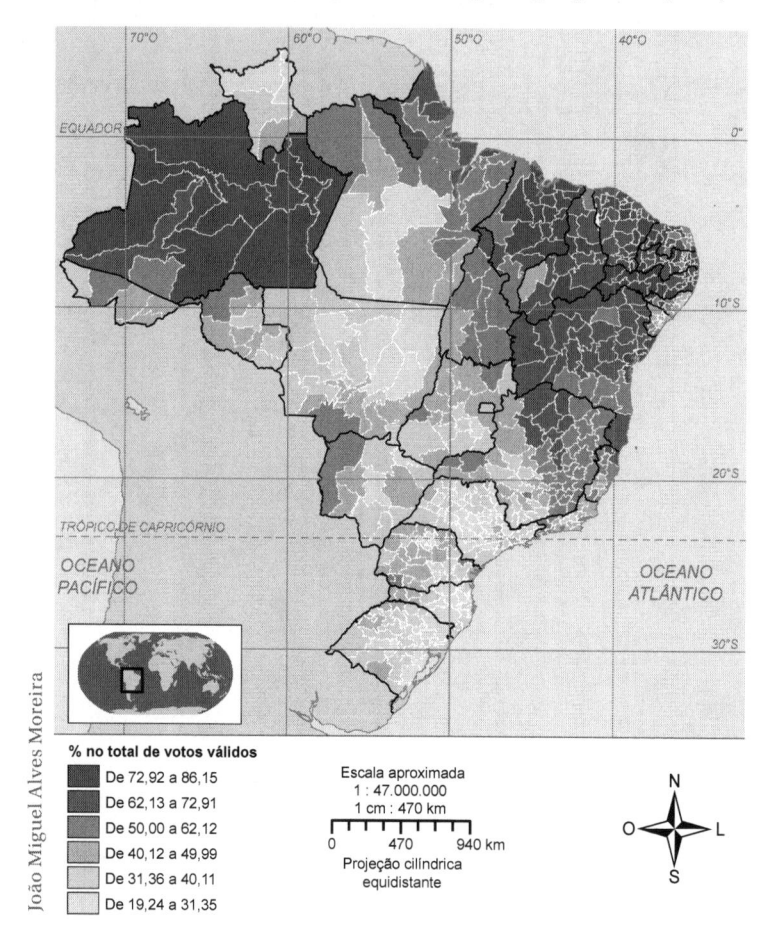

% no total de votos válidos
- De 72,92 a 86,15
- De 62,13 a 72,91
- De 50,00 a 62,12
- De 40,12 a 49,99
- De 31,36 a 40,11
- De 19,24 a 31,35

Escala aproximada
1 : 47.000.000
1 cm : 470 km

0   470   940 km
Projeção cilíndrica
equidistante

Fonte: TSE, citado por Jacob et al., 2009, p. 247.

Mapa 5.20 – PSDB: votação por microrregiões geográficas (2006)

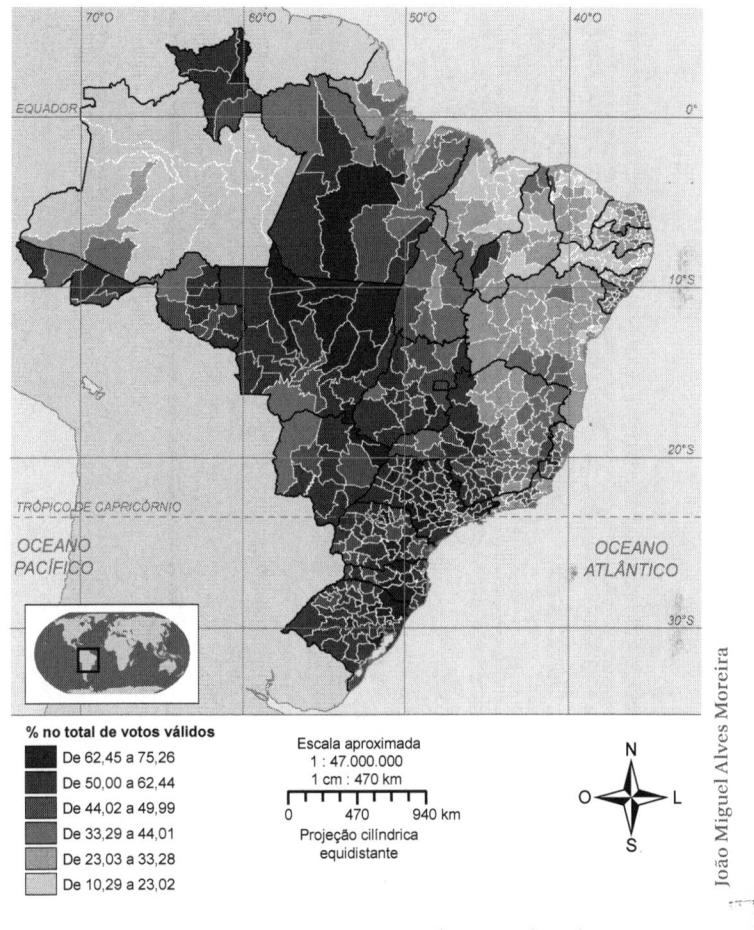

% no total de votos válidos
- De 62,45 a 75,26
- De 50,00 a 62,44
- De 44,02 a 49,99
- De 33,29 a 44,01
- De 23,03 a 33,28
- De 10,29 a 23,02

Escala aproximada
1 : 47.000.000
1 cm : 470 km
0   470   940 km
Projeção cilíndrica equidistante

João Miguel Alves Moreira

Fonte: TSE, citado por Jacob et al., 2009, p. 250.

Mapa 5.21 – PT: votação por microrregiões geográficas (2010)

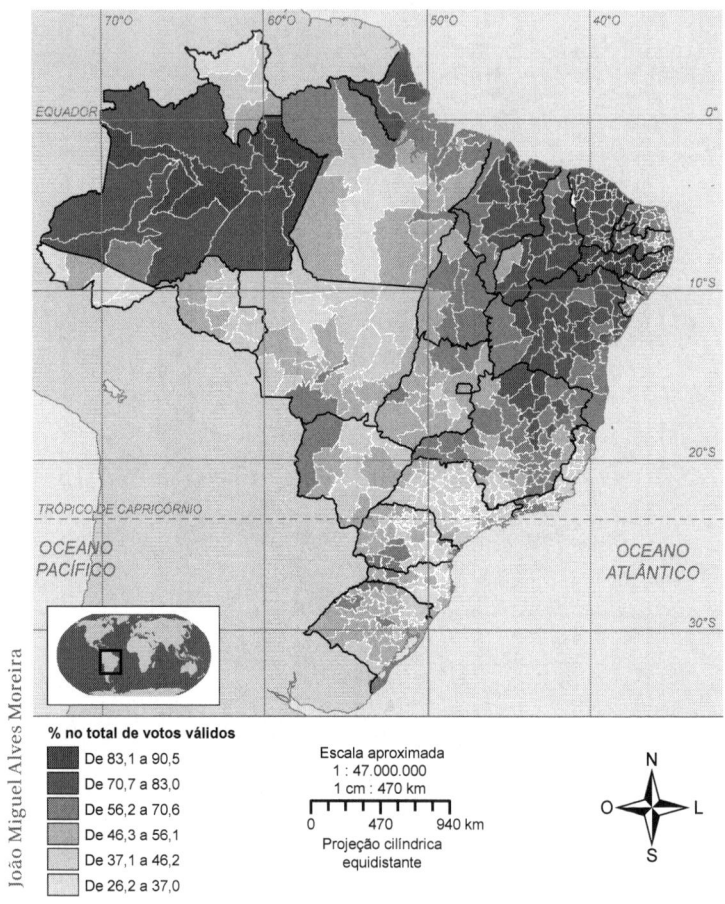

% no total de votos válidos
- De 83,1 a 90,5
- De 70,7 a 83,0
- De 56,2 a 70,6
- De 46,3 a 56,1
- De 37,1 a 46,2
- De 26,2 a 37,0

Escala aproximada
1 : 47.000.000
1 cm : 470 km

0   470   940 km
Projeção cilíndrica
equidistante

Fonte: TSE, citado por Jacob et al., 2011, p. 225.

Mapa 5.22 – PSDB: votação por microrregiões geográficas (2010)

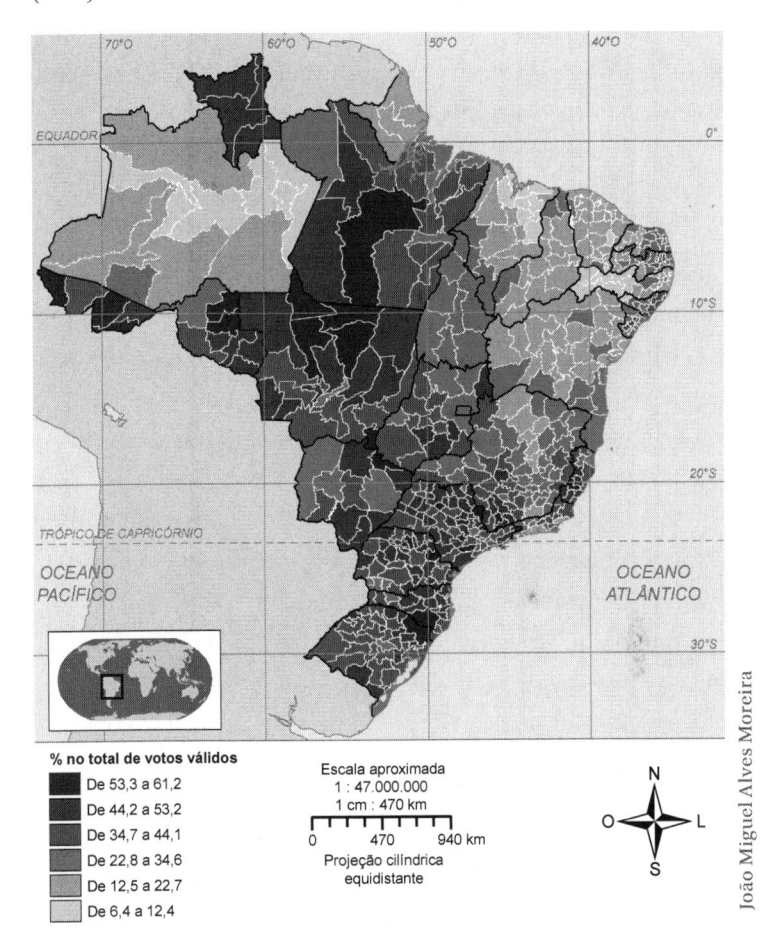

% no total de votos válidos
- De 53,3 a 61,2
- De 44,2 a 53,2
- De 34,7 a 44,1
- De 22,8 a 34,6
- De 12,5 a 22,7
- De 6,4 a 12,4

Escala aproximada
1 : 47.000.000
1 cm : 470 km
0   470   940 km
Projeção cilíndrica equidistante

João Miguel Alves Moreira

Fonte: TSE, citado por Jacob et al., 2011, p. 227.

Perceba que, nas eleições representadas nos Mapas 5.17 a 5.22, o diferencial foi a ampla votação no PT, que provocou um decrescimento nas votações no PSDB.

Também podemos identificar, nos mapas, mudanças relacionadas à distribuição dos votos no território brasileiro em relação aos pleitos eleitorais de escala nacional. O elemento mais evidente são as expressivas votações recebidas pelo PT nas regiões Norte e Nordeste, especialmente nas eleições de 2006 e 2010. Observamos, entretanto, que o PT perdeu uma pequena parcela do eleitorado ao longo dos oito anos em que permaneceu no governo. Nas eleições de 2002, 61,27% dos eleitores brasileiros votaram em Lula no segundo turno; nas eleições de 2006, 60,83% do eleitorado o escolheu novamente e, nas eleições de 2010, 56,05% do eleitorado escolheu a então candidata Dilma Rousseff, também do PT, para a Presidência da República.

A diminuição dos votos do PT no decorrer dessas três eleições não foi tão significativa quanto a diminuição dos votos por estado. Nas eleições de 2002 (segundo turno), o PT obteve maioria dos votos em praticamente todas as unidades federativas, ficando em segundo lugar apenas no Estado de Alagoas.

Ainda naquele ano, notamos que José Serra (PSDB) obteve somente 23,2% dos votos válidos no primeiro turno, ou seja, metade do percentual alcançado por Lula. Isso revela uma fraca votação direcionada a esse candidato, o que evidencia seu mau desempenho no conjunto do país. Serra destacou-se, basicamente, no agreste de Pernambuco e da Paraíba, no sul do Piauí e no nordeste de Minas Gerais, regiões rurais de modo geral estagnadas economicamente. Obteve bons resultados nas áreas de frente pioneira no Mato Grosso, em Tocantins e no Pará, tradicionalmente conservadoras. Em contrapartida, Serra apresentou percentuais muito baixos em estados que antes haviam dado sustentação a candidatos da direita, sobretudo no Maranhão, na Bahia, em Minas Gerais e no Espírito Santo, além da região da Amazônia (Jacob et al., 2011).

Em 2006[4] e 2010 (segundo turno), após mostrar sua experiência no governo, o PT perdeu a liderança em número de votos em 10 unidades administrativas, mantendo a hegemonia eleitoral em apenas 16 estados da federação (Jacob et al., 2011).

Os mapas ainda apontam que nas eleições de 2006 o desempenho de Lula no primeiro turno (48%) demonstrou ter bases de sustentação em todo o território nacional. No entanto, analisando seus percentuais de votos, podemos notar acentuados contrastes regionais, com votações que variam de 19% a 86%. As mais elevadas se concentraram nas regiões Nordeste e Norte, em oposição ao Sul e Centro-Oeste.

A Região Nordeste foi aquela em que o candidato alcançou melhor desempenho, principalmente em Pernambuco, no Ceará, no Piauí e no Maranhão. Já o Sudeste mostrou-se dividido: São Paulo votou majoritariamente em Geraldo Alckmin (PSDB), ao passo que Minas Gerais, Rio de Janeiro e Espírito Santo contribuíram para o sucesso eleitoral de Lula. É plausível supor que Alckmin foi beneficiado eleitoralmente em São Paulo e nas regiões Sul e Centro-Oeste em razão de nessas regiões predominar o agronegócio de exportação e, na ocasião, haver problemas de câmbio (valorização do real frente ao dólar) que afetavam a agricultura (Jacob et al., 2011).

Em termos gerais, os mapas examinados sugerem que o PT manteve suas bases eleitorais, com enfraquecimento no número de eleitores nos estados de Sul e Sudeste. Esse panorama é influenciado

---

4. Na disputa presidencial de 2006, os dois principais candidatos, Luiz Inácio Lula da Silva (PT), que buscava a reeleição, e Geraldo Alckmin (PSDB), que se candidatava pela primeira vez, enfrentaram importantes desafios para obter êxito nas eleições. Lula precisava manter as alianças de 2002, enquanto Alckmin necessitava recompor acordos com as forças conservadoras, que muito haviam contribuído para os sucessos eleitorais de Fernando Henrique Cardoso em 1994 e 1998.

também pelo fortalecimento do PSDB, que governou, no período referido, os estados de São Paulo e Minas Gerais. Essa conjuntura possibilitou fortalecer as bases dos partidos que estavam nos municípios – mais próximos do eleitorado, o que proporcionou a ampliação das bases eleitorais pró-PSDB. Segundo Jacob et al. (2003, p. 287, grifo do original),

> A disputa presidencial de 2002 apresentava aos dois principais partidos políticos concorrentes, o Partido da Social Democracia Brasileira (PSDB) e o Partido dos Trabalhadores (PT), alguns importantes desafios para que pudessem alcançar a vitória nessas eleições. Para o PSDB seria indispensável manter as alianças bem-sucedidas com as forças **conservadoras**, responsáveis pelas vitórias eleitorais de Fernando Henrique Cardoso em 1994 e 1998, e, para o PT, seria fundamental romper o limite de um terço dos votos que os candidatos de esquerda, Luiz Inácio Lula da Silva e Leonel Brizola, obtiveram no país, como rivais ou aliados, nas eleições presidenciais de 1989, 1994 e 1998.

Nessa circunstância, o PT conseguiu alcançar o poder e obter sucesso eleitoral não somente nas eleições de 2002, mas também nos três pleitos eleitorais de escala nacional seguintes. Nas eleições de 2010, especificamente, houve uma acirrada disputa entre o PT, com Dilma Rousseff, e o PSDB, com José Serra, na qual os candidatos deveriam enfrentar importantes e diferentes desafios em busca da vitória.

Para a ex-presidente Dilma, os principais desafios eram o fato de ser desconhecida da maior parte da população, não ter experiência em disputas eleitorais (era a primeira vez que ela se candidatava a um cargo eletivo) e não ter a necessária desenvoltura para os debates políticos com seus adversários. Além disso, havia dúvida sobre a possível transferência de votos do então presidente Lula para a candidatura da economista nascida em Minas Gerais, já que ele apresentava elevado grau de popularidade e seu governo tinha uma aprovação que, ao final do mandato, chegava a 80% (Jacob et al., 2011).

A alta aprovação do governo petista impôs ao PSDB um grande problema: encontrar um candidato que pudesse disputar o pleito de 2010 com consideráveis chances de sucesso eleitoral.

para o ex-governador de São Paulo, José Serra, o seu maior desafio seria se apresentar como um candidato de oposição a um governo com tamanho índice de aprovação popular, apesar de ser conhecido de grande parte do eleitorado e de ter experiência em campanhas políticas, uma vez que já havia sido candidato a presidente da República, em 2002, a prefeito da cidade de São Paulo, em 2004, e a governador do estado de São Paulo, em 2006. (Jacob et al., 2011, p. 189)

O desempenho de Dilma e Serra na candidatura à Presidência da República nas eleições de 2010 revelou, em linhas gerais, a continuidade dos padrões espaciais do voto já evidenciados em 2006. Houve a mesma clivagem no comportamento eleitoral, de orientação norte-sul, baseada no grau de desenvolvimento regional. Nesse aspecto, as regiões Norte e Nordeste, menos favorecidas economicamente, diferenciaram-se das regiões Sudeste, Sul e Centro-Oeste, mais desenvolvidas economicamente: Dilma alcançou seu melhor desempenho nas regiões Norte e Nordeste, assoladas por menor nível de educação e renda. Isso se deve, entre outras razões, ao fato de essas regiões serem as maiores beneficiárias dos programas sociais do governo Lula, como o Bolsa Família, o Programa Nacional de Fortalecimento da Agricultura Familiar e o Luz para Todos (Jacob et al., 2011).

A aparente facilidade do PT de angariar votos nas eleições de 2002, 2006 e 2010 não se repetiu nas eleições de 2014. Naquele ano, as eleições presidenciais foram as mais acirradas desde o início das eleições diretas pós-regime militar. Em ambos os turnos, PT e PSDB obtiveram números aproximados de votos, como se vê na Tabela 5.3.

Tabela 5.3 – Brasil: resultado das eleições presidenciais (2014)

Candidato(a)	Partido político	Número de votos	Porcentagem dos votos válidos	Turno
Aécio Neves	PSDB	34.897.211	33,5%	1.º
		51.041.155	48,3%	2.º
Dilma Rousseff	PT	43.267.668	41,5%	1.º
		54.501.118	51,6%	2.º
Luciana Genro	PSOL	1.612.186	1,55%	1.º
Marina Silva	PSB	22.176.619	21,3%	1.º

Fonte: Elaborado com base em TSE, 2020.

Os dados da Tabela 5.3 indicam que a diferença entre os dois primeiros colocados foi pequena em ambos os turnos, diferença essa que se acentuou no segundo turno. Dilma Rousseff (PT) obteve sucesso eleitoral em ambos os turnos, alcançando 41,5% no primeiro. Aécio Neves (PSDB) e Marina Silva (PSB) obtiveram resultados significativos, respectivamente, 33,5% e 21,3%.

Apesar dos importantes resultados apresentados no primeiro turno, com expressivas votações para os três primeiros colocados, foi no segundo turno que se desenvolveu o pleito mais disputado da história do Brasil em eleições para a Presidência da República. Dilma obteve uma diferença de 3% a seu favor, reelegendo-se, assim, como presidente da República.

O Mapa 5.23, referente às eleições de 2014, apresenta a distribuição dos votos nos estados brasileiros, destacando o partido político que saiu vencedor em cada um deles[5].

---

5. É importante ressaltar que em 13 de agosto de 2014, durante o início da campanha eleitoral para a Presidência da República, o então candidato Eduardo Campos (PSB) faleceu durante em um acidente aéreo em Santos (SP). Era considerado um importante nome para a sucessão presidencial. Sua morte causou comoção na população e mudanças nos caminhos do pleito eleitoral, colocando no cenário político partidário Marina Silva, a terceira colocada do primeiro turno das eleições de 2014.

Mapa 5.23 – Brasil: votação no segundo turno das eleições para a Presidência da República (2014)

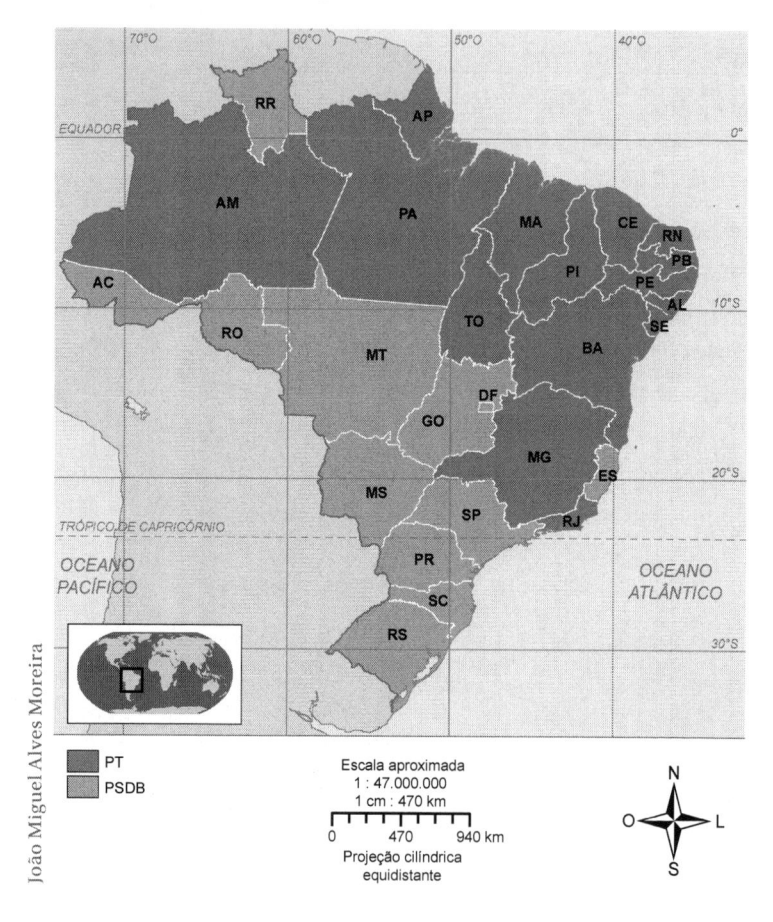

Fonte: TSE, 2020.

Como mencionamos, as eleições de 2014 foram as mais acaloradas da história democrática pós-1985; contudo, o fator determinante para isso não foi somente a disputa, mas também a divisão do país segundo os apoios partidários. O Mapa 5.23

delineia as unidades federativas de acordo com a votação por partido político. Evidencia-se, então, que o Centro-Sul votou no PSDB (Aécio Neves) e as regiões Norte e Nordeste optaram pelo PT (Dilma Rousseff).

Essa divisão em número de votos por partido, porém, não implica fatores intrínsecos às eleições daquele ano como a equidade em porcentagens em cada estado – apesar de existir maioria de votação para Dilma em Minas Gerais (52,4%), houve um número expressivo de votos para Aécio Neves (47,5%). Alguns estados apresentaram maiores diferenças entre o primeiro e o segundo colocado, como o Paraná. Aécio Neves alcançou 60,9% dos votos válidos no segundo turno, enquanto Dilma Rousseff teve apenas 39%, uma porcentagem consideravelmente menor. Em Pernambuco, por outro lado, a candidata obteve significativos 70,2%, enquanto seu opositor alcançou apenas 29,8%.

Deve estar claro que toda essa conjuntura consolida o fato de os pleitos eleitorais de escala nacional tornarem-se cada vez mais disputados exclusivamente por dois partidos – PT e PSDB –, os quais se firmam como os únicos prováveis na barganha dos votos.

O panorama de vitória nas eleições presidenciais na década de 1990 e de posteriores sucessos eleitorais do PT obrigou o PSDB a modificar algumas de suas condutas perante a conjuntura da política partidária. Roma (2003, p. 33), ao analisar as estratégias internas do PSDB, explica que

> O partido, a partir de 1994, deslocou-se ideologicamente de uma posição de Centro-Esquerda para a de Direita no espaço político. Esse deslocamento ideológico estaria expresso na redefinição de suas diretrizes políticas, deixando de lado o ideário socialdemocrata

para adotar um programa de governo rotulado como neoliberal. Essa mudança para a Direita, com políticas mais favoráveis ao mercado, teria sido, sobretudo, o custo que o partido teve de pagar para chegar ao governo e para governar em aliança com o PFL/DEM.

De fato, o PT passou por algumas transformações, especialmente em virtude de suas aproximações e alianças no decorrer dos anos em que esteve à frente da Presidência da República. Essas transformações perpassaram sua maneira de gerir a economia do país: fazê-lo em detrimento de atender as demandas de seus apoios eleitorais, estabelecidos nas coligações partidárias. Como exemplo desses apoios, podemos mencionar o Partido Social Cristão (PSC), o Partido Progressista (PP) e até mesmo o PMDB, articulador do *impeachment* de Dilma em 2016.

As estratégias eleitorais dos partidos, em especial as do PT e do PSDB, modificaram-se nas últimas décadas. O radicalismo entre os petistas em favor da sua ideologia, por exemplo, decresceu conforme o partido adentrou nas diferentes esferas do governo.

Telles (2003), em seu estudo acerca da ligação entre partidos e eleitores, constatou que existe uma multiplicidade de portadores de diferentes atitudes e opiniões. Verificou, ainda, que grande parte dos eleitores tem opiniões diferentes daquelas emitidas pelo partido de escolha. Esse conjunto de opiniões, que tende à autonomia, caracteriza-se por um contraste: de um lado o "partido oficial", de outro, os entrevistados amostrados, principalmente no caso do grupo formado pelos candidatos a vereador. A autora constatou que a grande maioria mencionou preferência por um partido tático, ou seja, com objetivos não socialistas. Houve, ainda, uma nítida tendência a alianças com os partidos de centro e de direita, como o Partido da Frente Liberal (PFL)/Democratas (DEM) e o Partido Trabalhista Brasileiro (PTB).

Diante disso, a pauta que norteia as ações dos partidos políticos foca prioritariamente na eleição/reeleição dos seus candidatos nas diferentes escalas de pleitos eleitorais. A ideologia e o radicalismo têm diminuído internamente nos partidos, dando abertura a tendências mais à esquerda ou mais à direita. Esse processo contribui para facilitar as coligações, que muitas vezes ocorrem de maneira contraditória e diferenciada.

Como já declaramos, candidatos e partidos políticos no Brasil formam uma estrutura eletiva condicionada a eleger correligionários de dois partidos: PT e PSDB (ao menos no que diz respeito aos pleitos eleitorais de escala nacional). Essa conjuntura evidencia esquemas, objetivos, acordos e coligações que atendem a projetos de manutenção do poder por parte de determinados grupos da sociedade, representados por partidos políticos nas diversas escalas de pleitos eleitorais.

> Como afirma Nicolau (2012), a realização de eleições limpas e competitivas é condição necessária para caracterizar um país como plenamente democrático. No entanto, isso não garante que outras dimensões do sistema representativo funcionem corretamente. Sabemos, por exemplo, que o financiamento ilegal de campanhas eleitorais, a compra de votos, o baixo conhecimento sobre política partidária e a reduzida importância dos partidos políticos possibilitaram, na jovem democracia brasileira, pleitos eleitorais pautados em baixo conhecimento e debates enfraquecidos sobre ideais partidários. Esse cenário é propício para a formação de um problema que se evidencia no eleitorado, o da legitimidade[6].

---

6. A legitimidade é entendida, na ciência política, como a capacidade de um poder de obter obediência e aceitação sem recorrer à coerção.

De acordo com Almeida (2011), é necessário ressaltar que a "desconfiança democrática" generalizada em meio à população parece apontar para um mesmo fenômeno: **a insuficiência dos aspectos procedimentais de legitimidade democrática**. O autor salienta que a crise de legitimidade nas democracias contemporâneas vislumbra a necessidade de superação desse receituário liberal diante das dificuldades em responder às demandas de liberdade e igualdade. Segundo Almeida (2011), isso se daria por três razões, a saber:

1. Defende-se a ideia de uma sociedade de livre mercado com profundas desigualdades, que afetam diretamente a capacidade individual de ser livre.
2. A representação politica centrada no principio majoritário é marcada por contradições internas que dificultam decisões coletivas e universalistas.
3. Em um momento de demandas crescentes e agravamento das condições sociais e econômicas da população, o Estado soberano e representante politico da coletividade por excelência é chamado a se afastar e a intervir o minimo possível.

Entendemos, assim, que o eleitorado é suscetível aos fatores políticos, sendo volátil às decisões, entre elas a do voto. O enfraquecimento dos partidos políticos influencia seus baixos índices de enraizamento na sociedade, possibilitando, por exemplo, a utilização de conjunturas econômicas momentâneas para firmar posições eleitorais, na esperança de encontrar "culpados" ou "salvadores". É necessário compreender os elementos inerentes à formação da decisão do voto, que, neste caso, pauta-se nos relevantes processos de identificação pessoal e identificação partidária no eleitorado.

Síntese

A geometria partidária espacial é uma forma de analisar a distribuição das votações no território, bem como de observar os sucessos eleitorais dos partidos políticos. Por meio dela, é possível entender de maneira profícua os mapas eleitorais, que dizem muito sobre a distribuição das votações. Os sucessos e os fracassos dos partidos políticos e dos grupos de poder que constituem o mundo da política tornaram-se mais claros nas análises deste capítulo, pois, ao entender a geometria partidária espacial e como ela se constrói nos territórios, notam-se também as estratégias adotadas pelos grupos e pelas pessoas que os compõem.

Indicações culturais

ELEIÇÕES. Direção: Alice Riff. Brasil: Olhar Distribuição, 2018. 100 min.

Esse documentário é relevante pelo fato de levar o espectador a compreender a dinâmica eleitoral por meio de ações do cotidiano das pessoas ditas comuns, e não somente pelo viés dos governos. Mediante uma análise crítica, o filme permite avaliar que os processos eleitorais estão mais enraizados no dia a dia da sociedade do que aparentam. Em grandes proporções, conseguem alterar a atmosfera de um país.

DEMOCRACIA em vertigem. Direção: Petra Costa. Brasil: Netflix, 2019. 113 min.

Esse documentário relata aspectos intrigantes da política partidária brasileira, como os bastidores do poder. O período do impeachment de Dilma Rousseff até a eleição de Jair Bolsonaro é retratado com imagens e filmagens originais. Apesar de se concentrar em um período temporal recente, a produção também retrata contextos anteriores à década de 1990 e outros governos brasileiros do século XX.

Atividades de autoavaliação

1. O equilíbrio partidário aponta para a uniformidade (ou não) da distribuição dos votos em um território. No caso português, os partidos que apresentam as maiores votações para Assembleia da República são:
    a) PSD e CDS.
    b) BE e PCP.
    c) PSD e PCP.
    d) PSD e PS.
    e) PS e CDS.

2. Observe a Tabela 5.1, reproduzida a seguir, e leia o texto apresentado na sequência:

Portugal: porcentagem dos votos em eleições legislativas por partido político

Partido político	Eleição/Ano (%)						
	1995	1999	2002	2005	2009	2011	2015
PSD	34,1	32,3	**40,2**	28,7	29,1	**38,6**	**36,8**
PS	**43,7**	**44**	37,7	**45**	**36,5**	28	32,3
CDS-PP	9	8,3	8,72	7,24	10,4	11,7	(**)
PCP	8,5	8,9	6,9	7,54	7,86	7,9	8,25
BE	(*)	2,4	2,7	6,35	9,81	5,17	10,19
Outros partidos	4,7	4,1	3,78	5,17	6,33	8,63	12,46
Total	100	100	100	100	100	100	100
Abstenção eleitoral	33,7	38,9	38,5	35,7	40,3	41,9	44,1

(*) Neste período o referido partido político não tinha sido instituído.
(**) O CDS-PP para as eleições legislativas de 2015 compôs legenda com o PSD.

Fonte: CNE, citado por Augusto, 2017, p. 153.

> Observa-se que os sucessos eleitorais são restritos àqueles grupos com maior capacidade de articulações na rede da política partidária. No caso português, o grande destaque está para o PSD e PS, que se alternam entre os partidos com os maiores números em votações para a Assembleia da República.

Fonte: Augusto, 2017, p. 153-154.

Diante das exposições acerca da distribuição dos votos por partidos políticos em Portugal, avalie as afirmações a seguir:

I. O PS é um partido sem expressão, por isso não aparece na geometria espacial partidária.

II. As eleições de 1995, 1999, 2005 e 2009 foram aquelas em que o PS obteve as maiores taxas de votação, resultando em sucesso eleitoral para esse partido.

III. Há tendência de se votar no PS no norte de Portugal, bem como nas Ilhas dos Açores. Esse fato corrobora a formação e a consolidação de verdadeiros territórios de grupos partidários.

IV. O território português se divide basicamente em dois grandes conjuntos de votações por partido político. O primeiro localiza-se no norte do país, onde há maior predisposição a se votar no PSD, e o segundo, no centro-sul, onde as maiores votações são para candidatos do PS.

As afirmativas corretas são:
a) I e II, apenas.
b) II e III, apenas.
c) II e IV, apenas.
d) II, III e IV, apenas.
e) I, II, III e IV.

3. Observe os Mapas 5.5 e 5.6, reproduzidos a seguir, que representam a distribuição das maiores votações nas eleições para a Assembleia da República (2002 e 2011) em Portugal.

Distritos de Portugal insular e continental: eleições de 2002

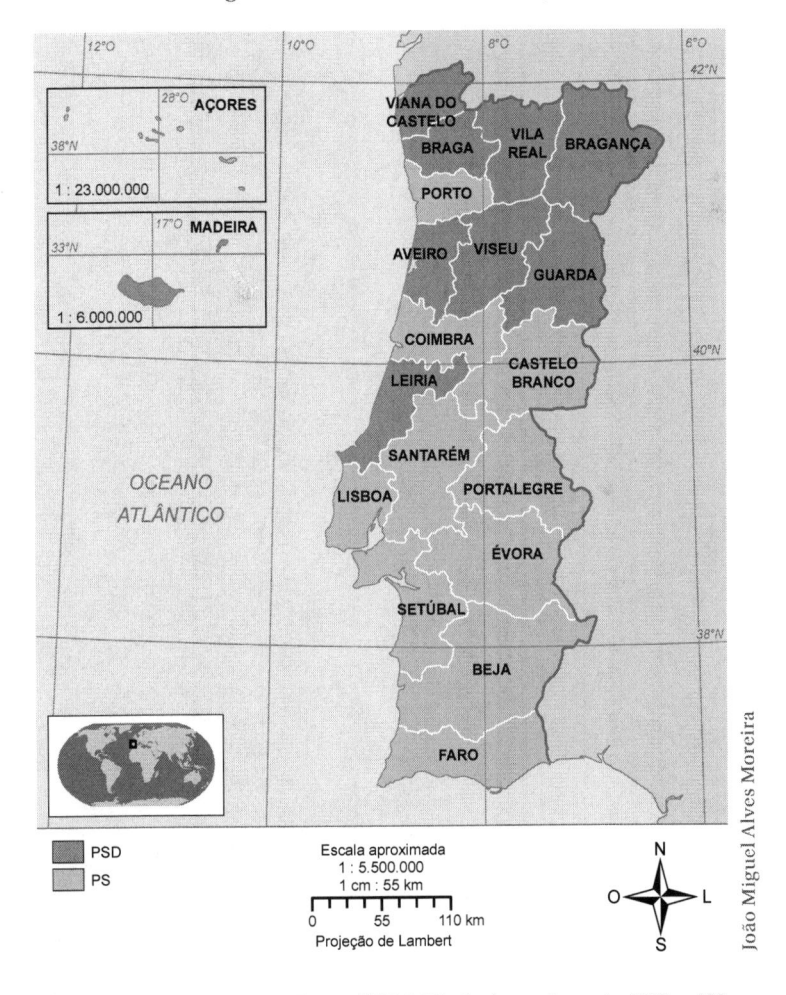

Fonte: CNE, 2015, citado por Augusto, 2017, p. 158.

Distritos de Portugal insular e continental: eleições de 2011

Fonte: CNE, 2015, citado por Augusto, 2017, p. 158.

É possível identificar que os padrões de votações variam de acordo com as diferenças territoriais. Os partidos políticos se enraízam mais ou menos em determinadas regiões, o que fortalece os sucessos eleitorais de determinados grupos de poder político. De acordo com a temática abordada, avalie as afirmações a seguir:

I. Um padrão de votação para o PSD é constituído especialmente no norte do país.

II. A análise da distribuição dos votos nas eleições em que o PSD obteve as maiores votações possibilita verificar que os eleitores do norte do país identificam-se com esse partido, especialmente no Porto.

III. A geometria partidária espacial evidencia que houve crescimento no número de distritos onde o PS obteve sucesso nas eleições citadas nos mapas, especialmente na região de Faro (sul do país).

É correto o que se afirma em:

a) I, apenas.
b) II, apenas.
c) I e III, apenas.
d) II e III, apenas.
e) I, II e III.

4. Para entender a geometria partidária espacial, o conceito de território é importante. De acordo com Saquet (2011, p. 26), "Os indivíduos interagem, de modo especial, cultural e economicamente, e são essas relações que se condicionam que correspondem":

a) à territorialidade ou às territorialidades.
b) aos partidos políticos.
c) às identificações partidárias.
d) às regiões.
e) à formação dos territórios da cidadania.

5. Leia o trecho do clássico livro *Estado e partidos políticos no Brasil (1930 a 1964)*, de Maria Campello de Souza.

> A institucionalização partidária tem sido discutida no Brasil. Nos anos vinte e trinta, por exemplo, afirmava-se que a estrutura socioeconômica do país era demasiado rudimentar e que os partidos que viessem a ser constituídos teriam realidade apenas nominal; que a vulnerabilidade externa e interna do país os levaria à perda de sua autonomia nacional e à fragmentação, caso fosse permitida a expansão das instituições partidárias e, até mesmo, que os partidos políticos são maus por natureza, incompatíveis com a "índole nacional".

Fonte: Souza, 1990, p. 169.

Esse excerto demonstra uma antiga preocupação a respeito da desestruturação do país e como ela atinge o sistema partidário. Nesse sentido, podemos entender, quanto à funcionalidade e à efetivação dessas instituições, que há uma considerável diferença entre os sucessos eleitorais e o enraizamento dos partidos na sociedade. Esse pressuposto permite observar que, no Brasil, o partido político que acumulou os maiores pleitos eleitorais de escala nacional até 1998 foi:

a) o PT.
b) o PSD.
c) o PS.
d) o PMDB.
e) o PSDB.

Atividades de aprendizagem
Questões para reflexão

1. Analisando as diferentes representações cartográficas apresentadas neste capítulo, é plausível considerar que houve um equilíbrio partidário entre a totalidade dos partidos portugueses e brasileiros? Justifique sua resposta.

2. De acordo com o conteúdo abordado neste capítulo, qual é a relação entre os cenários político-partidário e os sucessos eleitorais?

Atividade aplicada: prática

1. Elabore um quadro em que se apresentem as eleições de escala nacional do Brasil com os partidos políticos que obtiveram êxito no período das eleições diretas (de 1985 até 2018).

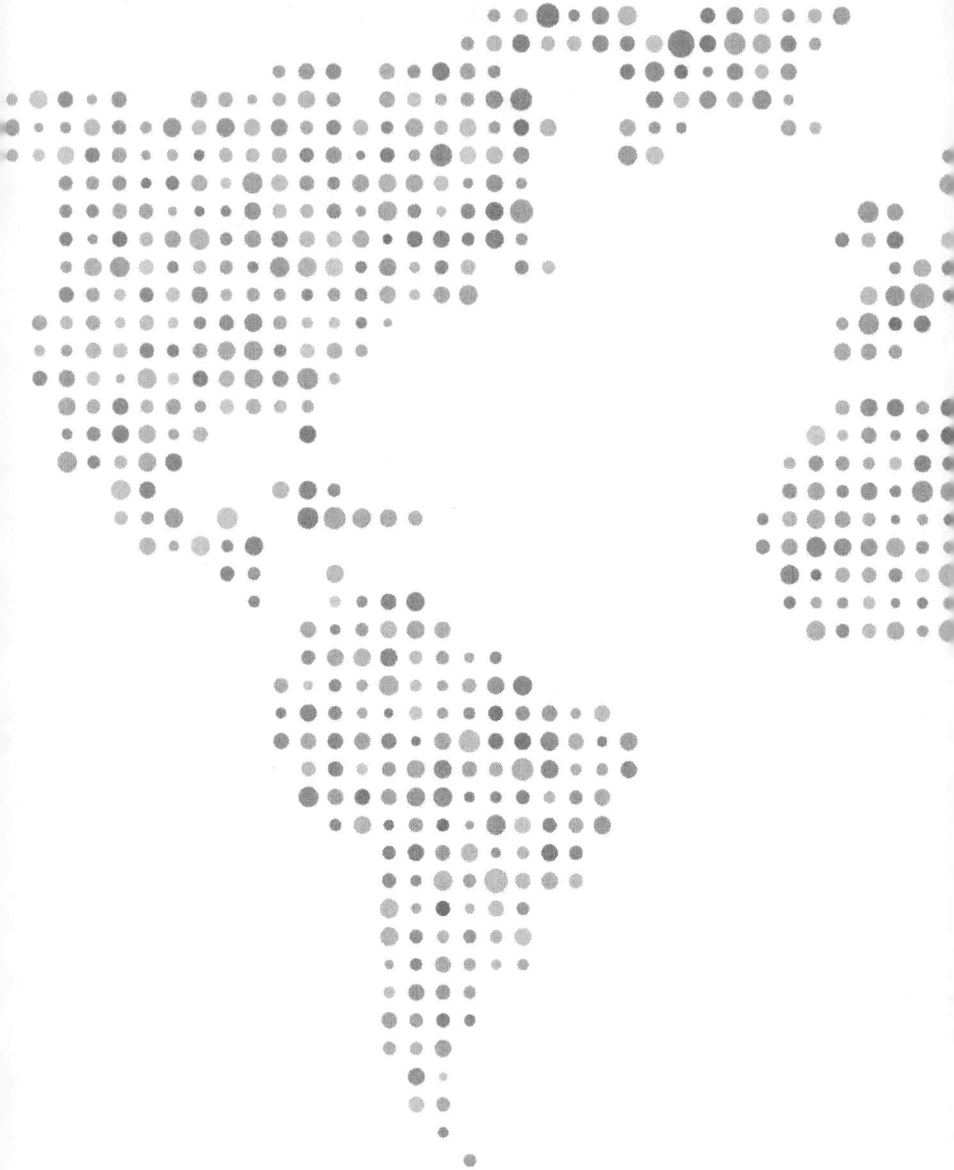

6

Formação do comportamento geográfico do voto

Objetivamos, neste capítulo, apresentar a você, leitor, o processo de formação do voto por meio do que chamamos de *comportamento geográfico do voto*. Com base em diferentes territórios e recortes de análise internos a eles, explicaremos como se estabelece a decisão do voto.

Neste capítulo derradeiro, demonstraremos a real consequência de todo o processo que expusemos nos demais capítulos: o voto híbrido. Você poderá, então, visualizar o construto de todas as escolhas eleitorais visualizadas na geometria partidária espacial e relacionadas com os diferentes tipos de decisões do voto, classificados por escalas de pleitos eleitorais.

Os exemplos extraídos das realidades portuguesa e brasileira evidenciarão as singularidades do voto em diferentes escalas de pleitos eleitorais, indicando se há identificação pessoal e/ou identificação partidária.

Vale ressaltar que as análises referentes ao voto (e seu caráter muitas vezes mudancista) permitirão a você compreender particularidades dos sistemas eleitorais, como o caso brasileiro, que apresenta eleitores com voto híbrido e desenraizado de partidos políticos – consequência da ineficiência do enraizamento destes na sociedade.

6.1 Território e voto: decisão do voto em Portugal e no Brasil

Vinculações entre realidades territoriais e socioeconômicas distintas, como é o caso de Portugal e Brasil, requerem cuidado, principalmente quando se busca discorrer sobre fenômenos complexos como pleitos eleitorais e política partidária. É por isso que consideramos que a escala tem papel fundamental nas identificações pessoal e partidária, que podem ser mais ou menos acentuadas a depender das condições do eleitorado do território.

Buscaremos, aqui, observar como as escalas se distinguem como possibilidade de análise das identificações e também como se assemelham ou se relacionam. Vale lembrar que os cenários político-partidários de escala nacional têm influência na escala local e vice-versa. Logo, apesar de serem diferentes, não se excluem.

Nesse sentido, a identificação pessoal e a identificação partidária podem ter origem no comportamento geográfico do voto por corroborarem a efetivação e a compreensão do voto híbrido, como trataremos nas seções a seguir.

6.1.1 Decisão do voto em eleições de escala local: Presidente da Câmara (Portugal) e Prefeito (Brasil)

As eleições locais são influenciadas pelos resultados das eleições de nível nacional e pela conjuntura da política partidária nacional. A conjuntura brasileira pode ser analisada por meio da redução da identificação com o Partido dos Trabalhadores (PT), conforme abordamos no Capítulo 5, o que contribuiu, nas eleições de 2016, para a diminuição da eleição de candidatos desse partido para as prefeituras do país. Essa conjuntura que se estabeleceu no ambiente social construiu uma decisão do voto do eleitorado que diferiu nas diferentes escalas de pleitos eleitorais.

Neste capítulo, explicitaremos que o voto é híbrido e sensível às adversidades do cenário político partidário. Essa premissa é válida para as diferentes escalas de pleitos eleitorais, pois, nos casos de Portugal e do Brasil, elas se influenciam em ambos os países.

No Brasil, há maiores evidências do voto híbrido. Já temos ciência do enfraquecimento do partido político que detinha, até meados de 2010, os maiores níveis de identificação partidária do país. As eleições recentes de escala local, no Brasil, apresentaram pleitos que confirmaram a influência do cenário político partidário na decisão do voto. A influência dos casos de corrupção relacionados ao partido do governo sobre eleitores evidencia o caráter efêmero das opiniões dos brasileiros, tendo em vista que em 2014 o país elegera Dilma Rousseff como presidente da república. A rápida mudança das opiniões sobre Dilma e a construção de uma imagem negativa sobre o PT influenciaram as eleições de 2016. Em escala local, decresceram nos ganhos pelas prefeituras do Brasil, conforme mostra o Gráfico 6.1.

Gráfico 6.1 – Brasil: partidos em destaque por crescimento/decrescimento

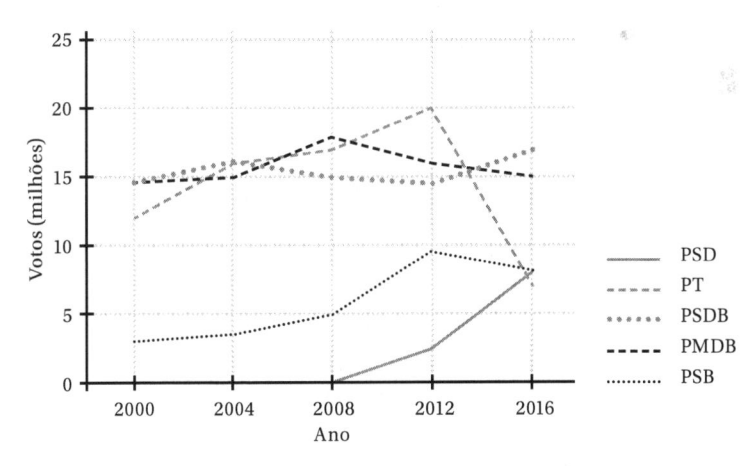

Fonte: TSE, citado por Augusto, 2017, p. 260.

A diminuição dos votos no PT reforça a tese do voto híbrido. Eleitores que, até meados de 2010, diziam-se identificados com o referido partido apresentavam apenas preferência partidária, e não identificação partidária. E mesmo essa preferência declinou a ponto de o partido passar de aproximadamente 20 milhões de votos para 5,5 milhões de votos, conforme mostra o Gráfico 6.1. O partido caiu da terceira para a décima posição no *ranking* dos que mais elegiam prefeitos.

Esses resultados demonstram que as posições partidárias confirmadas pelo voto dos eleitores não foram suficientemente fortes para manter o número de votos que o PT havia angariado nas eleições de 2012. Mostram, portanto, a interferência do cenário político-partidário nacional na decisão do voto, assim como a volubilidade do voto influenciável do brasileiro.

Ademais, para se compreender a decisão do voto nas eleições de nível local, necessitamos perceber a relevância do voto.

Conforme informamos no Capítulo 4, Portugal e Brasil, como países que se diferem na obrigatoriedade do voto, apresentam diferenciações no que diz respeito à atribuição de relevância para o voto no que tange à prática da cidadania. Nos estudos de Augusto (2017), em Portugal, a opção *Votar* como elemento relevante para a prática da cidadania representou 14,2% dos eleitores inquiridos e, no Brasil, representou 38%, um número consideravelmente superior ao português.

Já sabemos que a explicação para essa diferença pode estar relacionada ao sistema eleitoral desses países. A obrigação legal do voto, no Brasil, incute no imaginário social a relevância deste, e não a visão do voto como um direito que possibilita mudanças. Então, para eleitores inseridos nesse tipo de sistema, o voto é elemento determinante para a prática da cidadania. O contrário pode ocorrer nos sistemas em que o voto é facultativo. O eleitor o considera elemento de segundo plano para a cidadania, como acontece em Portugal.

A conjuntura política e econômica de ambos os países também interfere na escolha dos temas que recebem destaque para o debate político. No Brasil, os inúmeros casos de corrupção evidenciados diariamente nos meios de comunicação contribuíram para fomentar o pensamento de mudança na política partidária do país, e esse anseio pode se realizar por meio do voto; afinal, por intermédio dele haveria a possibilidade de mudança. Em 2015, ano de aplicação dos questionários da pesquisa de Augusto (2017), inúmeros casos de corrupção estavam sendo ligados ao governo de Dilma. Portanto, naquela ocasião, a argumentação dos eleitores centrava-se na retirada da presidente do poder[1].

Em Portugal, a opção *Pagar impostos* foi a mais escolhida entre os eleitores: 44,2%. Esse número refletiu os 15 anos anteriores, em que os portugueses sofreram com inúmeros aumentos de encargos e impostos, em virtude da necessidade de elevar as receitas do Estado para combater a crise econômica instaurada na Europa desde 2008. Os ajustes fiscais nas contas públicas fizeram a sociedade portuguesa se habituar a pagar inúmeros impostos na esperança de reverter a crise econômica e solidificar as contas do Estado. Isso não significa que a sociedade ou o eleitorado concordavam com essa taxação, mas que ter os impostos aumentados os levou a certo conformismo quanto a esse sacrifício necessário para salvar o país.

É possível perceber que a conjuntura político-econômica interfere também na decisão do voto em escala local. O contexto em que está inserido o eleitorado é primordial para condicionar suas escolhas e suas posições; portanto, a identificação partidária consolidam-se em um ambiente perpassado por dinâmicas políticas e econômicas intrínsecas às especificidades do território.

1. Além das acusações de corrupção, o eleitorado local-regional do Paraná habituou-se a ver, nos meios televisivos e nas redes sociais, os inúmeros casos de corrupção envolvendo o então governador do estado, Beto Richa (PSDB), opositor do governo federal de Dilma Rousseff (PT). Todas essas notícias presentes diariamente na mídia contribuíram para que houvesse uma preocupação por parte do eleitorado em retirar do poder os nomes envolvidos em escândalos e possivelmente para que o voto como prática cidadã fosse exaltado.

No bojo das conjunturas específicas de cada país, as identificações pessoal e partidária distinguem-se não só de acordo com o recorte territorial, mas também com o recorte de escala (eleições de escala nacional e eleições de escala local). No tocante aos resultados referentes a eleitores portugueses, o que notamos são similaridades, demonstrando uma linearidade entre as identificações, conforme mostram o Gráficos 6.2 e 6.3.

Gráfico 6.2 – Portugal: identificação pessoal e identificação partidária

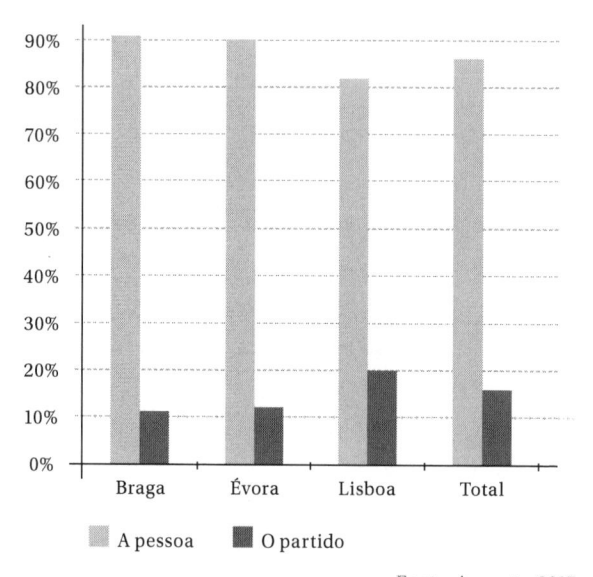

[Gráfico de barras: A pessoa / O partido — Braga, Évora, Lisboa, Total]

Fonte: Augusto, 2017, p. 266.

No Gráfico 6.2, os resultados da coleta de dados apresentaram números próximos no que se refere à identificação partidária nas eleições de escala local de Braga, Évora e Lisboa. Braga e Évora alcançaram percentuais próximos a 10% e, em Lisboa, 19,4% do eleitorado afirmou ter decidido seu voto em função do partido político.

A identificação pessoal teve indiscutível maioria nas eleições de escala local, chegando a 89,6% do eleitorado de Braga. Évora e Lisboa também apresentaram resultados expressivos: 88,7% e 80,6%, respectivamente. Portanto, esses resultados apontam que a identificação pessoal se efetiva na escala local, que é a escala da proximidade, do corpo a corpo, aquela em que candidato e eleitor mantêm maior reconhecimento.

Gráfico 6.3 – Brasil: identificação pessoal e identificação partidária

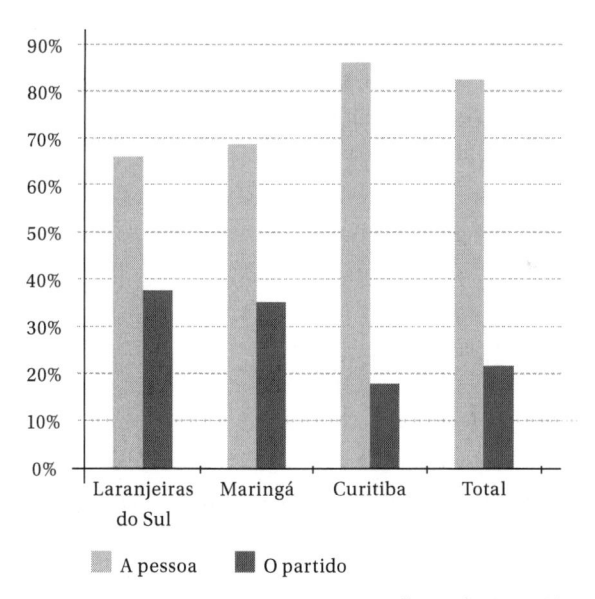

Fonte: Augusto, 2017, p. 267.

Como podemos ver, os resultados portugueses foram similares aos brasileiros, conforme expressa o Gráfico 6.3. Os eleitores brasileiros também tendem a decidir o voto valendo-se da identificação pessoal, no tocante às eleições de escala local.

Na pesquisa, Curitiba apresentou o maior grau de identificação pessoal: 84,1%. As cidades de Laranjeiras do Sul e Maringá apresentaram números muito aproximados. A primeira totalizou 66,7% do eleitorado optando pela identificação pessoal, e a segunda, 64,1%.

O alto grau de identificação pessoal nas cidades abordadas reflete a premissa de que o eleitorado, em eleições de escala local, tende a decidir o voto pelas características pessoais dos candidatos, evidenciando que as escalas de pleitos eleitorais podem condicionar a diferentes decisões do voto.

Ressaltamos que a maneira de decidir o voto é resultado, também, das dinâmicas locais de gestão[2] e da efetivação das campanhas eleitorais, que, em geral, são pautadas em enfatizar significativamente imagens, informações e histórias pertinentes aos candidatos, com o intuito de rechaçar ou enaltecer suas figuras.

As identificações permitem aos partidos e aos candidatos formar bases eleitorais que possibilitem a manutenção do poder durante longos períodos de tempo. Segundo Terron (2009, p. 51), "O termo base eleitoral é frequentemente empregado como referência a grupos de eleitores que apoiam, sistematicamente, determinado partido ou candidato, e que são identificados pelo local onde vivem, por características socioeconômicas semelhantes, ou por ambos". Essas bases eleitorais e seus respectivos níveis de identificação pessoal e identificação partidária demonstram e reforçam que suas configurações refletem o ambiente social como contexto, e suas dinâmicas socioeconômicas e territoriais é que se diferenciam.

Eleitores de Laranjeiras do Sul apresentaram maiores índices de identificação partidária do que os de Curitiba. É evidente que a dinâmica socioeconômica dessas cidades se distingue demasiadamente, a começar pelas dimensões populacionais e urbanas de Curitiba, que superam largamente as de Laranjeiras do Sul.

O contexto social interfere, mas não é o único processo que condiciona as identificações. Assim sendo, a explicação para

---

2. As dinâmicas locais de gestão são relevantes principalmente quando partidos e candidatos buscam a reeleição.

o maior índice de identificação partidária em Laranjeiras do Sul pode residir nas estratégias eleitorais aplicadas. Em Curitiba, as campanhas eleitorais são caracterizadas por muitas propagandas com a exaltação da imagem dos candidatos a prefeito, pois, em geral, os prefeitos de Curitiba que conseguem construir uma carreira exitosa no Executivo municipal têm grandes chances de se eleger em outros pleitos[3].

Quanto ao comportamento eleitoral e à decisão do voto, os resultados evidenciaram que o ambiente social e as estratégias eleitorais empregadas, especialmente nos períodos próximos às eleições, possibilitaram configurar de maneira diferente os níveis de identificação pessoal e identificação partidária no contexto brasileiro, o que indica campanhas eleitorais de alto custo financeiro.

Os dados que analisamos nesta seção evidenciam que as decisões e as opiniões do eleitorado são reflexos de meios utilizados por candidatos e partidos políticos para angariar votos e cargos eletivos e, consequentemente, ampliar suas bases eleitorais. Por isso, as eleições de escala local são importantes fenômenos legitimadores do poder desses grupos, porque definem o poder local e condicionam as conjunturas e as possibilidades de eleições de escala nacional.

6.1.2 Decisão do voto em eleições de escala nacional: Assembleia da República (Portugal) e Presidência da República (Brasil)

A identificação pessoal e a identificação partidária demonstram especificidades do comportamento eleitoral. Ao longo das

---

3. São exemplos de prefeitos de Curitiba que se tornaram posteriormente governadores do Paraná: Jaime Lerner (eleito e reeleito), Roberto Requião (eleito e reeleito) e Beto Richa (eleito e reeleito).

análises feitas neste livro, percebemos que, em eleições de escala local, os níveis de identificação pessoal são consideravelmente superiores aos de identificação partidária.

Em Portugal e no Brasil, os sistemas eleitorais são regidos por normas estabelecidas hierarquicamente, desde a escala nacional até a escala local – mesmo que haja constantes coligações de partidos ideologicamente distintos, especialmente na escala local. Toda articulação político-partidária, em teoria, deveria respeitar esses estratos. Silveira (2013, p. 168), ao discorrer sobre as atribuições do sistema eleitoral brasileiro, comenta:

> Hoje, no que se refere às eleições, possuímos um sistema legal bastante centralizado no qual as instituições públicas responsáveis pela regulação dos pleitos e os partidos encontram-se organizados sob um sistema hierarquizado de forma análoga ao federalismo do país. As instituições federais da justiça eleitoral possuem a competência por regular o sistema, coordenar os trabalhos dos órgãos estaduais e evitar fraudes assim como punir os que fogem à norma. É atribuição dos tribunais estaduais, por outro lado, a parte operacional de administrar as eleições, o alistamento de votantes e o registro de candidatos, filiados e órgãos administrativos dos partidos.

Apesar das prerrogativas que delimitam a atuação das instituições partidárias como elo de organização partidária e ideológica (normas), essa prática não é respeitada em sua plenitude. Incongruências ocorrem, especialmente em aspectos qualitativos da gestão das hierarquias de organização dos pleitos eleitorais, como a formação das coligações partidárias, que seguem acordos tácitos de grupos de poder e mantêm em segundo plano o espectro ideológico.

A atuação ideológica e a articulação dos partidos políticos em nível nacional não necessariamente condiciona a mesma linha organizativa nas escalas locais, principalmente em países com inúmeras dinâmicas de grupos de poder político local, como o Brasil. Podemos considerar que os acordos entre candidatos, partidos e grupos de poder formam os contextos territoriais e esses contextos acarretam incoerências ideológicas nos pleitos de escala local[4]. As eleições de 2016 no Brasil, por exemplo, demonstraram grande incoerência político-ideológica entre as escalas de pleitos eleitorais nas campanhas locais, que não seguiram a linha ideológica do contexto nacional.

Essas **incoerências ideológicas** resultam em uma análise superficial das propostas políticas por parte dos eleitores, não permitindo uma compreensão profunda acerca do histórico do partido e de seu aspecto ideológico, pois os próprios partidos contradizem-se nos períodos em que poderiam esclarecer e diferenciar suas ideias: os períodos eleitorais. Essa dinâmica contraditória causa confusão (em especial no eleitorado psicossociológico) e esfacelamento da identificação partidária, mesmo em eleições de escala nacional – vistas como pleitos propensos à identificação partidária.

Em Portugal, as contradições ideológicas parecem ser menos acentuadas do que as do Brasil, e as votações por partidos políticos das eleições de 2015 revelam uma constante nas preferências partidárias no mapa eleitoral do país, como é possível notar no Mapa 6.1.

---

4. As dissidências entre o PT e os partidos que apoiaram o *impeachment* de Dilma Rousseff não afetaram inúmeras coligações locais em municípios brasileiros. Do total de 5.570 municípios, o PT coligou-se em 1.683 com ao menos um dos partidos que estiveram na vanguarda do *impeachment*: PMDB, PSDB e DEM.

Mapa 6.1 – Portugal: distribuição das duas maiores votações nas eleições para Assembleia da República de 2015

Fonte: CNE, citado por Augusto, 2017, p. 272.

Ao vincular o território com os resultados eleitorais por partido, observamos que o eleitor português, apesar do descontentamento com o cenário econômico iniciado em meados de 2000, manteve-se fiel ao PSD (Partido Social Democrata), especialmente na porção setentrional do país[5].

A hipótese inicial de que haveria um número consideravelmente superior de eleitores votantes por meio da identificação partidária em eleições de escala nacional foi confirmada em Portugal. No Brasil, o voto volúvel e as interferências dos cenários político-partidários foram suficientes para modificar as preferências partidárias do eleitorado que, até as eleições de 2014, dizia-se identificado com PT e PSDB. Assim, possivelmente havia eleitores com apenas preferências partidárias, e não com identificação partidária efetiva.

Para analisarmos as diferenças na decisão do voto nos pleitos eleitorais de escala nacional, recorreremos aos questionários aplicados aos eleitores em Portugal e no Brasil em Augusto (2017). A Tabela 6.1 apresenta a identificação pessoal e a identificação partidária em eleições de escala nacional nos dois países analisados.

5. A coligação do PSD, que esteve no governo até 2015, não conseguiu atingir um número suficiente de deputados para compor o governo, possivelmente em virtude do contexto territorial enfraquecido pela crise econômica e pelas medidas de austeridade que assolaram o país, a saber, congelamento na admissão e progressão nas carreiras do funcionalismo público, corte de salários dos servidores públicos, aumento de impostos etc.

Tabela 6.1 – Brasil e Portugal: decisão do voto em eleição de escala nacional

Decisão do voto	Países (%)							
	Portugal				Brasil			
	Braga	Évora	Lisboa	Total geral	Curitiba	Laranjeiras do Sul	Maringá	Total geral
Na pessoa	74	41,2	49	45,7	65,6	50	64,1	65,1
No partido político	26	58,8	51	54,3	34,4	50	35,9	34,9
Total	100	100	100	100	100	100	100	100

Fonte: Augusto, 2017, p. 274.

No caso brasileiro, os resultados de identificações pessoal e partidária de Laranjeiras do Sul foram iguais (50% cada). Já Curitiba e Maringá apresentaram superioridade nas porcentagens da identificação pessoal, com 65,6% e 64,1%, respectivamente.

O eleitorado português em Braga apresentou maior número de questionados que decide o voto pela identificação pessoal: 74%. Évora e Lisboa apresentaram um eleitorado predisposto a decidir o voto pela identificação partidária, com um total de 58,8% (Évora) e 51% (Lisboa) dos eleitores a utilizarem o partido político como critério para decidir o voto.

No que diz respeito às identificações partidárias, pode-se observar que as porcentagens apresentaram-se entre 26% e 58,8%. As cidades que tiveram os maiores níveis de identificação partidária foram Évora, Lisboa e Laranjeiras do Sul, respectivamente com 58,8%, 51% e 50%.

Em consonância, duas dessas cidades têm maior número de eleitores com tendência a votar em candidatos e partidos de esquerda[6]. As cidades com disposição ao voto em candidatos e partidos de direita apresentaram índices muito baixos de identificação partidária, a exemplo de Maringá (Brasil) e Braga (Portugal), respectivamente 35,9% e 26%. Isso possibilita relacionar os aspectos políticos com a decisão do voto pautada ora na identificação pessoal ora na identificação partidária.

Na comparação entre o total geral de cada país, verificam-se os maiores níveis de identificação partidária em Portugal, visto que os eleitores portugueses apresentam um total geral de 54,3% de votantes indicando o voto pelo partido político. Em contrapartida, entre os eleitores brasileiros 34,9% decidem o voto pela análise do partido político, o que possibilita inferir que o país tem um eleitorado mais propenso a decidir seus respectivos votos pelas características pessoais do candidato.

Há distinções ao se analisar as diferentes escalas de pleitos eleitorais (nacional e local), principalmente ao se promover o cruzamento de informações por cidades. Algumas destas têm eleitores mais voltados para a decisão do voto pela identificação pessoal, outras, pelas características partidárias; porém, no cômputo geral das 384 amostras do Brasil, a identificação pessoal superou a identificação partidária em porcentagens de eleitores, em ambas as escalas de pleitos eleitorais. Já em Portugal, a identificação partidária superou a identificação pessoal em porcentagem de eleitores.

Apesar das distinções entre os sistemas eleitorais, o que se percebe é que o conhecimento que o eleitorado têm a respeito dos partidos políticos, é empregado com mais eficácia em pleitos eleitorais de escala nacional. Em ambos os países, os governantes eleitos por eleições de escala nacional tiveram seus partidos

6. As eleições de 2015 em Portugal e as eleições de 2014 no Brasil mostraram esta tendência. Em Laranjeiras do Sul, 50,6% dos eleitores votaram na candidata do PT (2º turno) e o distrito de Évora obteve o PS como partido mais votado (37,4%) (Augusto, 2017).

políticos identificados de maneira correta, com 92,4% para o total geral do Brasil e 82,3% para o total geral de Portugal (Augusto, 2017).

As explicações sobre a decisão do voto em escala nacional não se resumem a determinada predisposição de eleitores a decidirem seus votos com base em características pessoais dos candidatos. Ao tratar de dimensões territoriais distintas, outros elementos organizam a expressão territorial do voto.

Ao analisar a escala nacional, percebe-se que a dimensão do território brasileiro constitui-se como um dos elementos importantes de sua desigualdade socioespacial ou diversidade de configurações territoriais – a desigual distribuição do meio técnico- -científico-informacional dos fixos e dos fluxos, além de outros condicionantes.

Assim, a análise territorial do comportamento eleitoral possibilita identificar os elementos intrínsecos ao território e que contribuem para a formação da decisão do voto e, portanto, averiguar os meios que motivam diferentes distribuições de votos nos territórios. Por meio do conjunto das análises dos resultados, há o registro de diferentes perfis de candidatos, partidos políticos, campanhas eleitorais, meios de comunicação, que fazem do território relevante meio de condicionar o voto.

Existem elementos que aproximam os diferentes territórios nas questões ligadas ao comportamento eleitoral e na decisão do voto, como a predisposição do eleitorado que, ainda, vota pelos atributos pessoais do candidato, a democracia representativa para escolha de governantes, e a falta de confiança na política partidária etc. Contudo, outros elementos os distanciam, como por exemplo, as campanhas eleitorais, a obrigatoriedade ou não do voto, o sistema de governo etc. Na verdade, estes, em parte, condicionam os primeiros.

Nesse sentido, os elementos citados são intrínsecos à sociedade e pertencem a uma dinâmica que contribui, efetivamente, para a consolidação da decisão do voto, mas cada um deles insere-se numa configuração territorial.

Portanto, os diferentes territórios guardam em si particularidades que explicam certas expressões do comportamento eleitoral vinculado às identificações partidária e pessoal, bem como contribuem para a abordagem da geografia eleitoral. Os diferentes recortes do território, que estabelecem os contextos territoriais, assim como as diferentes escalas de pleitos eleitorais, escala local e escala nacional, permitem analisar com mais especificidade a decisão do voto e os elementos que a compõem.

Com base nas particularidades dos recortes territoriais, bem como nas escalas de eleições (local e nacional), conclui-se que o voto é mudancista em virtude da complexidade de elementos que o condicionam; isso configura um voto híbrido de difícil enquadramento às teorias existentes ao comportamento eleitoral.

De fato, a **complexidade do território** torna factível uma decisão do voto pautada na multiplicidade de identificações, partidária ou pessoal. Assim, os elementos imbricados no território possibilitam, para as atuais conjunturas, a formação, entre outras, de decisões do voto irregulares/híbridas.

Diante das exposições acrescidas a este capítulo, observamos algumas aproximações entre ambos os contextos territoriais. O maior destaque se deu pelos níveis de identificação pessoal do voto em Portugal e no Brasil, ou seja, mostraram eleitores propensos a votar por causa da vinculação (material ou simbólica) à pessoa.

Ao abordar essas realidades, foi possível identificar alguns distanciamentos na formação da decisão do voto, com destaque para a escala nacional. No Brasil, nessa escala, a quantidade de eleitores que afirma decidir o voto por meio da identificação partidária não foi superior àquela que afirma decidir o voto pela identificação pessoal, diferentemente de Portugal, onde a maior parcela dos eleitores questionados afirma decidir o voto pela identificação partidária.

Assegura-se, ainda, pelas prerrogativas apontadas nos demais capítulos desta obra, que estas contribuem para a formação de um voto hibrido, tanto para a identificação pessoal quanto para a identificação partidária. E o que isso significa? Significa que o voto híbrido se consolida pelos acontecimentos intrínsecos ao território, como analisado nos cenários político-partidários. Além disso, abre debate futuro para o fato de seu difícil ajuste às teorias do comportamento eleitoral que, até certo ponto, não dão conta de determinadas demandas da realidade, consubstancialmente a brasileira, em razão das constantes e rápidas transformações no cenário político-partidário nos anos mais recentes.

Aliás, as transformações não ocorreram/ocorrem somente em relação direta ao voto, mas também estão nas opiniões que formam o comportamento geográfico do voto, ou seja, aquele sensível às adversidades e às especificidades dos territórios. Em realidades estáveis (em termos de comportamento eleitoral), como é o caso de Portugal, as adversidades apresentadas pelo cenário político-partidário não interferiram de maneira abrupta e repentina como no caso brasileiro.

Ainda longe de esgotar o tema e de analisá-lo nos pormenores que o momento e os contextos históricos nos demandaram ao longo deste estudo, algumas reflexões se colocam – para hoje, não para o futuro, que nos parece politicamente incerto. Aqui destacamos especificamente o Brasil:

» Como explicar o *impeachment* de uma presidente (e de seu governo) no exercício de seu cargo sem nenhuma prova e contraprova de que cometeu crime?

» Como explicar a ida de parte da população brasileira às ruas com o intuito de cobrar ordem para comportamentos políticos históricos, como a troca de favores ou o clientelismo?

» Como explicar que a imposição de medidas impopulares pelo ex-presidente Michel Temer não tenha motivado a população a voltar às ruas, como se estivesse em uma letargia? O não destaque na mídia às medidas impopulares de Temer seria o indutor desse faz-de-conta-que-está-tudo-bem?

» A esquerda de fato está perdendo espaço, poder e representatividade ou está na berlinda porque retirou privilégios de quem sempre se beneficiou do *status quo* ou dos poderes estabelecidos e tentou dividir com aqueles que nunca estiveram no poder?

» Como explicar um Poder Legislativo que seis meses antes do *impeachment* não aprovava nenhuma medida, condenando o país a ficar parado, e após a mudança de governo aprovava diversas propostas sem qualquer consulta à sociedade?

» Como explicar o papel que o Poder Judiciário tem exercido nessa realidade? Há uma politização do judiciário? Ou uma judicialização da política?

» Como explicar a eleição de Jair Bolsonaro em 2018, sem apoio expressivo da mídia e em um partido de pouca expressividade até então?

Em suma, podemos nos perguntar: Como as respostas a todas essas indagações poderão determinar, no futuro, o comportamento geográfico do voto nas diferentes escalas de eleições (nacional e local)? Quais elementos incidirão na identificação pessoal e na identificação partidária do voto?

Síntese

O principal elemento que interliga as pessoas com a política partidária é o voto. Por meio das análises feitas neste capítulo, pudemos observar o comportamento geográfico do voto. A formação do voto se concretiza sob diferentes perspectivas, conforme o território de análise se modifica.

Mostramos que as escalas de pleitos eleitorais são elementos que diferem a escolha eleitoral, regulada, por exemplo, pela identificação pessoal e pela identificação partidária. Geralmente, as eleições de escala nacional possibilitam maiores identificações partidárias, e as eleições de escala local proporcionam maior personificação das escolhas, resultando em maiores identificações pessoais. Discorremos, ainda, sobre a formação do voto híbrido, considerada ponto central de toda a análise do comportamento geográfico do voto.

Indicações culturais

ROTA eleitoral. *O Brasil através do voto*. Rio de Janeiro: GloboNews, 16 set. 2018. Programa de Televisão.

A série televisiva Rota eleitoral *retrata a crise de representatividade no Brasil com base em algumas realidades diferenciadas. Demonstra, de maneira reflexiva, como as eleições transformam a vida de muitos eleitores, facilitando ao espectador conhecer minúcias do contexto brasileiro.*

ACADEMIA. **Jorge Gaspar**. Disponível em: <https://lisboa.academia.edu/JorgeManuelBarbosaGaspar>. Acesso em: 8 mar. 2020,

Jorge Manuel Barbosa Gaspar, geógrafo e professor catedrático português, iniciou sua carreira pesquisando temas relacionados à geografia eleitoral. Nessa página da internet, você poderá acessar várias de suas obras e, assim, conhecer os principais estudos de Gaspar.

Atividades de autoavaliação

1. Podemos entender que "a diminuição dos votos do PT reforça a tese do voto híbrido. Eleitores que, até então, diziam-se, segundo as teorias do comportamento eleitoral [...], identificados com o PT, até meados de 2010, apresentavam preferências partidárias, e não identificação partidária" (Augusto, 2017, p. 260), como é possível observar no gráfico a seguir, que reproduz o Gráfico 6.1.

Brasil: partidos em destaque por crescimento/decrescimento

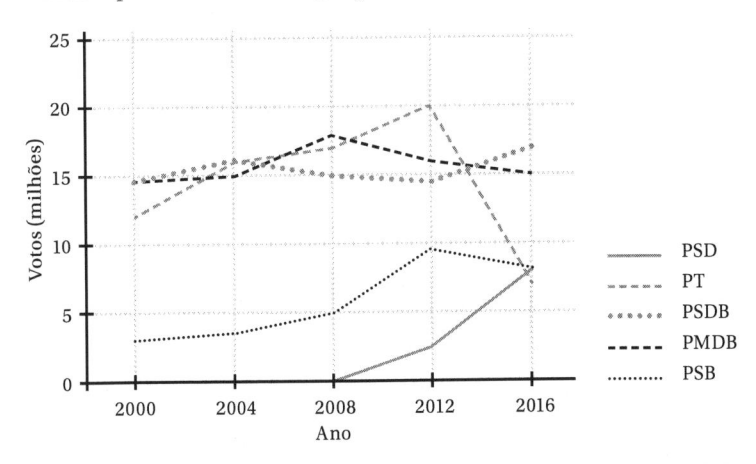

Fonte: TSE, citado por Augusto, 2017, p. 260.

Com base na análise das votações por partidos políticos nas últimas eleições de escala local é correto afirmar que:
I. o voto é híbrido, principalmente se examinarmos o decréscimo de partidos como o PT.
II. o equilíbrio partidário é observado em dois principais partidos: PSB e PT.
III. o voto é híbrido em eleições de escala nacional, mas em eleições de escala local há uma linearidade.
IV. o voto segue uma única e exclusiva linha de pensamento.

As afirmativas corretas são:
a) I, apenas.
b) II, apenas.
c) II e IV, apenas.
d) II, III e IV, apenas.
e) I, II, III e IV.

2. Segundo Terron (2009), a expressão *base eleitoral* é frequentemente empregada em referência a grupos de eleitores que apoiam sistematicamente determinado partido ou candidato e que são identificados pelo local onde vivem, por características socioeconômicas semelhantes, ou por ambos. Dessa forma, as identificações (pessoal e partidária) permitem:

a) aos partidos e candidatos formarem bases eleitorais que possibilitem a manutenção do poder durante longos períodos de tempo.
b) aos eleitores se desvincularem dos partidos políticos e atuarem na personificação das escolhas eleitorais.
c) aos menores partidos uma maior força nas campanhas eleitorais.
d) reduzir as bases eleitorais de candidatos populistas.
e) equilibrar as coligações partidárias, desde os partidos já estabelecidos até aqueles chamados de *partidos nanicos*.

3. Conhecendo as particularidades dos recortes territoriais, bem como as escalas de eleições (decisão do voto em pleitos de escala local e decisão do voto em pleitos de escala nacional) conclui-se que o voto é:
   a) estável.
   b) mudancista.
   c) contínuo.
   d) estático.
   e) homogêneo.

4. De acordo com os dados apresentados neste capítulo, o principal elemento determinante para a prática da cidadania entre os eleitores portugueses foi:
   a) votar.
   b) a participação em associações.
   c) pagar impostos.
   d) participar de manifestações.
   e) participar de assembleias.

5. Observe a tabela a seguir.

Temas relevantes para o debate político, segundo eleitores

Temas	Países (%)	
	Brasil Total geral (n = 384)	Portugal Total geral (n = 384)
Desemprego	14,3	47
Crescimento econômico	17,4	27,5
Corrupção	19	8,8
Saneamento básico	2,3	1,8
Educação	34,1	6,5
Saúde	12,8	8,3
Total	100	100

Fonte: Augusto, 2017, p. 264.

Os números apresentados na tabela permitem avaliar que o contexto social no qual o eleitor está inserido influencia suas opiniões e decisões. Com base nas informações apresentadas, podemos concluir que o principal e mais relevante tema para o debate político segundo eleitores brasileiros foi:
a) educação.
b) crescimento econômico.
c) desemprego.
d) saúde.
e) saneamento básico.

Atividades de aprendizagem

Questões para reflexão

1. Cada país tem singularidades no que diz respeito ao comportamento geográfico do voto. Sabendo disso, apresente diferenças entre a decisão do voto do eleitorado português e do eleitorado brasileiro.

2. O que é voto híbrido? Em quais escalas de pleitos eleitorais ele se apresenta com mais ênfase? Apresente argumentos que justifiquem sua resposta.

Atividade aplicada: prática

1. Em Portugal, as contradições ideológicas podem ser consideradas menores do que no Brasil, pois as votações por partidos políticos a partir das eleições de 2015 mostram uma constante nas preferências partidárias no mapa eleitoral do país. Observe o Mapa 6.1, reproduzido a seguir.

Portugal: distribuição das duas maiores votações nas eleições para a Assembleia da República de 2015

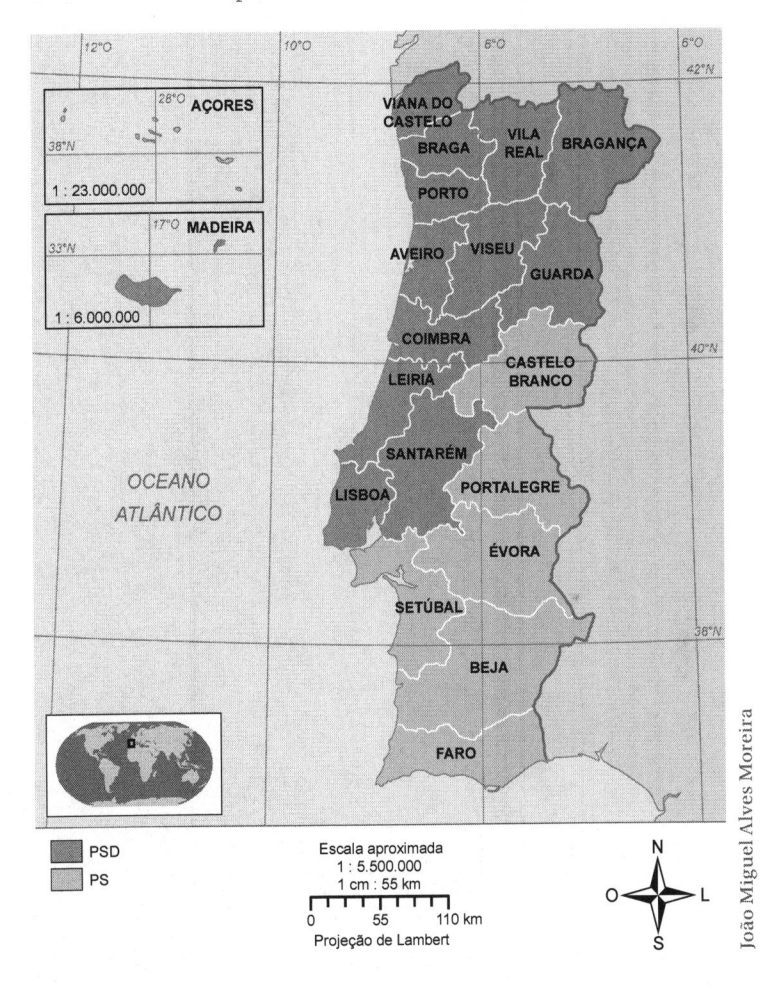

Fonte: CNE, citado por Augusto, 2017, p. 272.

Considerando as singularidades eleitorais do território português, redija um texto argumentativo a respeito das diferentes votações nele realizadas. Utilize em seu texto exemplos, considerando principalmente aquelas votações apresentadas nos dois extremos latitudinais.

Considerações finais

Em cada território, há uma base diferenciada para a formação do voto, de acordo com as dinâmicas político-partidárias e regulamentações de cada país. Em Portugal e no Brasil, os cenários político-partidários interferem diretamente tanto na organização das eleições quanto na distribuição da votação no território.

Os questionários aplicados aos eleitores portugueses demonstraram que estes veem o voto como o terceiro elemento de maior relevância para a prática da cidadania, o que se deve ao fato de no país ele não ser obrigatório; em contrapartida, no Brasil, onde há a obrigatoriedade, foi considerado o elemento central.

Focalizando o caso brasileiro, apesar do grande número de partidos, as eleições de escala nacional até 2014 centralizaram-se em dois deles: PT e PSDB. Isso que confirma a hipótese de que estes detêm maior capacidade de angariar votos nesse tipo de campanha. Esse equilíbrio partidário foi, contudo, quebrado em razão do êxito obtido pelo PSL em dois turnos das eleições presidenciais de 2018.

Entre os fatores que compõem o cenário eleitoral do Brasil, merece destaque o que aponta o voto como resultado do cenário econômico. À semelhança de Portugal, onde a crise e a recessão refletiram na opinião negativa do eleitorado quanto ao sistema democrático e, por conseguinte, à dinâmica eleitoral partidária; no Brasil, tal problemática, conforme indicam os questionários citados, diminuiu a simpatia dos eleitores para com o PT, o governo vigente à época.

Diante disso, reforça-se a tese de que o voto é fruto de distintos elementos intrínsecos aos territórios, corroborando as afirmações de Toledo Júnior (2007) quando analisa a realidade brasileira em um momento no qual a identificação partidária com o PT estava, ainda, consolidada.

Segundo o autor, o voto guarda em si uma "âncora territorial" que propicia uma estabilidade que se mantém eleição após eleição. Em sistemas eleitorais nos quais não há obrigatoriedade do voto, como em Portugal, os mapas eleitorais seguiram essa perspectiva, como se constatou nas eleições de 2015 para a Assembleia da República. No Brasil, entretanto, houve uma abrupta redução do número de prefeituras conquistadas pelo PT nas eleições de 2016 e derrota nas eleições presidenciais de 2018. Essa descontinuidade dos sucessos eleitorais foi motivada por fatores do território, especialmente pela ação dos meios de comunicação (televisão, internet e revistas) e sua impactante influência.

Essas mudanças no voto do brasileiro demonstram seu caráter mudancista, ou seja, o eleitor brasileiro tende a manifestar uma escolha sensível às variações no contexto territorial (sistema eleitoral, partidos políticos, meios de comunicação, efeito vizinhança etc.). Em outras palavras, o eleitorado brasileiro é volúvel em suas opiniões e decisões.

Os resultados apresentados ao longo dos capítulos que integram esta obra também indicaram que a decisão do voto fundamenta-se principalmente na identificação pessoal – com exceção das eleições de nível nacional em Portugal, nas quais uma parcela significativa dos eleitores votou por identificação partidária.

Nesse sentido, a expressão territorial do voto diferiu nos países analisados, sobretudo no que concerne à vinculação do eleitorado com os partidos. Apesar da insatisfação com os partidos em ambas as nações, em Portugal os eleitores demonstraram maior grau de identificação partidária que no Brasil. Isso aponta que os partidos ainda são menos arraigados ao eleitorado brasileiro. Ainda quanto a isso, um último índice merece ênfase:

o conhecimento que o eleitorado de ambos os países apresenta quanto aos candidatos/eleitos.

A decisão do voto alicerçada nesse tipo de identificação, a partidária, reside nas instituições partidárias e em suas formas de gerir as campanhas eleitorais; estas tendem a ser mais um elemento de identidade.

Em suma, os dados expostos no decorrer da obra comprovaram que a identificação partidária e a identificação pessoal podem coexistir no eleitor, determinando, dessa forma, a decisão do voto baseada: 1) na identificação partidária; 2) na identificação pessoal; 3) em ambas as identificações; 4) na identificação pessoal e na identificação partidária a depender das distintas escalas de pleitos eleitorais, como as aqui analisadas (nacional e local).

Em face do exposto, por fim, confirma-se a tese do voto híbrido, diretamente atrelado ao contexto territorial. Concluímos, então, que esse voto se manifesta entre o eleitorado brasileiro. Desse modo, o voto e os elementos que condicionam sua decisão entre o eleitorado apontam para diferentes comportamentos geográficos do voto no território, como parte singular da geografia eleitoral.

Referências

ALLEN, J. Power. In: AGNEW, J.; MITCHELL, K.; TOAL, G. (Ed.). **A Companion to Political Geography**. Oxford: Blackwell, 2003. p. 95-108.

ALMEIDA, D. C. R. **Repensando representação política e legitimidade democrática**: entre a unidade e a pluralidade. Tese (Doutorado em Ciência Política) – Universidade Federal de Minas Gerais, Belo Horizonte, 2011.

ANDRADE, A. R. de; SCHMIDT, L. P. **Metodologias de pesquisa em geografia**. Irati: Unicentro, [s.d.]. Disponível em: <http://repositorio.unicentro.br:8080/jspui/bitstream/123456789/929/5/Metodologias%20de%20pesquisa%20em%20Geografia.pdf>. Acesso em: 21 ago. 2020.

ANTUNES, R. J. da S. **Identificação partidária e comportamento eleitoral**: factores estruturais, atitudes e mudanças no sentido de voto. Tese (Doutorado em Psicologia) – Universidade de Coimbra, Coimbra, 2008. Disponível em: <https://estudogeral.uc.pt/bitstream/10316/12275/3/Tese_D.pdf>. Acesso em: 24 ago. 2020.

ARAÚJO, C. E. P. **Partidos políticos**: há futuro para o monopólio da representação? Brasília: Conleg, 2004. Disponível em: <https://www12.senado.leg.br/publicacoes/estudos-legislativos/tipos-de-estudos/textos-para-discussao/td-1-partidos-politicos-ha-futuro-para-o-monopolio-da-representacao>. Acesso em: 28 ago. 2020.

AUGUSTO, D. C. **Comportamento geográfico do voto**: a identificação pessoal e a identificação partidária em Portugal e no Brasil. Tese (Doutorado em Geografia) – Universidade Estadual de Maringá, Maringá, 2017. Disponível em: <http://

repositorio.uem.br:8080/jspui/bitstream/1/2883/1/000227015.pdf>. Acesso em: 21 ago. 2020.

AUGUSTO, D. C. **Geografia eleitoral e comportamento eleitoral**: uma análise a partir do eleitorado de Guarapuava-PR. Dissertação (Mestrado em Geografia) – Universidade Estadual do Centro-Oeste, Guarapuava, 2012.

AUGUSTO, D. C.; ALVES, L. A. Estudos e aproximações sobre o comportamento eleitoral e a qualidade de vida no Brasil. **Revista GeoPantanal**, Corumbá, n. 19, p. 113-130, jul./dez. 2015. Disponível em: <https://periodicos.ufms.br/index.php/revgeo/article/view/843/1186>. Acesso em: 24 ago. 2020.

AUGUSTO, D. C.; SILVA, M. da. Considerações sobre a decisão do voto em diferentes escalas de pleitos eleitorais. In: CONGRESSO BRASILEIRO DE GEOGRAFIA POLÍTICA, GEOPOLÍTICA E GESTÃO DO TERRITÓRIO, 1., 2014, Rio de Janeiro. **Anais...** Porto Alegre: Letra1; Rio de Janeiro: Rebrageo, 2014. p. 1131-1138. Disponível em: <https://www.editoraletra1.com.br/anais-congeo/arquivos/978-85-63800-17-6-p1131-1138.pdf>. Acesso em: 21 ago. 2020.

AVELAR, L. Participação política. In: AVELAR, L.; CINTRA, A. O. (Org.). **Sistema político brasileiro**: uma introdução. Rio de Janeiro: Konrad Adenauer; São Paulo: Ed. da Unesp, 2007. p. 223-235.

BARBOSA, M. **Invisibilidade e tectos de vidros**: representações do género na campanha eleitoral legislativa de 1995 no jornal "Público". Lisboa: Comissão para a Igualdade e para os Direitos das Mulheres, 1998. n. 51. Disponível em: <http://cid.cig.gov.pt/Nyron/Library/Catalog/winlibimg.aspx?skey=CDB781C63EB344EAAAEA6D9208D065C7&doc=7062&img=139290>. Acesso em: 25 ago. 2020.

BARBOSA, M. L. V. **O voto da pobreza e a pobreza do voto**:

a ética da malandragem. Rio de Janeiro: Zahar, 1988.

BARTON, J. R. **A Political Geography of Latin America**. New York: Routledge, 1997.

BERELSON, B. R.; LAZARSFELD, P. F.; MCPHEE, W. N. **Voting**: A Study of Opinion Formation in a Presidential Campaign. Chicago: University of Chicago Press, 1986.

BOBBIO, N. **Estado, governo e sociedade**: para uma teoria geral da política. Tradução de Marco Aurélio Nogueira. 14. ed. São Paulo: Paz e Terra, 2007.

BOR, S. Using Social Network Sites to Improve Communication Between Political Campaigns and Citizens in the 2012 Election. **American Behavioral Scientist**, v. 58, n. 9, July 2013.

BORBA, F. Rádio e televisão na eleição presidencial de 2010. In: PANKE, L.; MACEDO, R. G. (Org.). **HGPE**: desafios e perspectivas nos 50 anos do horário gratuito de propaganda eleitoral no Brasil. São Paulo: Nova Consciência, 2013.

BORBA, J. Participação política: uma revisão dos modelos de classificação. **Sociedade e Estado**, Brasília, v. 27, n. 2, p. 263-288, maio/ago. 2012. Disponível em: <https://www.scielo.br/pdf/se/v27n2/a04v27n2.pdf>. Acesso em: 26 ago. 2020.

BRAGA, M. do S. S.; PIMENTEL JR., J. Os partidos políticos brasileiros realmente não importam? **Opinião Pública**, Campinas, v. 17, n. 2, p. 271-303, 2011. Disponível em: <https://www.scielo.br/pdf/op/v17n2/a01v17n2.pdf>. Acesso em: 3 jul. 2020.

BRASIL. Ministério da Educação. **Parâmetros Curriculares Nacionais do Ensino Médio**. Geografia. Módulo 1. Anexos. Edição 2002. Disponível em: <http://portal.mec.gov.br/seb/arquivos/pdf/geografia1.PDF>. Acesso em: 5 jul. 2020.

BRASIL. Senado Federal. **O dilema do voto obrigatório**. Disponível em: <https://www12.senado.leg.br/emdiscussao/edicoes/reforma-politica/coligacoes-reeleicao-e-voto-facultativo/o-dilema-do-voto-obrigatorio>. Acesso em: 8 mar. 2020.

BURGARELLI, R. Campanhas gastaram R$ 5 bilhões em 2014. **O Estado de S. Paulo**, 1 dez. 2014. Disponível em: <https://politica.estadao.com.br/noticias/geral,campanhas-gastaram-r-5-bilhoes-em-2014-imp-,1600362>. Acesso em: 24 ago. 2020.

CAMPBELL, A.; KAHN, R. L. **The People Elect a President**. Ann Arbor: University of Michigan, 1952.

CAMPBELL, A. et al. **The American Voter**. Chicago: University of Chicago Press, 1980.

CARNEIRO, G. P.; MOISÉS, J. A. Sobre o enraizamento dos partidos políticos na sociedade brasileira. **Interesse Nacional**, São Paulo, v. 7, n. 28, p. 20-37, jan./mar. 2015. Disponível em: <http://interessenacional.com.br/2015/01/08/sobre-o-enraizamento-dos-partidos-politicos-na-sociedade-brasileira>. Acesso em: 27 ago. 2020.

CARREIRÃO, Y. de S. **A decisão do voto nas eleições presidenciais brasileiras**. Florianópolis: Ed. da UFSC; São Paulo: Ed. da FGV, 2002.

CARREIRÃO, Y. de S. Identificação ideológica, partidos e voto na eleição presidencial de 2006. **Opinião Pública**, Campinas, v. 13, n. 2, p. 307-339, nov. 2007. Disponível em: <https://www.scielo.br/pdf/op/v13n2/a04v13n2.pdf>. Acesso em: 24 ago. 2020.

CASTRO, I. E. de. **Geografia e política**: território, escalas de ação e instituições. Rio de Janeiro: Bertrand Brasil, 2005.

CASTRO, I. E. de; RODRIGUES, J. N.; RIBEIRO, R. W. (Org.). **Espaços da democracia**: para a agenda da geografia política contemporânea. Rio de Janeiro: Bertrand Brasil, 2013.

CATAIA, M. A. Território político: fundamento e fundação do Estado. **Sociedade & Natureza**,

Uberlândia, v. 23, n. 1, p. 115-125, abr. 2011. Disponível em: <https://www.scielo.br/pdf/sn/v23n1/10.pdf>. Acesso em: 3 jul. 2020.

CERVI, E. U.; MASSUCHIN, M. G. O uso do Twitter nas eleições de 2010: o microblog nas campanhas dos principais candidatos ao governo do Paraná. **Contemporânea**, Salvador, v. 9, n. 2, p. 319-334, 2011. Disponível em: <https://portalseer.ufba.br/index.php/contemporaneaposcom/article/view/5083/3887>. Acesso em: 28 ago. 2020.

CLAVAL, P. O território na transição da pós-modernidade. **GEOgraphia**, Niterói, v. 1, n. 2, p. 7-26, 1999. Disponível em: <https://periodicos.uff.br/geographia/article/view/13349/8549>. Acesso em: 25 ago. 2020.

CODATO, A. N.; SANTOS, F. J. dos. (Org.). **Partidos e eleições no Paraná**: uma abordagem histórica. Curitiba: TRE-PR, 2006.

CORD, R. et al. **Political Science**: An Introduction. London: Prentice Hall, 1997.

COX, K. R. The State in Geographic Context. In: COX, K. R. **Political Geography**: Territory, State and Society. Oxford: Blackwell, 2002. p. 243-289.

CRUZ, M. B. Introdução. In: CRUZ, M. B. da. **Sistemas eleitorais**: o debate científico. Lisboa: Instituto de Ciências Sociais de Lisboa, 1998. p. 9-26.

DOWNS, A. **An Economic Theory of Democracy**. New Jersey: Prentice Hall, 1997.

DUVERGER, M. A influência dos sistemas eleitorais na vida política. In: CRUZ, M. B. da. **Sistemas eleitorais**: o debate científico. Lisboa: Instituto de Ciências Sociais de Lisboa, 1998. p. 115-154.

DUVERGER, M. **Os partidos políticos**. Rio de Janeiro: Zahar, 1970.

DUVERGER, M. Os sistemas de partidos. In: DUVERGER, M. **Os partidos políticos**. Rio de

Janeiro: Zahar, 1967. Livro II. p. 240-341.

ENTENDA o Golpe de 1964, o AI-5 e as consequências da ditadura militar no país. **Folha de S. Paulo**, 27 mar. 2019. Disponível em: <https://www1.folha.uol.com.br/poder/2019/03/entenda-o-golpe-de-1964-e-as-consequencias-da-ditadura-militar-no-pais.shtml>. Acesso em: 24 ago. 2020.

FGV – FUNDAÇÃO GETULIO VARGAS. **Relatório ICJ Brasil**: 1º semestre/2017. São Paulo, 2017. Disponível em: <https://direitosp.fgv.br/sites/direitosp.fgv.br/files/arquivos/relatorio_icj_1sem2017.pdf>. Acesso em: 26 ago. 2020.

FIGUEIREDO, M. **A decisão do voto**: democracia e racionalidade. São Paulo: Sumaré, 2008.

FOUCAULT, M. **A ordem do discurso**. [S.l.: s.n.], 2002. Disponível em: <http://www2.eca.usp.br/Ciencias.Linguagem/Foucault_OrdemDoDiscurso.pdf>. Acesso em: 8 mar. 2020.

GALHARDO, R.; BRAMATTI, D. Campanha à reeleição custa R$ 318 milhões. **O Estado de S. Paulo**, 25 nov. 2014. Disponível em: <https://politica.estadao.com.br/noticias/geral,campanha-a-reeleicao-custa-r-318-milhoes,1597905>. Acesso em: 25 ago. 2020.

GASPAR, J. **Órgãos das autarquias**. 2013. Disponível em: <https://institutosacarneiro.pt/pdf/blitz/autarquias/orgaos%20das%20autarquias.pdf>. Acesso em: 21 ago. 2020.

GASPAR, J.; ANDRÉ, I. M.; HONÓRIO, F. **Geografia eleitoral II**: coletânea de artigos. Lisboa: Centro de Estudos Geográficos de Lisboa, 1990. p. 3-81.

GROSSELLI, G.; MEZZAROBA, O. A participação política e suas implicações para a construção de uma cidadania plena e de uma cultura política democrática. In: ENCONTRO NACIONAL DO CONPEDI, 20., jun. 2011, Belo Horizonte. **Anais...** Belo Horizonte: [s. n.], 2011, p. 7128-7143.

GUEDES, N. O partido-cartel: Portugal e as leis dos partidos e financiamento de 2003. In: CONGRESSO CIES, 2006, Lisboa. Disponível em: <https://repositorio.iscte-iul.pt/bitstream/10071/181/4/CIES-WP17_Guedes_.pdf>. Acesso em: 26 ago. 2020.

HAESBAERT, R. Dos múltiplos territórios à multiterritorialidade. In: SEMINÁRIO NACIONAL SOBRE MÚLTIPLAS TERRITORIALIDADES, 1., set. 2004, Porto Alegre. Disponível em: <https://joaocamillopenna.files.wordpress.com/2018/05/haesbaert-dos-mucc81ltiplos-territocc81rios-acc80-multiterritorialidade.pdf>. Acesso em: 28 ago. 2020.

HAESBAERT, R.; BRUCE, G. A desterritorialização na obra de Deleuze e Guattari. **GEOgraphia**, Niterói, v. 4, n. 7, 2002. Disponível em: <https://periodicos.uff.br/geographia/article/view/13419/8619>. Acesso em: 25 ago. 2020.

HERMES, F. A. Dinâmica da representação proporcional. In: CRUZ, M. B. da. **Sistemas eleitorais**: o debate científico. Lisboa: Instituto de Ciências Sociais de Lisboa, 1998. p. 63-114.

HOWITT, R. Scale. In: AGNEW, J.; MITCHELL, K.; TOAL, G. (Ed.). **A Companion to Political Geography**. Oxford: Blackwell, 2003. p. 138-157.

JACOB, C. R. et al. A eleição presidencial de 1994 no Brasil: uma contribuição à geografia eleitoral. **Comunicação & política**, Rio de Janeiro, v. 4, n. 3, p. 17-86, set./dez. 1997. Disponível em: <https://horizon.documentation.ird.fr/exl-doc/pleins_textes/pleins_textes_7/b_fdi_55-56/010021423.pdf>. Acesso em: 21 ago. 2020.

JACOB, C. R. et al. A eleição presidencial de 2006 no Brasil: continuidade política e mudança na geografia eleitoral. **Alceu**, Niterói, v. 10, n. 19, p. 232-261, jul./dez. 2009. Disponível em: <http://

revistaalceu-acervo.com. puc-rio.br/media/Alceu19_Jacob.pdf>. Acesso em: 28 ago. 2020.

JACOB, C. R. et al. A eleição presidencial de 2010 no Brasil: continuidade política e estabilidade na geografia eleitoral. **Alceu**, Niterói, v. 12, n. 23, p. 189-229, jul./dez. 2011. Disponível em: <http://revistaalceu-acervo.com. puc-rio.br/media/Artigo15%20Cesar%20Romero%20Jacob,%20Dora%20Rodrigues%20Hees,%20Philippe%20Waniez%20e%20Violette%20Brustlein%20em%20baixa.pdf>. Acesso em: 27 ago. 2020.

JACOB, C. R. et al. As eleições presidenciais no Brasil pós-ditadura militar: continuidade e mudança na geografia eleitoral. **Alceu**, v. 1, n. 1, p. 102-151, jul./dez. 2000. Disponível em: <http://revistaalceu-acervo.com. puc-rio.br/media/alceu_n1_Jacob.pdf>. Acesso em: 21 ago.x 2020.

JACOB, C. R. et al. Eleições presidenciais de 2002 no Brasil: uma nova geografia eleitoral? **Alceu**, Niterói, v. 3, n. 6, p. 287-327, jan./jun. 2003. Disponível em: <http://revistaalceu-acervo.com. puc-rio.br/media/alceu_n6_Dossie%20Brasil.pdf>. Acesso em: 28 ago. 2020.

JALALI, C. A evolução do sistema de partidos de Portugal: do pluralismo polarizado ao pluralismo moderado e bipolarização. In: ENCONTRO NACIONAL DE CIÊNCIA POLÍTICA, 1., Lisboa. **A reforma...** Lisboa: Bizâncio, 2001. p. 363-383.

JALALI, C. A investigação do comportamento eleitoral em Portugal: história e perspectivas futuras. **Análise Social**, v. 38, n. 167, p. 545-572, 2003. Disponível em: <http://analisesocial.ics.ul.pt/documentos/1218790614W0lHT7zh8Wy45FT3.pdf>. Acesso em: 21 ago. 2020.

JOHNSTON, R. Manipulating Maps and Winning Elections: Measuring the Impact of Malapportionment and Gerrymandering. **Political Geography**, Bristol, v. 21, n. 1, p. 1-31, Jan. 2002.

JOHNSTON, R.; PATTIE, C. Representative Democracy and Electoral Geography. In: AGNEW, J.; MITCHELL, K.; TOAL, G. (Ed.). **A Companion to Political Geography**. Oxford: Blackwell, 2003. p. 337-355.

KATZ, E.; LAZARSFELD, P. F.; ROPER, E. **Personal Influence**: The Part Played by People in the Flow of Mass Communications. 2. ed. Abingdon: Routledge, 2005.

KINZO, M. D. Os partidos no eleitorado: percepções públicas e laços partidários no Brasil. **Revista Brasileira de Ciências Sociais**, São Paulo, v. 20, n. 57, p. 65-81, fev. 2005. Disponível em: <https://www.scielo.br/pdf/rbcsoc/v20n57/a05v2057.pdf>. Acesso em: 3 jul. 2020.

KINZO, M. D. G. Partidos, eleições e democracia no Brasil pós-1985. **Revista Brasileira de Ciências Sociais**, São Paulo, v. 19, n. 54, p. 23-40, fev. 2004. Disponível em: <https://www.scielo.br/pdf/rbcsoc/v19n54/a02v1954.pdf>. Acesso em: 24 ago. 2020.

LAGO, I. C. **O significado do voto em eleições municipais**: análise dos processos de decisão de voto em eleições para prefeito em Itajaí/SC. Dissertação (Mestrado em Sociologia Política) – Universidade Federal de Santa Catarina, Florianópolis, 2005. Disponível em: <https://repositorio.ufsc.br/bitstream/handle/123456789/102977/223207.pdf?sequence=1&isAllowed=y>. Acesso em: 24 ago. 2020.

LAMOUNIER, B. O voto em São Paulo, 1970-1978. In: LAMOUNIER, B. (Org.). **Voto de desconfiança em São Paulo**. Petrópolis: Vozes, 1980, p. 15-80.

LAVAREDA, A. **Emoções ocultas e estratégias eleitorais**. Rio de Janeiro: Objetiva, 2009.

LAZARSFELD, P.; BERELSON, B.; GAUDET, H. **The People's Choice**: How the Voter Makes Up His Mind in a Presidential Campaign. 2. ed. New York: Columbia University Press, 1948.

LEVIN, J. **Estatística aplicada a ciências humanas**. 2. ed. São Paulo: Harbra, 1987.

LISI, M. **Os partidos políticos em Portugal**: continuidade e transformação. Coimbra: Almedina, 2011.

MAGALHÃES, P. **A qualidade da democracia em Portugal**: a perspectiva dos cidadãos. Lisboa: SEDES/Fundação Luso-Americana, 2009. Disponível em: <http://static.publico.pt/docs/politica/estudodasedes.pdf>. Acesso em: 21 ago. 2020.

MAGALHÃES, P. Redes sociais e participação eleitoral em Portugal. **Análise Social**, Lisboa, v. 43, n. 188, p. 473-504, 2008. Disponível em: <http://www.scielo.mec.pt/pdf/aso/n188/n188a01.pdf>. Acesso em: 24 ago. 2020.

MARIZ, R. Apenas 4% das fronteiras do Brasil são monitoradas. **O Globo**, 29 jan. 2017. Disponível em: <https://oglobo.globo.com/brasil/apenas-4-das-fronteiras-do-brasil-sao-monitoradas-20839665>. Acesso em: 26 ago. 2020.

MARTINS, R. C. de A. **Análise econômica do comportamento eleitoral em Portugal**. Tese (Doutorado em Teoria Econômica e Economia Internacional) – Universidade de Coimbra, Coimbra, 2010. Disponível em: <https://estudogeral.sib.uc.pt/bitstream/10316/13820/1/Comportamento%20eleitoral%20em%20Portugal%20%28Rodrigo%20Martins%29.pdf>. Acesso em: 21 ago. 2020.

MASSUCHIN, M. G.; TAVARES, C. Q. Campanha eleitoral nas redes sociais: estratégias empregadas pelos candidatos à presidência em 2014 no Facebook. **Revista Compolítica**, Rio de Janeiro, v. 5, n. 2, p. 75-112, 2015. Disponível em: <http://bibliotecadigital.tse.

jus.br/xmlui/bitstream/handle/bdtse/2809/2015_massuchin_campanha_eleitoral_redes.pdf?sequence=1&isAllowed=y>. Acesso em: 24 ago. 2020.

MICHELS, R. A base conservadora da organização. In: MICHELS, R. **Sociologia dos partidos políticos**. Brasília: Ed. da UnB, 1982. p. 220-243.

MONTIBELLER FILHO, G. Apropriações diferenciadas do conceito de desenvolvimento sustentável. **Geosul**, Florianópolis, v. 15, n. 29, p. 44-54, jan./jun. 2000. Disponível em: <https://periodicos.ufsc.br/index.php/geosul/article/view/14333/13159>. Acesso em: 26 ago. 2020.

MONZÓN, N. B. Geografía electoral: consideraciones teóricas para el caso argentino. **Cuadernos de Geografía**, Bogotá, n. 18, p. 119-128, 2009. Disponível em: <https://revistas.unal.edu.co/index.php/rcg/article/view/13030/13769>. Acesso em: 21 ago. 2020.

NA ONU, Temer diz que impeachment de Dilma respeitou a Constituição. **G1**, Rio de Janeiro, 20 set. 2016. Disponível em: <http://g1.globo.com/mundo/noticia/2016/09/temer-discursa-na-abertura-da-71-assembleia-geral-da-onu.html>. Acesso em: 21 ago. 2020.

NEWMAN, D. Boundaries. In: AGNEW, J.; MITCHELL, K.; TOAL, G. **A Companion to Political Geography**. Oxford: Blackwell, 2003. p. 123-133.

NEWTON, K.; DETH, J. W. **Foundations of Comparative Politics**: Democracies of the Modern World. Cambridge: Cambridge University Press, 2005.

NICOLAU, J. **Eleições no Brasil**: do Império aos dias atuais. Rio de Janeiro: Zahar, 2012.

PAIVA, D.; TAROUCO, G. da S. Voto e identificação partidária: os partidos brasileiros e a preferência dos eleitores. **Opinião Pública**, Campinas, v. 17, n. 2, p. 426-451, nov. 2011. Disponível em: <https://

www.scielo.br/pdf/op/v17n2/a06v17n2.pdf>. Acesso em: 24 ago. 2020.

PASQUIANO, G. **Sistemas políticos comparados**. Cascais: Principia, 2005.

PEREIRA, I. B. Interdisciplinaridade. In: **Dicionário da Educação Profissional em Saúde**. Fundação Oswaldo Cruz: Manguinhos. Disponível em: <http://www.sites.epsjv.fiocruz.br/dicionario/verbetes/int.html>. Acesso em: 21 ago. 2020.

PORTAL DE OPINIÃO PÚBLICA. **Confiança nos partidos políticos**: % dos cidadãos que "tendem a confiar" nos partidos políticos. Lisboa: Fundação Francisco Manuel dos Santos, 2020. Disponível em: <https://www.pop.pt/pt/grafico/a-politica/confianca-nos-partidos-politicos/pt/?colors=pt-0>. Acesso em: 26 ago. 2020.

PORTUGAL. Presidência da República Portuguesa. **Biografia**: Marcelo Rebelo de Sousa. Disponível em: <http://www.presidencia.pt/?idc=3>. Acesso em: 24 ago. 2020.

QUINTON, N. On the Shores of the "Moribund Backwater"? Trends in Electoral Geography Research Since 1990. In: WARF, B.; LEIB, J. (Ed.). **Revitalizing Electoral Geography**. Farnham: Ashgate, 2011. p. 9-27.

RADMANN, E. R. H. **O eleitor brasileiro**: uma análise do comportamento eleitoral. Dissertação (Mestrado em Ciência Política) – Universidade Federal do Rio Grande do Sul, Porto Alegre, maio 2001. Disponível em: <https://www.lume.ufrgs.br/bitstream/handle/10183/3765/000392513.pdf>. Acesso em: 21 ago. 2020.

RAFFESTIN, C. Crítica da geografia política clássica. In: RAFFESTIN, C. **Por uma geografia do poder**. São Paulo: Ática, 1993. p. 5-29.

ROMA, C. R. Pragmatismo e ideologia: analisando as decisões das lideranças do PSDB. In: TELLES, H. de S.; LUCAS, J. I. (Org.). **Das ruas às urnas**: partidos e eleições no

Brasil contemporâneo. Caxias do Sul: Educs, 2003. p. 49-78.

RUIZ, F. **Diferencias entre el voto urbano y el rural en las elecciones locales.** 2015. Disponível em: <https://electomania.es/wp-content/ciudad_vs_pueblo_v2.htm>. Acesso em: 25 ago. 2020.

SANTOS, D. Geografia do voto: breves apontamentos. In: SEMINÁRIO INTERNACIONAL DE CIÊNCIA POLÍTICA, 1., 2015, Porto Alegre.

SAQUET, M. A. **Por uma geografia das territorialidades e das temporalidades**: uma concepção multidimensional voltada para a cooperação e para o desenvolvimento territorial. São Paulo: Outras Expressões, 2011.

SHORT, J. R. **An Introduction to Political Geography.** New York: Routledge, 1993.

SIEGFRIED, A. **Géographie électorale de l'Ardèche sous la IIIe République.** Paris: A. Colin, 1949.

SIEGFRIED, A. **Tableau politique de la France de l'Ouest sous la Troisième République:** French Edition. United States: University of Michigan Library, 1913.

SILVA, M. da. **Análise política do território**: poder e desenvolvimento no centro-sul do Paraná. Guarapuava: Ed. da Unicentro, 2007.

SILVEIRA, F. E. **A decisão do voto no Brasil.** Porto Alegre: EDIPUCRS, 1998.

SILVEIRA, R. R. Território, escala e voto nas eleições municipais no Brasil. **Cadernos Adenauer**, Rio de Janeiro, v. 14, n. 2, p. 167-192, 2013.

SINGER, A. **Esquerda e direita no eleitorado brasileiro**: a identificação ideológica nas disputas presidenciais de 1989 e 1994. São Paulo: Edusp, 2002.

SOUZA, M. do C. C. **Estado e partidos políticos no Brasil**

(1930 a 1964). São Paulo: Alfa-Omega, 1990.

SPECK, B. W.; BALBACHEVSKY, E. Identificação partidária e voto: as diferenças entre petistas e peessedebistas. **Opinião Pública**, Campinas, v. 22, n. 3, set./dez. 2016. Disponível em: <https://www.scielo.br/pdf/op/v22n3/1807-0191-op-22-3-0569.pdf>. Acesso em: 25 ago. 2020.

SPECK, B. W.; CERVI, E. U. Dinheiro, tempo e memória eleitoral: os mecanismos que levam ao voto nas eleições para prefeito em 2012. **Dados – Revista de Ciências Sociais**, Rio de Janeiro, v. 59, n. 1, p. 53-90, jan./mar. 2016. Disponível em: <https://www.scielo.br/pdf/dados/v59n1/0011-5258-dados-59-1-0053.pdf>. Acesso em: 24 ago. 2020.

TAYLOR, P. J. Radical Political Geographies. In: AGNEW, J. A.; MITCHELL, K.; TOAL, G. (Ed.). **A Companion to Political Geography**. Oxford: Blackwell, 2003. p. 47-58.

TELLES, H. S. O PT e as eleições: da liderança programática à base pragmática. In: TELLES, H. S.; LUCAS, J. I. P. (Org.). **Das ruas às urnas**: partidos e eleições no Brasil contemporâneo. Caxias do Sul: Educs, 2003. p. 15-48.

TERRAÇO ECONÔMICO. Funcionalismo público no Brasil: um gráfico para mudar sua visão. **InfoMoney**, São Paulo, 5 ago. 2016. Disponível em: <https://www.infomoney.com.br/colunistas/terraco-economico/funcionalismo-publico-no-brasil-um-grafico-para-mudar-sua-visao/>. Acesso em: 26 ago. 2020.

TERRON, S. L. **A composição de territórios eleitorais no Brasil**: uma análise das votações de Lula (1989-2006). Tese (Doutorado em Ciência Política) – Instituto Universitário de Pesquisas do Rio de Janeiro, Rio de Janeiro, 2009. Disponível em: <http://bibliotecadigital.tse.jus.br/xmlui/handle/bdtse/4062>. Acesso em: 28 ago. 2020.

TOLEDO JUNIOR, R. de. O lugar e as eleições: a expressão territorial do voto. **GeoTextos**, Salvador, v. 3, n. 1, p. 171-183, 2007. Disponível em: <https://portalseer.ufba.br/index.php/geotextos/article/view/3050/2153>. Acesso em: 26 ago. 2020.

TRIGAL, L. L.; DEL POZO, P. B. El comportamiento electoral y los sistemas políticos. In: TRIGAL, L. L.; DEL POZO, P. B. **Geografía política**. Madrid: Cátedra, 1999. p. 34-73.

TRINDADE, N.; PORTINARI, N.; CORRÊA, M. Orçamento prevê R$2,5 bi para fundo eleitoral em 2020. **O Globo**, Rio de Janeiro, 2 set. 2019. Disponível em: <https://oglobo.globo.com/brasil/orcamento-preve-25-bi-para-fundo-eleitoral-em-2020-23922306>. Acesso em: 21 ago. 2020.

TSE – Tribunal Superior Eleitoral. **Entenda o processo para obtenção de registro de partido político junto à justiça eleitoral**. 11 abr. 2019. Disponível em: <http://www.tse.jus.br/imprensa/noticias-tse/2019/Abril/entenda-o-processo-para-obtencao-de-registro-de-partido-politico-junto-a-justica-eleitoral>. Acesso em: 24 ago. 2020.

TSE – Tribunal Superior Eleitoral. **Estatísticas eleitorais**. Disponível em: <http://www.tse.jus.br/eleicoes/estatisticas/estatisticas-eleitorais>. Acesso em: 8 mar. 2020.

WARF, B.; LEIB, J. (Ed.). **Revitalizing Electoral Geography**. London/New York: Routledge, 2016.

Bibliografia comentada

CARREIRÃO, Y. de S. **A decisão do voto nas eleições presidenciais brasileiras**. Florianópolis: Ed. da UFSC; Rio de Janeiro: Ed. da FGV, 2002.

Nesse livro, o autor propõe uma análise da identificação pessoal e da identificação partidária de eleitores brasileiros mediante robusto quantitativo de dados referentes às eleições majoritárias no Brasil, além de trabalhar outras diversas temáticas que envolvem a geografia eleitoral. A linguagem é clara, contudo, em razão do elevado grau de complexidade da temática, exige bastante atenção do leitor. É, sem dúvida, uma obra que contribui muito para o entendimento da dinâmica da política partidária brasileira.

CASTRO, I. E. de; RODRIGUES, J. N.; RIBEIRO, R. W. (Org.). **Espaços da democracia**: para a agenda da geografia política contemporânea. Rio de Janeiro: Bertrand, 2013.

Essa obra trata do espaço como elemento que é, por excelência, o lugar da política e sem o qual esta não pode ser pensada. Segundo os autores, a democracia é a política em sua forma mais pura, é a possibilidade de convívio/interação entre indivíduos livres e diferentes, ainda que tornados iguais pela lei. A geografia, por sua vez, constitui o viés analítico que busca compreender a ordem espacial resultante dessas relações. Tecem-se, assim, discussões acerca das muitas relações entre geografia e política, bem como a expressão desta na territorialidade democrática. No decorrer da obra, são apresentados, por meio de linguagem clara e abundância de exemplificações teórico-metodológicas, estudos de autores que articulam os temas política, espaço e democracia;

e a bibliografia desse material é repleta de temas afins à geografia eleitoral e à geografia política.

LAVAREDA, A. **Emoções ocultas e estratégias eleitorais**. Rio de Janeiro: Objetiva, 2009.

Esse é um livro clássico para todos que desejam aprofundar seu entendimento sobre o comportamento eleitoral, sejam pesquisadores da geografia eleitoral, sejam eleitores que desejam se instrumentalizar sobre o "mundo da política" e, com isso, avaliar melhor suas escolhas eleitorais. Na obra, o cientista político Antonio Lavareda explora os impactos da internet nas eleições e os motivos que levam tanto candidatos a se conectarem aos eleitores quanto estes últimos a votarem naqueles ou em determinados grupos políticos.

LISI, M. **Os partidos políticos em Portugal**: continuidade e transformação. Coimbra: Almedina, 2011.

Os partidos políticos em Portugal: continuidade e transformação é uma obra que auxilia na compreensão da dinâmica partidária desse país, o que enriquece tanto a pesquisa de quem estuda o caso português como a de quem almeja investigar realidades como a brasileira, por exemplo. Vale ressaltar que conhecer/compreender distintas conjunturas é essencial para o leitor curioso e atento quanto a uma certa temática. Em síntese, o referido livro é uma escolha instigante e que ampliará os horizontes de análise dos leitores.

RAFFESTIN, C. **Por uma geografia do poder**. São Paulo: Ática, 1993.

Esse trabalho é, sem dúvida, um clássico da geografia política. Tem sido utilizado na geografia eleitoral e por pesquisadores de outras áreas por abordar teorias concernentes à discussão sobre o conceito de poder, especialmente o poder do Estado. Para Raffestin, não há política somente no Estado, visto que o poder político encontra-se em toda forma de organização. Por isso, o autor faz uma crítica à geopolítica, porque esta analisa o poder territorial hierarquizado e centralizado no Estado, negando, dessa forma, o poder do povo. Para o pesquisador, a dimensão da política está presente em toda ação; nesse sentido, a geografia humana (na totalidade) é uma geografia política.

SILVEIRA, F. E. **A decisão do voto no Brasil**. Porto Alegre: EdiPUCRS, 1998.

Embora não seja o mais atualizado quanto à temática que aborda, esse livro continua sendo bastante relevante para se entender conceitos basilares sobre a decisão do voto do eleitorado brasileiro. Em razão da bibliografia vasta e densa da obra, o leitor precisa ter muita atenção durante essa leitura.

Respostas

Capítulo 1

1. d
2. a
3. d
4. c
5. d

Capítulo 2

1. e
2. a
3. e
4. d
5. a

Capítulo 3

1. e
2. d
3. e
4. e
5. e

Capítulo 4

1. b
2. e
3. c
4. a
5. e

Capítulo 5

1. d
2. c
3. c
4. a
5. e

Capítulo 6

1. a
2. a
3. b
4. c
5. a

Sobre o autor

Daniel Cirilo Augusto é doutor em Geografia pela Universidade Estadual de Maringá (UEM), na linha de produção do espaço e dinâmicas territoriais, mestre em Geografia pela Universidade Estadual do Centro-Oeste (Unicentro), especialista em Educação e Gestão Ambiental e graduado em Geografia também por esta instituição. Atualmente é professor efetivo da Secretaria de Estado da Educação de Santa Catarina (SED). Tem experiência em pesquisas voltadas para a geografia eleitoral, o comportamento eleitoral e a decisão do voto.

Impressão:
Setembro/2020